광기, 본성인가 마성인가

종횡으로 읽는 광기의 문학 서설

이화학술총서

광기, 본성인가 마성인가

송기정 지음

종횡으로 읽는 광기의 문학 서설

이화여자대학교출판부

나의 어머니

高和子 님의 영전에

이 책을

바칩니다.

책머리에

광기의 문학을 위하여

흔히 인간은 이성적 동물이라고 한다. 그러나 누구에게나 때로는 미칠 것 같은 순간들, 미치고 싶은 순간들이 존재한다. '미치다'라는 말은 흔히 일상용어로 사용되기도 한다. 우리는 미치도록 사랑하고 미워하며, 너무 행복해도 미칠 것 같고 너무 불행해도 미칠 것 같다. 우리말뿐 아니라 영어나 불어 등 다른 나라 말에서도 광기와 관련된 단어는 일상어로 사용된다. 이처럼 이성과 극단적으로 대립되는 광기는 늘 우리 곁에 있고, 이성중심주의적인 사고에만 입각하여 인간을 해석할 경우 많은 것을 놓치게 된다. 인간에게는 법과 질서와 규범이 만들어놓은 틀로부터 벗어나고자 하는 일탈 욕구가 본원적으로 존재하기 때문이다. 중심이 아닌 주변, 곧음이 아닌 삐딱함, 억압이 아닌 자유, 복종이 아닌 반항에 대한 욕망이야말로 인간의 기본 속성이며, 그것은 인간이 소유한 이성만큼이나 우리의 삶에서 중요한 역할을 한다. 그러나 동서양을 막론하고 우리 학문의 역사는 이성적 사고만을 고집해왔고, 그에 반대되는 광기와 비이성은 억압되었다. 하지만 문학은 광기가 말해지는 특권적인 장소이다. 정치, 철학, 역사에서 억눌리고 침묵을 강요받았던 광기는 문학에서 말하는 주체가 된다. 문학과 예술은 언제나 광인들을 끌어안고 그들에게 적극적인 의미를 부여해왔다. 문학이란 인간에 대한 탐구임을 상기할 때, 문학과 광기에 대한 학문적 관심은 결국 인간을 총체적으로 이해하기 위한 필수 요소일 것이다.

문학이 광기와 밀접한 관계를 가지는 이유는 무엇일까? 그것은 광기에 창조의 원동력이 내재하기 때문일 것이다. 배타적 의미에서의 광기가 격리시켜야 할 위험한 것으로 인식되었다면, 창조의 원동력으로서의 광기는 꿈과 욕망과 상상력의 무궁무진한 보고일 수 있는 것이다. 인간은 어쩌면 비이성적 사고의 표출인 광기를 통해 진정한 의미에서의 자유를 획득할 수 있는지도 모른다.

푸코의 저서 『고전주의 시대의 광기의 역사』를 통해 알 수 있듯이, 프랑스의 경우 고전주의 시대에 침묵했던 광기는 디드로 이후 문학에서 언어를 부여받는다. 그리고 낭만주의 시대에는 광기가 문학의 영토를 점령하기에 이른다. 19세기 정신의학의 발달로 인해 광기에 대한 인식이 새로워진 것 또한 문학에서 광기가 주목받는 데 기여했다. 이 책은 이성주의가 팽배하고 과학이 최선이던 시대, 그리고 발전을 외치고 진보를 추구하던 실증주의 시대의 프랑스 문학에 존재했던 광기에 대한 관심으로부터 시작되었다. 흔히 사실주의 작가로 평가되는 수많은 18, 19세기 프랑스 작가들의 내면에 숨은 광기를 발견하고 나는 놀라움을 금치 못했고, 그때 느꼈던 일종의 지적인 충격은 나로 하여금 수년간 그들의 광기와 씨름하게 했다. 디드로, 스탕달, 발자크, 플로베르, 모파상과 같은 사실주의 작가들, 루소, 네르발 같은 낭만주의 작가들, 그들은 모두 사실주의자이거나 낭만주의자이기에 앞서 인간이었기에 그들의 내면에는 광기가 존재했던 것이다.

19세기 프랑스 문학에서의 광기를 연구하면서 나의 관심은 자연스럽게 우리의 문학으로 옮아갔다. 그러나 18, 19세기 한국 문학에서 광기를 찾아보는 것은 쉬운 일이 아니었다. 그럼에도 불구하고 18세기 박지원의 글에서 비이성의 담화를 읽을 수 있었고, 김시습이나 최북과 같은 광적인 인물이 있었다는 것도 알게 되었다. 또한 19세기 프랑스 문학과 비교될 수 있는 한국의 문학은 19세기 조선의 글이 아닌 1920년대 이후의 근대 문학이어야 한다는 사실도 깨달았다. 한국의 경우 서양 문물이 들어와 서구적 개념의 문학이 시작되는 1920년대를 근대로 규정할 수 있으며, 서구의 19세기와 한국의 1920년대 이후 작품에서 문학적 특성의 공통점을 많이 발견할 수 있기 때문이다. 그런데 주지하다시피 한국의 근대는 허무와 절망의 시기였다. 식민지 시대라는 절망적 현실 앞에서 젊은 지식인들은 문학 속으로 도피했다. 김동인과 염상섭의 경우 광기는 나라를 빼앗긴 절망에 대한 표현이었다. 근대 문학에서 광기를 전면에 내세웠던 두 작가 김동인과 염상섭의 작품에 나타난 광기에 대한 연구는 프랑스와 한국을 종횡으로 넘나드는 광기에 대한 연구를 가능하게 해주었다. 한국 문학에 대한 초보 연구자로서 한국 근대 문학의 세계를 접하는 것은 내게 새로운 즐거움이었다.

여기에 담긴 글들 중 프랑스 문학에 관한 연구는 그동안 학술지에 발표한 것들을 수정, 보완한 것들이다. 지난 3년은 그동안 내가 썼던 프랑스 문학 관련 글들을 다시 읽고 고치는 일을 거듭하면서 나의 흔적들을 되돌아볼 수 있었던 시간이었고, 그것은 내게 무척이나 의미 있는 일이었다. 막상 '광기'라는 하나의 주제에 매달려 보낸 세월의 결과물을 내놓게 되니 기쁨보다는 부끄러움과 두려움의 감정이 앞선다.

이제 이 책이 나오기까지 내게 도움을 주신 분들께 감사드리고 싶다. 우선 부족한 제자를 이끌어주신 정병희, 김인환, 김치수 교수님께 감사드린다. 그리고 늘 일이 우선이었던 내게 불평 한마디 없이 격려를 아끼지 않았던 나병균 교수에게도 이 자리를 빌려 고마운 마음을 표하고 싶다. 한편 정신분석의 세계로 나를 인도해준 임진수 교수는 내겐 큰 도움을 준 학형이요 스승이었다. 끝으로 저술지원을 해준 이화여자대학교출판부, 그리고 이 책을 꼼꼼히 읽고 아낌없는 조언을 해준 후배이자 학문의 동반자인 조윤경 선생과 이혜지 선생에게도 고마운 마음을 전한다. 이 책의 출판을 누구보다도 기뻐하셨을 나의 어머니, 고화자 님의 영전에 이 책을 바친다.

2011년 6월
대현동 연구실에서
저자 송기정

차례

서론

광기란 무엇인가?

성인이라도 생각하지 않으면 광인이 되고
광인이라도 능히 생각하면 성인이 된다.
—『서경書經』「주서周書」'다방多方'

광기라는 말은 동서양을 막론하고 매우 넓은 의미로 쓰인다. 그것은 정신병, 정신착란을 의미하는 질병의 의미를 가지는가 하면, 과도한 열정을 나타내기도 하고, 예술적 창조의 원동력으로 이해되기도 한다. 그런가 하면 광기를 천재들의 속성 중 하나로 보기도 한다. 그렇다면 고대 중국 문화로 대표되는 동아시아 문화권과 고대 그리스 이후의 서양 문화권에서 광기는 각각 어떤 의미로 사용되었을까?

1 고대 중국에서의 광의 의미

『논어論語』, 『장자莊子』 등의 고대 중국 문헌에 나타난 '광狂' 개념에 대한 고찰은 광에 대한 한국인의 인식을 살펴보기 위함이다. 고대 그리스가 유럽 문화의 원천이듯이 고대 중국은 중국뿐 아니라 한국과 일본 등

동아시아 문화의 근원이기 때문이다.

『설문해자說文解字』에 따르면 '광'이라는 한자의 형상적 의미는 "개(犭)+왕왕거리며 짖는 소리(王)"이다. 그러니까 한문에서의 광은 개의 속성을 지닌 자, 동물성을 지닌 자, 다시 말해서 인간성을 상실한 자로 해석될 수 있을 것이다. 이는 인간은 이성적 동물이며, 이성을 잃을 경우 개와 같은 동물적 존재가 된다는 의미를 지닌다. 그러나 유교의 정신에서 '광'이라는 말에는 뜻이 높고 진취적인 기상을 의미하는 다분히 긍정적인 의미가 담겨 있다. 그리고 그것은 동시에 잘못하면 허풍이 될 수 있다는 위험성을 내포하기도 한다.

유교 경전이라 할 수 있는 『논어』에는 '광'이라는 글자가 여섯 번 나온다(우미영, 2002: 13). 다음에 인용한 「자로子路」편의 유명한 구절은 공자가 화중華中 지방을 방랑하고 진陣과 채蔡의 국경에서 곤궁한 시절을 보내고 있을 당시 제자들과 나누던 문답인데, 여기에서 공자는 중용의 도를 행하는 사람을 최고의 도를 행하는 사람으로 꼽으면서 그다음으로 광자의 유형을 꼽는다. 광자는 뜻하는 바를 나아가 취하는 진취적인 자이다. 그러나 이 또한 쉬운 일이 아니니 마지막으로 꼽는 유형이 견자이다. 견자는 아무 행동이나 하지 않는 사람, 즉 행동을 가려 할 줄 아는 사람이다.

> 공자께서 말씀하시기를 "중용의 도를 얻어서 더불지 못한다면, 반드시 뜻 높은 광자나 절조가 굳센 견자일 것이다. 광자는 <u>생각한 것에 나아가서 취하고,</u> 견자는 옳지 못한 것을 하지 않는 바가 있다. (249)[1]

---

1 『논어』의 인용을 위해서는 1982년 삼성출판사에서 출간된 한상갑 역 『論語 · 中庸』을 참조했다.

한편 다음에 인용한 세 개의 구절에서 광은 '뜻이 지극히 높다'는 긍정적 의미로 사용된다. 그러나 그것은 동시에 뜻이 아무리 높더라도 극단으로 치우칠 경우 위험에 처할 수 있는 속성으로 제시된다. 다시 말해서 광은 다른 도덕적 의지와 결부될 때에 비로소 긍정적 의미를 부여받는다. 우선 「공야장公冶長」편에 나오는 다음의 문장은 공자가 제자들과 함께 세상을 돌아다니던 중 진나라에서 고향으로 돌아갈 뜻을 밝히면서 하는 말인데 이중에 '광'이 있다. 여기서 광은 뜻이 높다는 의미로 해석된다.

> 공자께서 진陣에 계시어 말씀하시길 "돌아가자! 돌아가자! 우리의 젊은 무리들이 뜻은 높으나 일에는 소홀하여 비록 문채는 찬란하지만 바르게 할 바를 알지 못하는구나." (106)

「태백泰伯」편의 다음 구절에서 공자는 아는 척하고 싶지도 않은 사람을 세 부류로 나눈다. 그들은 뜻만 높고 곧지 않은 자, 무지하면서 건실하지 않은 자, 그리고 무능하면서 믿을 수 없는 자이다. 여기서도 광은 '뜻만 높다'라는 의미로 사용된다.

> 공자께서 말씀하시기를 "뜻만 높고 곧지 않으며, 무지하면서 근후하지 아니하며, 무능하면서 미쁘지 못한 사람은 나는 이를 알아보고 싶지도 않다." (158)

또한 「양화楊貨」편의 다음 구절에서도 광은 뜻이 높다는 의미로 사용된다. 공자는 거짓을 일삼는 당시의 풍토를 한탄하면서 옛날의 광과 당대의 광을 비교한다. 즉 옛날의 광은 작은 규범에 얽매이지 않는 자유로운 상태였던 반면, 당대의 광은 지나치게 자유로워 방탕한 상태라는 것이다.

> 공자께서 말씀하시기를 "옛적에는 사람이 세 가지 병폐가 있더니, 오늘날에는 그것조차 없어졌도다. 옛적에 뜻 높은 이는 작은 절개에 얽매이지 않았는데, 오늘날 뜻 높은 이는 방탕하고, 옛적의 긍지가 있는 이는 겸손함이 있었는데, 오늘날 긍지가 있는 이는 사납기만 하고, 옛적의 어리석은 이는 오직 곧기만 했는데 오늘날 어리석은 이는 간사할 뿐이다." (322)

그런가 하면 같은 「양화」편의 다음 구절에서 공자는 자로의 편협함을 고쳐주기 위해 인仁, 지知, 신信, 직直, 용勇, 강剛 등의 여섯 미덕을 제시하는데, 그러한 미덕을 갖추고도 배움을 통해 절제하지 않으면 극단으로 치닫게 됨을 경고하고 있다. 즉 어진 사람이 배우지 아니하면 어리석어지고, 지혜로운 사람이 배우지 않으면 허황됨에 빠지게 되며, 믿음이 있는 사람이 학문하지 않으면 성질이 급해지고, 용맹한 사람이 배우지 아니하면 만용에 빠지게 된다. 그리고 강직한 사람이 배우지 아니하면 미쳐버린다. 이때의 광은 경망한 것, 조급하고 경솔한 것으로 해석된다.

> 공자께서 말씀하시기를 "유야, 네가 여섯 가지 말과 여섯 가지 가리움이 있는 것을 들었느냐?" 대답하여 말하기를 "아직 듣지 못했습니다." "앉으라. 내가 너에게 말하리라. 인을 좋아하고 배우는 것을 좋아하지 아니하면 그 가림이 어리석고, 지를 좋아하고 배우기를 좋아하지 아니하면 그 가림이 호탕하고, 믿음을 좋아하고 배우기를 좋아하지 아니하면 그 가림이 해치고, 곧은 것을 좋아하고 배우기를 좋아하지 아니하면 그 가림이 급하고, 용맹을 좋아하고 배우기를 좋아하지 아니하면 그 가림이 어지럽고, 강한

것을 좋아하고 배우기를 좋아하지 아니하면 그 가림이 경망한 것이다."
(318)

마지막으로 다음에 인용한 「미자微子」편의 한 구절은 접여의 거짓 광기의 의미를 제시하고 있다. 초나라 사람인 접여는 미친 척하면서 세상을 피해 살았다. 그에게 광기는 세상을 피하기 위한 하나의 수단이었던 것이다. 그는 도가 있으면 나타나고 도가 없으면 숨는다는 봉황에 공자를 비유하면서 도가 없는 세상에 도를 구현하기 위해 세상에 남아 있는 공자를 비판한다. 그 자신은 광기를 가장하여 도가 없는 이 세상을 피해 살고 있다. 여기서 광은 높은 지식을 가진 자의 우월성을 은폐하기 위한 전략적 수단으로 사용된다.

> 초나라의 광인인 접여가 공자의 수레 앞을 지나며 노래하기를 "봉이여! 봉이여! 어찌 덕이 쇠했는가? 지나간 것은 간하여 고치지 못하지마는 오는 일은 오히려 좇을 수 있으니, 말지어다, 말지어다! 오늘날 정사를 좇는 것은 위태할 것이다. (332)

그밖에도 『논어』에는 자질구레한 도덕에는 무관심하며 통이 크고 진취적 기상을 지닌, 광자 계열의 인물들이 등장한다. 오다 스스무(2004: 156)는 그의 저서 『동양의 광기를 찾아서』에서 도도 아키야스를 인용하면서 중국의 유토피아 사상에 네 가지 흐름이 있음을 지적한다. 그것은 유가 우파 사상인 성인의 유토피아, 관리 통치의 사상인 법가 유토피아, 유가 좌파 사상인 광인의 유토피아, 그리고 노장 사상인 목가 유토피아이다. 그런데 유가 좌파의 원류는 이미 『논어』에 등장하는 광인들에게서 찾아

볼 수 있다. 「선진先進」편에 등장하는 증석曾晳이 그 한 예에 속하는데 그는 욕심 없이 유유자적하는 인물이다. 세상이 자신을 알아준다면 어떻게 하겠느냐는 공자의 질문에 대해 그는 다른 제자들과 달리 "화창한 봄날, 새로 만든 속옷을 차려입고 바람을 쐬고 노래하면서" 유유자적하겠다고 대답한다. 습관적인 도덕을 무시한 그의 기상은 광의 기상이다. 그러나 공자는 세속을 초월한 증석의 광의 기상을 높이 평가한다. 오다 스스무가 말하듯 이러한 유교의 좌파적 흐름은 맹자로부터 시작하여 명나라 중반기의 왕양명王陽明으로 이어진다. 왕양명은 광의 기상을 높이 평가한 좌파적 유교를 대표하는 유학자이다. 그는 천지 만물과 한몸이 될 경우 성인이 된다고 주장한다. 그에게는 이기적 자아의 개념도 없고, 선악의 개념도 없다. 그는 "천지 만물을 한몸으로 어진 마음의 아픔이 절박"할 때 고통 받는 모든 존재를 치유할 수 있을 것이며, 그리되면 이 세상에 존재하는 미친 사람은 없어질 것이라고 주장한다. 그는 말한다.

> 오호라! 요즘 사람들이 비록 나를 미쳐서 정신을 잃어버린 사람이라고 말할지라도 상관없습니다. 천하 사람들의 마음은 모두 나의 마음입니다. 천하 사람들 가운데 오히려 미친 사람이 있는데, 내가 어찌 미치지 않을 수 있겠습니까? 오히려 정신을 잃어버린 사람이 있는데 내가 어찌 정신을 잃어버리지 않을 수 있겠습니까? (573)[2]

조선의 김시습, 최북 등은 이러한 왕양명의 좌파적 유교의 전통을 따르

2 본 문장의 인용을 위해서는 2001년 청계에서 출간된 정인재 · 한정길 역주 『전습록傳習錄 2』를 참조했다. 이 글은 「섭문울에게 답하는 글聶文蔚答」 181조목에 수록된 것이다.

는 인물들이라 하겠다. 매월당 김시습은 7세에 경서를 통달하고 9세에는 즉석에서 시문을 지어 세종으로부터 칭찬을 받기도 했으나 세조의 폭거에 저항하여 승려와 속인 행세를 하며 방랑 생활을 한 인물이고, 시대의 천재 화가 최북은 술버릇과 기벽으로 유명하다.

한편 『장자』에서 광은 '허황되다'(「소요유逍遙遊」편), '본성을 잃고 욕심을 위해 허덕인다'(「도척盜跖」편) 등의 부정적인 의미를 지니기도 하지만, 자연 그대로의 삶, 노닒, 천진함 등과 관련된 의미로 사용되는 경우가 많다. 주지하다시피 『장자』에는 인물들의 이름이 그 자체로 어떤 의미를 담고 있는 경우가 많다. 「재유在宥」편에 등장하는 운장雲將과 홍몽鴻蒙 역시 그러하다. 운장은 구름을 의인화한 것이며 홍몽은 혼돈을 의미하는 우화적 인물이다. 장자의 세계에서 혼돈은 도를 상징한다. 운장은 백성들이 나아갈 길을 알고자 도인 홍몽에게 질문을 한다. 그런데 홍몽은 다리를 두드리며 새같이 깡충깡충 뛰면서 놀기만 한다. 3년이 지난 뒤 송나라 들판에서 다시 홍몽을 만난 운장이 크게 기뻐하며 달려가 자기를 기억하는지를 묻자 홍몽은 다음과 같이 대답한다.

> "자유로이 놀아 구할 바를 모르고 멋대로 날뛰면서 멈출 바를 모른다네. 이렇게 노는 이는 외형을 잊고 진실만을 보는 것이니 내 또한 무엇을 알리?" (300)[3]

이처럼 광은 멋대로 날뛰는 노닒의 의미, 즉 소요의 의미를 담고 있다. 한편 『장자』의 「산목山木」편에는 건덕이라는 나라에 대한 이야기가 있는

3 『장자』의 인용을 위해서는 1982년 삼성출판사에서 출간된 『老子 · 莊子』를 참조했다.

데, 그 나라 백성들을 묘사하기 위해서 광이라는 글자가 사용된다. 의료宜僚는 나라를 걱정하는 노나라 임금에게 올바른 삶을 위해 욕심을 버리고 노닐 듯이 살 것을 권유한다. 동시에 그러한 삶에 대한 전형으로 건덕 사람들의 삶을 제시한다. 그들은 삶에 대한 지식도 없고 예법도 모르며 어리석고 욕심을 부릴 줄 모른다. 그러한 그들의 삶은 자연 그대로의 삶이다. 여기에서 '생각대로 무심히'로 해석되는 광은 자연의 속성이라는 의미를 지닌다.

> 건덕이라는 나라가 있습니다. 그 나라 백성은 어리석으면서도 소박하여 사심이 적고 욕심이 적습니다. 그들은 농사만 지을 줄 알지 저장할 줄을 모르며, 주기는 해도 갚으라고 요구할 줄도 모르고, 의가 어디에 맞는지도 모르며, 예가 어떤 경우 행해지는지도 모르고, 다만 생각대로 무심히 행동하면서도 자연의 대도를 밟아 나갑니다. 그러면서 그들은 살아서는 즐기고, 죽으면 편안히 장사를 지냅니다. (387)

『장자』의 「지북유知北遊」편에 나오는 광굴狂屈처럼 아예 이름에 광이라는 글자가 들어간 경우도 있다. 도道에 대해 알고 싶은 지知는 무위위無爲謂, 광굴, 그리고 황제黃帝를 만나 도에 대해 질문한다. 그러나 지가 세 번이나 반복해서 질문했음에도 불구하고 무위위는 답을 하지 않는다. 무위위라는 이름은 말하지 않는다는 뜻을 내포한다. 대답을 얻지 못한 지가 광굴을 만나 답을 구하자 광굴은 대답해주겠다고 하더니 말하는 도중에 말하려던 바를 잊어버리고 만다. 결국 황제로부터 답을 구한 지가 무위위와 광굴은 도를 모르는 자들이 아닌가 하고 황제에게 묻는다. 그러자 황제는 "무위위야말로 정말로 올바른 도를 알고 있는 자이고, 광굴은 거의 도에 가까이 간 사람이고, 나와 자네는 결국 도와 가까이 있는 것이 아닐세"라고 답한다. 도는 말로 표현할 수 없는 것이기에 도를 아는 자는 말로 표현하지 않고, 말로 표현하는 자는 정말로 도를 아는 자가 아니라는 것이다. 따라서 무위위야말로 진정한 도인이며, 말해준다고 해놓고 자신이 무슨 말을 하려 했는지조차 잊어버린 광굴은 도에 가까운 사람이다.

이처럼 『장자』에서 광은 노닒, 잊음, 자연스러움, 도의 경지에 이름 등의 긍정적인 의미로 많이 사용된다. 한자 문화권에서 광기는 부정적인 것도 배척해야 할 것도 아니었다. 오히려 광인들은 너무 크고 높아 세상과 화해하지 못하는 인물로 묘사되곤 했다. 『논어』의 「미자」편에 등장하고, 『장자』의 「응제왕應帝王」편에도 나오는 접여의 경우에서 보듯 지식인들은 미치광이인 척하거나 스스로 광자 혹은 광객을 표방한 경우가 많았는데, 그들이야말로 사실상 자의식이 너무 강했기에 세상사로부터 일탈하고 초월적 삶을 택했던 인물들이다.

정재서는 접여나 굴원屈原, 그리고 죽림칠현竹林七賢 등 광인으로 간주되었던 인물들의 예를 들면서 그들의 광기는 넓은 의미에서 푸코의 문화적 일탈의 개념으로 읽힐 수 있음을 지적한다. 그는 또한 그들의 광기에 어린아이, 즉 영아嬰兒의 이미지를 부여하는데, 그 이미지는 역사적으로 자연적 본성의 수호자, 문명비판자의 의미에서 기층 문화·비제도권을 통해 구현되었다는 것이 그의 주장이다(정재서, 2007: 54). 광기에 대한 이러한 전통이 있었기에 중국 근대 소설의 혁명을 가져온 작가로 평가되는 루쉰의 「광인일기」가 탄생할 수 있었으리라. 루쉰은 일기체 독백 형식의 「광인일기」에서 식인 피해망상증에 걸린 광인을 등장시켜 그에게 계몽자 혹은 각성자의 이미지를 부여함으로써 중국의 봉건 제도의 악습을 통렬하게 비판하고 있다.

2 서구 전통에서의 광기의 의미

『프랑스어 어원사전Dictionnaire étymologique de la langue française』에 의하면 '미친, 광적인'이라는 의미의 'fou'라는 형용사는 라틴어의 형용사 'follis'에서 유래했으며, 그 의미는 '풀무, 자루, 공'을 의미한다(Bloch et Von Wartburg, 1989: 271). 그 의미는 6세기 말경부터 조롱 섞인 의미로 '바람이 들어간 공'과 같이 바보, 멍청이라는 비유적 의미를 가지게 된다. 한편 광기라는 단어 'folie'는 11세기에 가서야 나타나며, 그 의미는 '횡설수설하기, 방황하기'의 의미와 더불어 바보, 멍청이의 의미로도 사용된다. 1694년에 나온 『아카데미 사전』은 광기에 대하여 '이성의 동요, 정신의 혼란, 양식의 결여, 엉뚱함' 등으로 정의한다. 이 시기는 법과 이성의 밖에 존재하는 모든 이들이 광인으로 규정되어 사회 밖으로 내몰리게 된 '대감금'의 시기와 일치한다. 18세기 철학자 볼테르는 '다른 사람들과 같이 생각하고 같이 행동하는 것을 방해하는 뇌 기관의 병'(Thuillier, 1966: 336에서 재인용)을 광기라 부른다고 말하고 있다. 즉 광인이란 다르게 행동하는 자, 타인, 낯선 사람이다. 그리고 그것은 라틴어의 타인을 의미하는 'alienus'에서 유래한 말이다. 실제로 중세 시대의 '광인들의 배'로부터 고전주의 시대의 '종합병원'에 이르기까지의 광인에 대한 배제의 논리에서는 항상 정상을 벗어남, 즉 이상함을 광기의 기준으로 보는 시각이 지배적이었다.

19세기 프랑스를 대표하는 『리트레 사전』에 따르면 광기는 정신의 혼란, 지적 · 감정적 능력의 손상, 이성의 부재, 엉뚱함, 판단력의 결여, 과도함, 행동의 어긋남, 그리고 명랑함, 쾌활함, 열정적 취향 등 다양한 의미를 지닌다.[4] 그러나 광기의 개념은 정신의학의 발달과 더불어 좀더 과학적으로 변모된다. 19세기 이후 광기라는 단어는 의학적 용어인 신경증, 정신병, 강박증, 히스테리, 공포증, 분열증, 우울증, 편집증 등의 용어로 대치되며 광인이라는 용어 대신 '정신병자'라는 단어를 사용하게 된다(브르노, 1998: 35; Thuillier, 1966: 336). 해부병리학의 도움을 받은 정신병리학에서는 광기를 흔히 뇌의 질병으로 간주했으며, 광기의 치료를 위해 정신의학자들은 뇌 수술, 전기 충격에 의한 쇼크, 물 치료에 의한 정화법 등을 사용했다. 19세기 말과 20세기 초, 프로이트가 주창한 정신분석학에 의해 광기는 무의식과 인간의 욕망을 표현하는 한 방식으로 이해된다. 프로이트 이후 광기는 개인의 유년기 시절의 갈등에서 빚어진 산물로 이해되었고, 그 원인을 밝혀냄으로써 신경증은 치료될 수 있다고 생각되었다. 그 후 많은 학자들은 개인의 광기가 개인적인 문제일 뿐 아니라 사회적인 문제이기도 함을 지적했다. 어떤 방식으로 접근하든 광기에 대한 연구는 광기를 치료하는 것을 목적으로 행해졌다.

그러나 나는 광기 자체에 의미를 부여하고 광기의 담화에 귀를 기울이면서 광기의 의미를 찾아내고자 한다. 이는 미셸 푸코Michel Foucault가 『고전주의 시대의 광기의 역사L'Histoire de la folie à l'âge classique』를 쓴 목적이기도 하다. 푸코는 인류의 역사에서 배제되어왔던 광기에 주체성을 부여하면서 세계를 해석하는 새로운 틀을 제시한다. 실제로 광인은 어느 시대에나 존재했고, 그 나름의 역할을 수행해왔던 것이 사실이다. 그렇다면 서구의 역사에서 광기는 어떻게 인식되고 어떻게 수용되었던 것일까?

고대 그리스에서 광기는 초자연적인 것으로 간주되었다. 즉 인간의 광기는 인간의 생리적 또는 심리적 원인들에 기인하는 것이 아니라 순전히

---

4 http:/www.mediadico.com/dictionnaire/definition/folie/1

신에 의해 운명지어진 것으로 인식되었던 것이다. 그리고 인간은 신이 내린 신탁 앞에서 무기력했다. 그럼에도 불구하고 정신병자들은 저주받은 자들로 취급되어 사람들로부터 외면당했다. 사람들은 그들에게 돌을 던졌고 가장 간편한 예방책이라고 생각하며 침을 뱉기도 했다(Dodds, 1965: 75; 작세름, 1992: 74에서 재인용). 그러나 필립 브르노(1998: 35)는 오스카 파니치를 인용하면서 고대 그리스 · 로마 문화에서 광기는 신적인 영감을 의미하며, 히브리어의 나비navi라는 말이 예언자와 광인을 동시에 지칭함을 지적한다. 한편 플라톤의 「파이드로스」에서 소크라테스는 질병으로서의 광기와 구분하여 신의 영감을 받은 광기, 관습과 규범을 벗어나는 광기를 언급한다. 그는 인간의 가장 지고한 선은 광기에서 유래한다고 말하는가 하면 인간의 광기는 신의 선물임을 주장하기도 한다(작세름, 1992: 71).

로마인들도 신탁을 중시했고, 제의적 행사를 개최했으며, 시인들은 열정적인 사랑을 노래했다. 그러나 로마 제국은 용기와 의지를 중시했으며 합리적 사고를 로마 시민이 갖추어야 할 덕목으로 생각했다. 로마인들에게 광기는 무정부주의적인 요소였기에 광기를 용인할 수 없었다(작세름, 1992: 77-78). 그러나 우리의 역사는 네로, 칼리귤라 등의 광인 황제들을 기억한다.

중세를 거쳐 르네상스 시대까지 광기는 이성과 공존했다. 중세 시대의 광인은 친숙한 존재였고 사회에서 그들 나름의 지위를 부여받았다. 샤를르 5세 때부터 있었던 왕을 섬기는 광대나, 빅토르 위고의 『파리의 노트르담Notre Dame de Paris』에서 볼 수 있는 중세 광인과 걸인들의 존재는 광기가 이성과 함께했음을 보여주는 예들이다. 중세의 유럽에서는 광인들이 여기저기 떠돌아다니는 것이 허용되었고 광인들은 보편적인 지위를 부여받았다. 그들은 이 마을에서 저 마을로 돌아다니면서 다른 사람들에 의해 부양되었다. 광인들은 다른 사람들이 보지 못하는 것을 보는, 즉 감추어진 진실을 밝혀주는 존재였다. 그들은 또한 신비로운 분위기를 지니고 있었다. 광기는 인간을 매혹시켰다. 광기는 세계에 있는 쉽고, 즐겁고, 경박스러운 모든 것을 지배했으며, 광기와 어리석음은 인간을 유쾌하고 즐겁게 만들었다(푸코, 2003: 37).

16세기 스페인의 철학자 에라스무스에게 있어서 광기란 인간의 어리석음을 보여주는 편리한 도구이다. 그는 광기를 통해 박식한 지식인들의 거드름과 그들의 실질적 무지, 그리고 신학자들의 자만심을 조롱한다. 광기는 인간의 모든 유약하고 무력한 것들의 유쾌한 합창이다. 이처럼 16세기 휴머니스트들은 세계의 역설을 폭로하기 위해 광기를 활용한다. 그런가 하면 파스칼은 "인간은 필연적으로 미쳤다. 따라서 미치지 않았다는 것은 아마도 미쳤다는 것의 또 다른 형태일 것이다"(Felman, 1978: 38에서 재인용)라고 말하기도 한다.

그러나 위대한 이성주의의 위세에 눌려 광기는 철학에서 배제되었다. 푸코는『고전주의 시대의 광기의 역사』에서 철학, 심리학, 정신의학이 광기의 언어에 대한 몰이해로부터 출발했음을 지적한다. 푸코의 연구를 통해 알 수 있듯이 고전주의 시대의 대감금은 우리 곁에 있는 광기를 추방했다. 1656년의 칙령은 종합병원이라는 이름의 수용소를 건립토록 했고, 파리의 경우 50만의 인구 중 1% 이상에 달하는 6,000여 명이 수용소에 감금되었다. 광인들은 부랑자들과 차별화되지 않은 채 그곳에 감금되었고 침묵을 강요당했다. 철학사적으로 볼 때 데카르트의 이성주의는 광기를 철학에서 몰아내어 철학과 광기 사이의 단절을 가져오게 했다. 푸코는 데카르트에게 있어서 광기란 회의의 도구로조차 사용할 수 없는 것이었음을 지적한다. 데카르트에게 있어서 인간은 사고하는 동물이며, 인간이 사고하는 한 미칠 수 없다는 것이다. 오랜 시간 동안 광기는 침묵했고, 광기라는 단어는 금기시되어왔다. 고전주의 시대에 침묵했던 광기는 18세기의 철학자 디드로의 『라모의 조카』에서부터 문학의 영역에 다시 나타난다. 그 후 광기의 해방은 지난 세기 최고의 철학자 중 하나인 니체에 의해 제창된다.

18세기 과학의 발달로 인해 종교적 열정은 무너지고 신의 개념에도 변화가 일어난다. 정신의학의 탄생은 이러한 시대적 변화와 맥을 같이한다. 정신의학은 광기에 대한 과학적 설명을 필요로 했다. 그러기 위해 정신의학은 광기의 신체적 요인과 정신적 요인을 정확하게 파악하고자 했다. 신체적 요인을 살펴보기 위해 해부병리학의 도움을 받은 정신의학자들은 뇌의 상처라든가 뇌하수체의 과도한 분비, 호르몬의 비정상적 분비 등을 광기의 직접적인 요인으로 파악했다.

프로이트 이후의 정신분석학은 인간의 정신적 질병을 신경증과 정신병으로 크게 분류한다. 광기라는 말은 이제 전前과학적인 용어로 간주되며 정신의학으로부터 추방된다. 그러나 앙드레 그린André Green은 현대 의학에서 배제시킨 광기라는 용어를 복구시킬 것을 제안한다. 그에 따르면 신경증과 정신병의 경계에 광기를 위치시켜야 한다는 것이다. 즉 신경증 환자에게도 광기는 존재하며, 정신병자 역시 광기를 가진다. 왜냐하면 광기는 인간의 욕망 한가운데 있기 때문이다.

앙드레 그린은 광기가 옛날부터 정열과 밀접한 관계를 맺고 있었음을 지적한다. 그에 따르면 광기는 단순한 이성의 무질서가 아니라 모든 감정적 · 열정적 요소이다. 그린은 분석가가 환자의 광기를 받아들이고 광기를 함께 나누기를, 즉 올바른 감정의 전이가 이루어지기를 제안한다. 그러기 위해서는 감정, 즉 정열의 중요성을 인식해야 할 것이다(Green, 1990:

177). 푸코 역시 광기를 일으키는 가장 중요한 요인으로 정열을 지적하면서 소바주의 다음과 같은 말을 인용한다. "우리 정신의 일탈은 맹목적으로 욕망에 집착한 결과이며, 정열을 다스리거나 통제하기 못한 결과이다" (푸코, 2003: 243).

광기라는 단어의 사전적 의미와 광기의 역사를 살펴본 이제 나는 광기에 대한 새로운 시각을 가지고 문학에서 광기가 갖는 의미를 생각해보고자 한다. 이는 이성중심주의적 사고 밑에 면면히 흐르는 풍요로운 상상력의 보고를 찾아가는 여정이 될 것이다.

이 책에서 나는 18세기와 19세기의 프랑스 작가들, 그리고 18세기 조선의 작가와 1920년대 개화기 한국 작가들의 작품에 나타난 광기의 담화에 귀를 기울이고자 한다. 내가 살펴볼 작가들은 내면에 존재하는 광기를 글로 표현했던 사람들이다. 그들은 글쓰기를 통해 내면의 광기와 싸우기도 했고, 거짓 광기로 위장하여 타락한 사회에 대해서 쓴소리를 뱉어내기도 했다. 그들은 또한 광기의 글쓰기를 통해 광기 속으로 도피하기도 했으며, 정신적 파멸로 치닫는 삶을 견뎌내기도 했다. 나는 이 책을 크게 세 부분으로 나누었다. 서론에서 나는 우선 동서양에서의 광기의 개념을 논했으며, 1부에서는 병적인 광기가 문학에서 어떻게 발현되었는지를 살펴보았다. 그리고 2부에서 논한 광기는 긍정적 의미를 부여받은 광기이다. 이제 문학에서 발현된 광기로의 여정을 떠나보자.

1부

병적인 광기의 문학적 발현

1장 편집증과 자아 상실의 공포

2장 우울증과 죽음의 욕망

3장 폭력과 살해

1장 편집증과 자아 상실의 공포

1 루소의 『참회록』과 박해망상

장 자크 루소Jean-Jacques Rousseau는 18세기 프랑스의 지성을 대표하는 철학자이며 1789년 프랑스 대혁명을 가능케 한 사상적 지주이다. 그는 『사회계약론Du Contrat social』을 쓴 사회학자요, 『에밀Emile』을 쓴 교육학자이며, 『백과전서Encyclopédie』의 음악에 관한 항목을 집필하고 오페라 「마을의 점쟁이Le Devin du village」를 작곡한 음악가인 동시에, 『라 누벨 엘로이즈La Nouvelle Héloïse』라는 낭만주의 문학의 효시가 된 작품을 쓴 소설가이다. 그는 또한 『언어기원론Essais sur l'origine des langues』을 쓴 언어학자이면서 식물을 채집하고 연구했던 식물학자이기도 하다. 루소는 이처럼 철학, 교육학, 문학, 언어학, 그리고 예술을 넘나드는, 소위 학제간 연구의 귀감이 되는 지식인이라 하겠다.

그러나 정작 그가 얼마나 힘들고 불행한 삶을 살았는지에 대해 아는 사람은 많지 않다. 루소는 일생 동안 육체와 정신의 병을 호소했던 작가이다. 그는 늘 아팠다. 머리도 아팠고, 가슴에 용종도 있었고, 방광염과 요폐증으로 고생하기도 했으며, 실명의 위기에 처하기도 했다. 뿐만 아니라 그는 일생 동안 남들이 자신을 박해한다는 피해망상에 시달린 편집증 환자이기도 했다.[1] 특히 말년의 그는 모든 사람들이 자신을 모함하고 자신에 대한 음모를 꾸민다는 생각으로 고통스러워했다. 실제로 그가 정치적 · 종교적 박해를 받은 것은 사실이지만 박해에 대한 그의 망상은 가히 병적이었다.

1749년 뱅센 숲[2]에서 영감을 받은 후 『학문예술론Le Discours sur les sciences et les arts』을 편찬함으로써 학문적 영광을 차지하고 나서부터 루소의 삶은 불행의 연속이었다. 유명 인사가 되어 사교계의 총애를 받으면서 출세의 길을 갈 수 있었던 그는 『에밀』, 『사회계약론』 등 시대에 저항하는 글들을 연달아 발표함으로써 모든 사람의 비난의 대상이 되고, 정치적 · 종교적 박해를 받게 된다. 타인들에 의해 박해받고 있다는 생각은 루

---

1 편집증 환자의 증세로는 박해망상, 성적 무능, 자기처벌, 그리고 과대망상 등을 들 수 있으며, 이는 루소의 병적 증세와 일치한다. 편집증에 대해서는 프로이트, 「편집증 환자 슈레버」, 『늑대 인간』(김명희 옮김, 열린책들, 2007, 103-193쪽)과 더불어 J. Lacan, "Le Cas 'Aimée' ou la paranoïa d'autopunition", in *De la psychose paranoïaque dans ses rapports avec la personnalité* (Seuil, 1975, pp. 153-304)를 참조했다. 특히 라캉은 루소의 윤리적 이상과 사회 개혁 의지, 자연에 대한 사랑, 고백 욕구, 자기처벌 등 편집증적 증세 대해 언급하면서, 그의 비정상적 발달과정이 그의 천재성에 큰 역할을 했음을 지적하고 있다.

2 1749년 디드로는 『맹인에 관한 서한』을 발간한다. 그러나 그 책에 담긴 유물론적 사상이 미풍양속을 해친다는 이유로 그는 뱅센 감옥에 투옥된다. 루소는 뱅센 감옥에 있는 디드로를 면회 가던 중 디종 아카데미에서 주최하는 '학문과 예술의 진보는 풍속을 타락시켰는가, 순화시켰는가?'라는 주제의 현상논문 모집 공고를 『메르퀴르 드 프랑스Mercure de France』지에서 읽고 이에 응모할 결심을 하게 된다. 루소의 응모작인 『학문예술론』은 디종 아카데미에서 1등으로 당선된다.

소로 하여금 자신을 정당화할 필요성을 느끼게 한다. 그가 타인들의 공격으로부터 자신을 방어할 수 있는 방법은 오로지 글을 써서 자신의 무죄를 밝히는 것이었다. 그가 말년에 쓴 자서전적 작품인 『참회록Les Confessions』, 『대화, 루소는 장 자크를 심판한다 Dialogues, Rousseau juge de Jean-Jacques』, 그리고 『고독한 산책자의 몽상Les Rêveries du promeneur solitaire』은 자신의 무죄를 증명해 보이려는 목적을 가지고 쓴 작품들이다. 그중에서도 특히 『참회록』은 루소가 자신의 모든 것을 다 드러내 보이겠노라 천명하고 쓴 작품이다. 그러나 자기방어로 가득한 그 책 속에서 독자들은 광기의 흔적을 본다.

루소는 언제부터 『참회록』에 대한 계획을 가지고 있었던 것일까? 루소가 막연하게나마 자신의 이야기를 글로 쓰고 싶다는 생각을 하기 시작한 것은 제2의 현상논문인 『인간 불평등 기원론Disocours sur l'origine de l'inégalité parmi les hommes』을 간행하고 난 후인 1755년경부터이다. 그 후 출판업자 레의 권고에 따라 그는 1759년부터 편지 등 자료를 모으기 시작했고, 1762년 모티에 망명 시절에도 집필을 위한 준비 작업을 은밀히 진행했다. 십여 년간의 긴 준비를 끝낼 즈음에 발생한 결정적인 한 사건은 그의 결심을 굳히는 계기가 된다. 1764년 12월, 한 익명의 기사 「시민의 감정Le Sentiment des citoyens」[3]은 루소가 자식을 버린 사실을 폭로한다. 루소는 처음에는 그 사실을 부정한다. 그러나 그는 곧 자신의 모든 잘잘못을 세상에 밝히고자 자서전을 쓸 것을 결심한다. 그리하여 두 권의 『참회록』이 1765년에서 1770년 사이에 씌어졌다. 루소는 자신의 모든 선행

3 이 익명의 기사는 사실 볼테르가 쓴 것이다. 그러나 루소는 그 기사의 작성자를 모른 채 베른 목사를 의심한다.

과 악행, 그리고 비밀스런 내면세계까지 다 고백함으로써 무죄를 증명하는 동시에 자신의 순수한 마음을 드러내 보이고자 한다. 그런데 그의 글, 특히 후반부에서는 음모와 박해에 대한 끝없는 고발과 자기방어를 계속할 뿐이어서 독자들은 작가가 자신의 무죄를 증명하기보다는 타인들의 잘못을 고발하는 데 더욱 역점을 둔 것 같다는 인상을 받게 된다.

자신의 글쓰기가 동시대인들을 겨냥한 것이 아님을 강조했음에도 불구하고 독자의 반응에 대한 호기심을 억누를 수 없었던 루소는 1771년, 스웨덴 왕자를 포함한 몇몇 귀족들 앞에서 『참회록』을 낭독한다. 그러나 그 사실을 안 데피네 부인 등에 의해 『참회록』의 낭독은 금지된다. 이후 루소는 모든 사람들이 자신을 증오하고 박해한다고 생각하면서 자기변호를 위해 1772년과 1775년 사이 또 하나의 고백서인 『대화, 루소는 장 자크를 심판한다』를 집필한다. 1776년 2월, 루소는 그 원고를 노트르담 사원의 제단에 놓아두려 하지만 사원 제단의 문이 닫혀 있어 그 계획은 실패한다. 같은 해 4월, 그는 「여전히 정의와 진실을 사랑하는 모든 프랑스인에게」라는 전단지를 거리의 행인들에게 배포하기도 한다. 『대화, 루소는 장 자크를 심판한다』는 작가를 대변하는 인간 루소와 독자를 대변하는 프랑스인 두 사람의 지리멸렬한 대화로 이루어져 있다. 그러나 문학적 섬세함이 결여된 이 글에 대한 독자들의 반응은 냉담했고, 이에 루소는 모든 것을 운명에 맡기면서 자신에게 허락된 길은 오로지 고독과 몽상이라는 생각을 가지게 된다. 그리하여 죽기 직전까지 2년간 평온함 속에서 아무런 제약도 받지 않고 자신의 몽상을 그대로 옮겨 적은 책이 『고독한 산책자의 몽상』이다.

나는 『참회록』과 『고독한 산책자의 몽상』의 독서를 통해 루소의 광기의 흔적들을 따라가 보고자 한다. 더불어 일생 동안 작가를 괴롭혔던 육체의 병에 대해서도 살펴볼 것이다. 루소에게 있어서 육체의 병은 전적으로 정신의 병으로부터 연유하는 것이라고 생각하기 때문이다. 다시 말해서 루소에게 육체의 병은 광기의 일환이다. 그렇다면 루소는 왜 일생 동안 자신의 광기로부터 벗어나지 못했을까?

육체의 병과 박해망상

루소는 일생 동안 육체적 고통에 시달렸다. 그는 왜 늘 아팠을까? 아니 어쩌면 그는 늘 아프기를 바랐던 것은 아닐까? 루소에게 있어서 병은 하나의 언어이다. 스타로뱅스키의 지적대로 루소의 병은 매번 무엇인가에 대한 표현이다(Starobinski, 1971: 168). 그것은 즉각적인 표현으로서 언어 이전의 원초적 언어이다. 그가 늘 아플 수밖에 없었다면, 그것은 그가 항상 자신의 병을 통해 무엇인가를 말하고자 했음을 의미한다.

늘 병약한 루소였지만 특히 심각한 병적 증세는 바랑 부인 곁에서 지내던 중 그녀의 집사이자 애인이었던 클로드 아네가 자살 기도를 하고 결국 병으로 죽게 된 이후인 1734년경 처음으로 나타난다. 루소는 그의 늠름한 체격에도 불구하고 숨이 차고, 피를 토하는 등 육체적으로 대단히 쇠약해졌음을 토로한다. 뿐만 아니라 우울증에 사로잡혀 이유도 없이 혼자 울기도 하고 한숨짓기도 한다. 루소는 병의 원인이 여인에 대한 막연한 갈망, 그리고 특히 아네의 죽음 이후 바랑 부인이 파산할지 모른다는 두려움에 있다고 생각한다. 그러나 그의 병은 바랑 부인과의 성적 관계에 대한 죄의식과 더불어, 자신의 존재가 아네의 죽음을 초래했다는 것에 대한 죄책감으로부터 연유한다. 선배이자 형과 같았던, 일종의 아버지 역할을 했던 아네의 죽음은 루소로 하여금 친부 살해의 죄의식을 느끼게 한다. 게다가 루소는 이미 어머니가 자기 때문에 죽었다는 원초적 죄의식을 가지고 있었다. 어머니의 죽음에 대한 원초적 죄의식에 아버지의 대체인 아네에 대한 부친 살해의 죄의식이 겹쳐지는 것이다. 루소의 병은 이러한 이중적인 죄의식에 대한 일종의 방어이다. 즉 육체적으로 쇠약함을 보여줌으로써 자신의 남성성을 거부하고, 그럼으로써 자신은 아네와 성적인 경쟁자가 아니었음을, 따라서 아네의 죽음은 그와 무관함을 증명하고자 하는 것이다. 정신분석의 용어를 빌리자면 이러한 루소의 생각은 자기거세 의지이며, 이는 모든 편집증 환자에게서 공통적으로 나타나는 증세이기도 하다. 한편, 이때 바랑 부인은 병든 루소를 어머니처럼 정성껏 간호하게 된다. 마치 어린 시절 병약했던 장 자크를 쉬종 고모가 보살폈듯이 말이다. 이처럼 루소의 병은 어린아이로 되돌아가 어머니의 사랑을 받고자 하는 퇴행의 욕망으로도 해석될 수 있다.

아네의 죽음은 루소로 하여금 바랑 부인과의 근친상간적 관계를 더욱 견딜 수 없게 만든다. 따라서 금욕의 권리를 얻기 위해 그는 계속 병을 필요로 하고 그의 건강은 악화될 뿐이다. 1737년 실험 중 사고로 실명할 뻔했던 그는 눈이 잘 보이지 않았고,[4] 안색은 늘 창백했으며, 맥박이 불규칙했고, 숨이 찰 뿐 아니라, 현기증이 나곤 했다. 우울증에 걸려 혼자 눈물 흘리는 일도 잦았다. 1735년경부터 시작된 루소의 우울증은 평생 그를 괴롭힌다.

1737년, 가슴에 용종이 있다고 자가진단 한 루소는 병을 치료하기 위해 바랑 부인의 권고에 따라 몽펠리에로 여행을 떠난다. 그런데 여행 중에

4 실명은 자기거세를 상징한다. 오이디푸스는 스스로 눈을 찔러 장님이 되지 않았던가. 루소는 눈을 멀게 함으로써 일종의 자기처벌을 시도하며, 이 자기처벌 증세 역시 편집증 환자의 일반적인 증세이다(Lacan, 1975: 254-257 참조).

만난 라르나주 부인은 그에게 난생처음으로 성적 쾌락을 맛보게 한다. 바랑 부인 곁에 있을 때는 항상 슬프고 고통스러워 종종 눈물짓던 루소이건만, 라르나주 부인 곁에서는 오로지 쾌락이 주는 행복감만을 만끽할 뿐이다. 병도 씻은 듯이 사라진다.

> 라르나주 부인이 나를 유혹할 생각을 했다. 이렇게 되니 가엾은 장 자크는 그만 사라져버렸다. 오히려 그 신열과 우울증과 용종이 자취를 감추어 버린 것이다. 모든 증세가 그녀 옆에서는 다 사라져버렸다. (273)[5]

여행하는 동안 루소는 자신이 환자라는 사실마저 잊어버린다. 그를 진단한 의사들은 그의 병을 꾀병으로 규정한다. 루소 역시 자신의 병이 순전히 신경성임을 인정한다. 루소는 왜 라르나주 부인 곁에서 성적 충만을 느낄 수 있었을까? 왜 그녀 곁에서는 성적 욕망에 대한 죄의식도 타부도 모두 사라진 채 관능에 몸을 맡길 수 있었을까? 그보다 먼저 루소는 왜 성적 욕망에 대해 죄의식을 가지고 있었는가? 이러한 질문에 대한 논의는 다음 장으로 미루기로 한다. 왜냐하면 그것은 루소의 정신세계를 지배하는 근원적인 문제이기 때문이다.

여행에서 돌아온 루소는 젊고 건장한 뱅상리드가 자신의 자리를 차지했음을 알게 된다. 간수장의 아들로서 가발 회사의 영업사원이었던 그는 루소와는 정반대의 인물이라고 할 수 있다. 키가 크고 허우대가 멀쩡한 금발의 뱅상리드는 무식하고 건방지고 버릇이 없었으며, 늘 떠들썩했다.

---

5 텍스트의 인용을 위해서는 동서문화사에서 1978년 초판을 발행하고 2010년 재발행한 홍승오 역 『참회록』을 참고했다. 그러나 번역과 외국어 표기는 그대로 따르지 않았다.

그러나 바랑 부인은 그를 신임했다. 그녀는 이제 더 이상 루소를 사랑했던 옛날의 '엄마'가 아니다. 버림받은 루소는 고통과 우울증 속에서 자신의 모든 에너지를 연구에 쏟음으로써 성적 욕망을 지적 욕망으로 승화시키고자 한다. 음악, 철학뿐 아니라 물리, 화학, 수학, 해부학을 총망라하는 루소의 연구는 명성을 갈구하는 그의 숨은 욕망을 실현시키기 위한 수단에 다름 아니다. 그러나 루소는 학문 연구를 통한 출세의 욕망도 가질 수 없다. 그것 역시 소유 욕망의 하나이기 때문이다. 루소는 자기거세를 통해 스스로에게 소유의 욕망을 금지하지 않았던가.

따라서 루소가 『학문예술론』을 출판한 이후, 다시 말해서 명성을 얻게 되는 순간 방광염과 요폐증으로 극심한 고통을 겪게 되는 것은 우연이 아닐 것이다. 그는 자신의 의지와 무관하게, 아니 자신의 무욕망의 의지에도 불구하고 작가가 되었다고 주장하지만, 사실상 그것은 오래전부터 그가 마음속에 품고 있던 출세를 향한 욕망이 실현된 것에 다름 아니다. 그러나 막상 소망이 실현되는 순간, 그는 자신의 숨은 욕망이 드러나는 것에 대한 죄의식을 견디지 못한다. 육체적 고통은 일종의 도피이다. 그것은 "죄 없는 희생자가 되고자 하는 무의식적 욕망"이며(Clément, 1976: 271), 루소의 성공은 매번 육체의 고통을 야기한다.

1761년 이후 의사들의 치료를 거부하고 모든 것을 자연에 맡기면서 루소는 자신의 병이 다 나았노라고 말하고 있다. 그러나 바로 그 시기부터 루소의 끝없는 피해망상이 시작된다. 루소는 부당하게 처벌을 받아왔다고 생각한다. 뿐만 아니라 자신은 아무에게도 해를 끼치지 않았음에도 불구하고 사람들로부터 끊임없이 비난을 받아왔다고도 생각한다.

루소에 대한 정치적 · 종교적 박해는 『에밀』과 『사회계약론』이 출판된 이후인 1762년부터 시작된다. 출판되자마자 두 책은 물의를 일으켰다.

한편에서는 굉장한 찬사를 받기도 했지만, 일반적으로 그것은 사회와 교회에 대한 커다란 반역으로 간주되었다. 소르본 대학은 『에밀』을 비난했고 경찰은 그 책을 압수했다. 게다가 국회에서 『에밀』 발행 금지령이 통과되어 구속영장이 발부됨에 따라 루소는 도피하기 위해 파리를 떠나야 했다. 결국 파리에서는 『에밀』이 소각되고, 제네바에서는 『에밀』과 『사회계약론』의 판매가 금지되었다.

그런데 문제는 루소가 실제적 박해와 상상적 박해를 혼동하고 있다는 사실이다. 루소의 망상 속에서 현실과 상상은 마구 뒤섞여 서로 구분이 되지 않는다. 예를 들어 루소에 대한 친구들의 비난은 루소의 『참회록』 집필(1765-1770) 이후부터 시작되는 데 반해, 루소는 이미 그 이전인 1756-1757년, 데피네 부인이 마련해준 오두막집에 살던 시절부터 주위의 친구들을 의심하기 시작한다. 그들이 자신을 고독에서 끌어내려고 음모를 꾸민다고 비난하는가 하면, 그 음모는 이미 4년 후의 실제적 박해에 대한 음모의 싹이었다고 주장하기도 한다. 특히 디드로가 1757년 3월 『사생아 Le Fils naturel』를 출판하자 그의 분노는 절정에 달한다. "악한 사람만이 혼자 있는다"라는 책 속의 한 구절이 루소 자신을 지칭하는 것이라 생각한 그는 화를 이기지 못하고 격분한 상태에서 디드로에게 대단히 거칠고 무례한 편지를 보낸다. 그러고 나서 한 달도 못 되어 그는 자신의 바보짓을 탓하면서 디드로와 화해한다. 그 후 그는 친구들과 화내면서 절교하고, 울면서 화해하기를 거듭하다가 결국 1758년, 결정적으로 디드로, 그림 남작, 데피네 부인 등 주위의 모든 사람들과 절교하기에 이른다.

앞서 언급했듯이 『에밀』과 『사회계약론』의 출판으로 인해 루소는 정치적 · 종교적 박해를 받았고, 1762년부터 1770년까지 베른, 모티에, 영국 등지로 도피 생활을 한다. 그런데 사실상 루소가 실제로 받은 박해는 『에밀』과 『사회계약론』이 출판된 1762년에서 1765년까지 약 3년 동안에 불과하다. 물론 그 이후에도 루소는 계속적으로 요주의 인물로 간주되면서 경계의 대상이긴 했지만 정치적으로나 종교적으로 실제적 탄압을 받은 적은 없다. 한편 루소에 대한 친구들의 비난은 『참회록』 집필 소문이 무성한 가운데, 그가 『참회록』을 강독하게 된 1771년부터 시작된다. 그러나 그의 박해망상은 이미 1757년경부터 시작되어 죽기 직전까지 계속된다. 루소는 툭하면 자신은 혼자라는 둥, 모든 사람들이 자신을 미워한다는 둥, 모두가 자신에 대한 음모를 꾸민다는 둥, 구체적 예를 제시하지 않은 채 자신이 박해받고 있음을 끊임없이 하소연한다. 왜 그는 이와 같은 피해망상에 사로잡혀 있었을까? 어쩌면 그는 박해를 필요로 했던 것은 아닐까?

육체적 고통은 그에게 죄의식으로부터의 도피처를 제공해줄 수 있었지만 완전한 면죄부를 부여하지는 못했다. 왜냐하면 육체적 고통의 책임은 바로 자신이기 때문이다. 따라서 루소에게는 죄의식으로부터 벗어날 수 있는 어떤 장치가 필요했다. 박해망상은 타인들에게 자신의 죄를 투사함으로써 모든 책임을 타인에게로 돌릴 수 있게 해준다. 그렇게 되면 그는 타인들에 의해 박해받는 불쌍한 죄 없는 희생자가 된다. 뿐만 아니라 자신은 타인의 박해를 받을 만큼 중요한 사람이 되기도 하다. 이처럼 박해망상에 의해 루소는 무죄를 증명하는 동시에 위대성을 부여받는다. 박해망상은 일종의 내적 감미로움마저 느끼게 한다. 왜냐하면 자신은 악에 대항하여 싸우는 정의로운 사람이라는 생각을 부여하기 때문이다. 스타로뱅스키(1961: 162)의 지적대로 박해는 루소에게 꼭 필요한 핑계이다. 그것은 자신의 죄에 대한 책임을 타인에게 돌림으로써 자신은 무죄로 남고 싶은 은밀한 욕망에 대한 해결책인 것이다(Borel, 1966: 192 참조). 그리고 그것은 그가 처음으로 성공의 야망을 드러냈던 젊은 시절의 육체적 병과 같은 맥락에서 이해될 수 있다.

루소를 가장 괴롭힌 것은 사회적 성공에 대한 야망을 사람들이 알아채면 어쩌나 하는 생각이었다. 『학문예술론』을 발표하여 대단한 호평을 받고, 그럼으로써 자신의 재능에 확신을 가지게 된 바로 그 시기에 루소가 '자기개혁'을 시도했다는 것은 결코 우연이 아닐 것이다. 그는 일상적 삶의 방식에서부터 변화를 시도한다. 옷에 붙어 있는 모든 불필요한 장식을 떼어버리는 행위를 통해 사회적 신분의 차이를 거부하는가 하면, 시계라는 상징적 물건을 팔아버림으로써 문명을 거부한다. 루소의 '자기개혁'은 바로 자신이 글에서 주장했던 것을 몸으로 실천하는 의미를 갖는다. 그리고 그것은 성공에 대한 비밀스런 욕망을 은폐하려는 노력의 일환이다. 당시로서는 혁명적인 글을 발표한 루소는 자신의 삶을 자신의 주장과 일치시킴으로써, 성공과 출세를 위해 글을 쓴 것이 아니었음을 증명하고, 그럼으로써 순수성을 부여받고자 하는 것이다. 그러나 그것만으로 그는 자신의 무죄를 충분히 보장받지 못한다. 문학적 영광을 바로 앞에 두고 있음에도 불구하고 작가라는 직업을 포기한 채 악보 필경사라는 보잘것 없는 직업을 선택하는 것은 자신의 순수성을 증명하기 위한 일종의 자기방어적 행위이다.

스타로뱅스키는 이러한 루소의 '자기개혁'이 "자신의 부적응을 그 자신의 가장 고귀한 영광의 칭호로 만들 정도로 잘 활용하고자 하는 소심하고 병적인 이데올로기로 해석될 수 있음"(1961: 162)을 지적한다. 그러나 정신분석학적으로 볼 때, 가진 것을 모두 포기하고 경제적으로 궁핍하게 살고자 하는 루소의 '자기개혁' 시도는 소유 욕망 거부에 대한 의지를 표현한 것에 다름 아니다. 아무것도 욕망하지 않음은 스스로 아버지와의 경쟁을 포기했음을 의미한다. 다시 말해서 그것은 아버지의 거세 위협으로부터 도피하기 위한 일종의 사전방어로서의 자기거세인 것이다. 루소가 궁극적으로 지향하는 바는 아무것도 하지 않는 것이 아니던가. 아무것도 하지 않음은 아무것도 욕망하지 않음을 의미한다.

그러한 루소에게 식물학은 구원의 가능성을 제시한다. 루소는 책들을 가방 속에 그대로 넣어둔 채, 책이나 문방구 대신 방 안을 온통 꽃과 건초로 장식한다. 학문을 통한 성공을 상징하는 책을 숨기고 식물로 그것을 대신하는 것이다. 루소에게 자연이 특별한 중요성을 가짐은 새삼 강조할 필요가 없다. 그런데 그중에서도 루소는 식물에 대해 특별한 애착을 가진다. 반면 "동물은 그에게 무언지 모르는 불편함과 혐오감을 준다." 루소는 왜 동물에 대해 혐오감을 가졌을까? 루소가 창녀의 성행위를 암캐의 교접에 비유하면서 혐오감을 표시했던 『참회록』의 한 장면을 떠올릴 때 그 해답은 자명하다. 식물은 성적 욕망을 겉으로 드러내지 않는다. 열매를 맺기 위한 식물의 생식기관을 관찰하면서 루소는 무한한 기쁨을 느낀다. 『고독한 산책자의 몽상』의 한 구절이 말하듯 "식물은 성 기관마저도 순수"하기 때문이다. 식물에게는 그가 그토록 죄의식을 가지고 마주했던 욕망이 부재한다. 따라서 순수한 존재인 식물에 자신을 동일시하면서 그는 순수성을 획득하고자 한다. 특히 그는 자신이 연구하는 식물학이 아무짝에도 쓸모없는 것임을 강조한다. 이처럼 루소가 식물학에 어떤 유용성도 배제하고 있음은 매우 의미심장하다. 유용성은 달리 말하면 생산성을 의미한다. 따라서 유용성이 없다는 것은 생산적이지 않음을, 즉 거세되었음을 상징한다. 아무것도 생산하지 않는 불임의 행위, 아무런 보상도 바라지 않는 무상의 행위는 무죄이다.

생 피에르 섬에서의 고독한 몽상의 상태가 계속되는 한 루소는 스스로에게 만족할 수 있다. 마치 신처럼[6] 그는 자기만으로 충분함을 느낀다. 타인의 적대적인 시선을 느끼지 않음으로써 그는 마음의 평정을 얻는다. 이제 그는 더 이상 아무것에도 집착하지 않고 자신만을 의지하면서 자신에 대한 사랑을 노래할 수 있다. 이처럼 자신이 그 누구보다도 뛰어나다는 우월감, 그리고 자신을 감히 신과 비유하는 거만함은 편집증의 또 하나의 증세인 과대망상과 나르시시즘과 만난다. 루소의 불행은 바로 여기, 즉 자신의 순수성과 위대성을 인정하지 않는 세상 사람들과의 갈등에 있다. 사람들이 자신의 진정한 가치를 보지 못한 채 자기를 비난하고 박해한다는 생각에서 루소는 모든 인간관계를 거부하고 홀로 남고자 한다. 이 같은 루소의 고뇌와 불행의 근원적 원인은 무엇일까? 왜 그는 평생토록 보통 사람의 행복을 누리지 못한 채, 육체적 · 정신적 고통에 시달려야만 했을까? 그리고 그러한 그의 고뇌와 글쓰기의 관계는 무엇일까?

루소의 정신세계와 광기

『참회록』에서 루소는 자신의 출생이 어머니의 죽음을 초래했음을 고백한다.

> 열 달 후에 허약하고 병든 아기로 내가 태어났다. 그리고 어머니의 목숨

6 "그 상태가 지속되는 한 사람들은 신처럼 홀로 충분한 존재이다.", 『고독한 산책자의 몽상』: p. 107. 한편 루소는 『참회록』 1권에서 자신을 예수와 견주면서 자신에게 신적 위대함을 부여한다. 프로이트는 편집증 환자들에게 일반적으로 존재하는 과대망상의 증세를 분석한다. 그에 따르면 편집증 환자들은 자신을 신과 같은 존재로 여기면서 사회 개혁을 시도하든가, 높은 이상을 추구하면서 이 세상을 구원하고자 한다는 것이다(프로이트, 2007: 129).

을 앗아갔다. 나의 출생은 내 불행의 전조였다. (15)

일생 동안 루소를 괴롭혔던 죄의식은 이처럼 자신의 출생으로 인한 어머니의 죽음으로부터 유래한다. 두 문장을 연결하는 접속사 '그리고(et)'는 단순한 병렬 접속사일 수도 있지만, 인과관계를 나타내는 접속사로 해석될 수도 있다. 자신의 탄생이 어머니의 죽음을 가져왔다는 것에 대한 무의식적 죄의식을 드러내 보이는 것이다. 이처럼 그가 죄의식을 느끼게 된 것은 어린 시절 주위 사람들로부터 느껴야만 했던 원망의 시선 때문일 것이다. 클레망은 루소가 타인들에게서 느끼는 적대적 시선이 유년기 시절, 주위 사람들의 사랑을 독차지했던 그가 감내해야 했던 증오에 찬 형의 시선에 다름 아님을 지적한다(Clément, 1976: 339-340). 어린 장 자크는 어머니의 부재에 따른 사랑의 결핍을 느끼기도 전에, 죽은 부인을 그리워하는 아버지의 탄식과 어머니를 앗아간 동생을 증오하는 형의 말없는 비난의 시선을 감내해야만 했다.

어머니의 빈자리는 쉬종 고모에 의해 채워진다. 고모에 대한 이미지는 오십이 넘어 『참회록』을 쓰던 당시에도 루소의 기억에 뚜렷이 남아 있다. 고모에 대한 애정은 고모가 늘 불러주던 노래를 통해 음악에 대한 열정으로 전이된다. 유년기 때에는 완전히 잊어버렸다가 늙어가면서 뭐라 말할 수 없는 매혹과 더불어 회상되는 고모의 노래를 그는 눈물 없이 부를 수 없다. 그 눈물의 의미는 과연 무엇일까? 그 노래에 담긴 예언적 의미에서 그는 자신의 불행을 보고 있는 것은 아닐까? 특히 루소는 아무리 애를 써도 그 노래 가사의 뒷부분을 떠올리지 못한 채 "장미에는 언제나 가시가 있다"라는 후렴구만을 또렷이 기억하고 있다. 이 구절은 여성은 아름다운 존재이지만 위험한 존재, 따라서 금지된 존재라는 것에 대한 은유로서,

그의 일생을 지배했던 욕망에 대한 금지를 상징하는 것이 아닐까? 욕망은 죄악이므로 그는 스스로에게 욕망을 금지시킨다. 그러나 그의 성적 본능은 그를 괴롭힌다. 이웃집 아주머니의 냄비에 오줌을 누거나 길거리에서 엉덩이를 보이는 등의 빗나간 행위는 억압된 욕망에 대한 왜곡된 표현이리라.

청교도의 억압적인 분위기 속에서 성이 터부시되던 유년기 때의 교육은 루소의 여성상에 결정적인 역할을 한다. 고모의 모범적인 순결성과 희생의 이미지는 루소에게 각인되고 그는 강박적으로 순수성에 집착한다. 루소는 매번 사랑에 빠질 때마다 성욕의 부재를 강조한다. 그는 바랑 부인 곁에서는 열정도 욕망도 없었음을, 테레즈에게서는 "단 한 점의 사랑의 불꽃도" 느끼지 못했음을 주장한다. 몸과 마음을 다해 정열을 바쳤던 두드토 부인에 대한 사랑에서조차 성욕은 배제된다. 루소는 스스로를 거세된 존재, 무성적 존재로 만듦으로써 자신의 순수성을 증명한다. 그리고 차라리 타인의 욕망의 대상이 되는 것을 선택한다. 즉 욕망의 주도권을 여성에게 미룬 채, 자신에게는 모든 능동적 행위를 면제시키는 것이다. 라르나주 부인 곁에서 그가 쾌락을 느꼈다면, 그것은 무엇보다도 그가 부인의 욕망에 대한 수동적 대상이었기 때문이다. 욕망의 주체가 아닌 그는 아무런 행동도 할 필요가 없다. 아무런 행동도 하지 않아도 된다면 그에게 더 이상 금지는 없어질 것이고, 그럼으로써 역설적으로 그의 욕망 에너지는 분출할 것이다. 즉 그는 순수성을 획득함과 동시에 쾌락에 이를 수 있다. 부인 곁에서 쾌락에 이를 수 있었던 또 하나의 이유는 그가 자신의 이름을 버리고 더딩이라는 영국인 가명을 사용함으로써 아버지의 이름이 부여하는 억압으로부터 해방될 수 있었기 때문이다.

어머니의 죽음에 대한 원초적 죄의식으로 인해 스스로에게 욕망을 금지한 루소는 처음부터 아버지의 경쟁자가 되기를 포기한다. 오히려 그는 아들에게서 죽은 아내의 모습을 보고자 하는 아버지의 소망에 따라 그의 사랑의 대상이 되기를 선택한다. 그런데 그러기 위해서는 남성을 포기하고 여성이 되어야만 한다. 그것만이 아버지로부터 버림받지 않을 수 있는 방식이기 때문이다. 이처럼 루소는 자신의 남성성을 거부하고 여성이 되기를 선택함으로써 아버지와의 갈등을 사전에 예방한다. 라캉(1975: 259-265)은 편집증 환자에게 동성애는 일반적인 성향이라고 말하고 있다. 프로이트(2007: 170-174) 역시 슈레버 판사의 분석을 통해 편집증 환자의 갈등의 중심에는 동성애적 소망의 환상이 존재함을 지적한다.

그런데 스스로 남성성을 거부하면서까지 아버지의 사랑의 대상이 되고자 했던 루소는 결국 아버지로부터 버림을 받게 됨으로써 아버지는 원망의 대상이 된다. 루소는 아버지가 자신을 버린 것에 대한 서운한 감정을 드러냄과 동시에 어머니의 유산을 가로챈 것에 대한 원망을 노골적으로 표현한다. 이처럼 루소에게 이상적 자아이던 아버지는 증오의 대상으로 전도된다. 그리고 나아가 모든 아버지들, 즉 이 세상의 모든 '가진 자'들에게로 증오의 화살은 옮아간다. 프로이트(2007: 152)는 편집증 환자가 망상 속에서 박해자라고 미워하고 두려워하는 대상이, 전에는 사랑하고 존경하던 사람임을 지적한다. 환자가 망상 속에서 자신이 박해받는다고 주장하는 주된 이유는 자신의 감정이 변한 것을 정당화하기 위해서이다. 디드로에 대한 루소의 미묘한 감정 역시 동일한 방식으로 이해될 수 있다. 디드로는 루소가 문인 생활을 시작할 때 그에게 일종의 아버지 같은 역할을 했던 인물이며, 루소는 그에게 깊은 애정과 존경심을 가지고 있었다. 그러나 그 사랑의 감정은 증오로 바뀌게 되고, 곧이어 루소는 디드로가 자신을 박해한다고 몰아세운다. 대표적인 예로 디드로를 들었지만, 그밖에도 루소는 모든 '가진 자-아버지'에 대해 애정과 증오의 감정을 번갈아 경험하면서, 급기야는 모든 사람들이 자신을 박해한다는 망상에 빠지게 된다.

클레망(1976: 253)이 지적하듯이 루소는 학문과 예술의 진보가 풍속의 순화에 기여했는가를 묻는 디종 아카데미의 과제에 대해 감히 "아니다"라고 말함으로써 비로소 남성성을 획득한다. 성공에 대한 은밀한 욕망을 키우던 루소는 드디어 때가 왔다고 느끼고는 더 이상 자신의 욕망을 숨기지 않은 채 공격적으로 이 세상에 도전하는 것이다. 현실에서 수동적 삶을 살도록 강요받았던 루소는 그러나 독서를 통한 상상 속에서는 능동적으로 행동할 수 있었다. 독서는 혼자서 하는 행위이므로 타인의 시선을 의식할 필요가 없기 때문이다. 수동적이던 루소는 뱅센 감옥으로 디드로를 면회 가던 중 떠오른 영감을 통해 이제까지의 수동적 태도를 버리고 이 세계에 도전한다. 그러나 이러한 그의 공격성은 디드로라는 제3자를 통해 이루어진다. 그는 『학문예술론』 집필이 순전히 디드로의 권고에 의한 것이었음을 강조하면서 그 책임을 디드로에게 돌림으로써 자신이 성공에 대한 욕망을 가진 것에 대한 면죄부를 부여받고자 한다. 그러나 그럼에도 불구하고 비밀스런 욕망이 드러남에 따라 그에 대한 죄의식은 완전히 사라지지 않는다. '자기개혁'을 통한 무욕망의 표현, 육체적 병으로의 도피, 그리고 박해망상, 즉 우리가 광기라고 정의하고자 하는 일련의 모든 증상들은 성적 욕망을 가진 것에 대한 자기처벌인 동시에 방어의 시도이다. 왜냐하면 루소에게 있어서 성공이나 명예, 혹은 돈에 대한 일련의 소유 욕망의 뿌리는 성적 욕망에 있기 때문이다.

한편 원초적 죄의식과 더불어 사회적 불평등에 대한 저항 역시 루소의 병적 증세의 원인으로 작용한다. 루소는 자신의 출생에 대해 다음과 같이 기술한다.

> 나는 공민 이삭 루소와 공민 쉬잔 베르나르 사이에서, 1712년 제네바에서 태어났다. (14)[7]

이 인용문에서 볼 수 있듯이 루소는 자신의 출생을 언급함에 있어서 자신이 공민의 아들임을 강조한다. 한편 이보다 앞서 그는 자신을 예수와 비교하면서 남들과 다른 존재임을 강조한 바 있다. 문제는 이러한 루소의 자존심과 현실 사이에는 엄청난 괴리가 존재한다는 사실이다.

정의가 존중되지 않는 부당한 사회에 대한 루소의 원망은 아버지의 가출이 사회적 편견 때문이었다는 생각으로부터 시작된다. 루소의 아버지는 프랑스 육군 대위 고티에와의 싸움에서 부당하게 처벌을 받고 감옥에 갈 처지에 놓이게 된다. 동등한 판결을 바라는 아버지의 요구는 무참히 거부되고 시의원을 인척으로 두고 있는 고티에 대위는 아무런 처벌도 받지 않는다. 이에 그는 명예와 자유를 짓밟힌 채 치욕을 참고 사느니 차라리 조국을 떠나겠다며 제네바를 떠난다. 그리하여 행복했던 루소의 유년기는 이 사건으로 인해 아버지를 잃게 됨으로써 막을 내린다. 가족이라는 작은 집단의 행복이 사회라는 커다란 집단의 불의에 의해 무참히 짓밟힌 것이다. 권력을 가진 고티에 대위와 무력한 아버지의 갈등에서 희생되는 사람은 무죄인 아버지이다. 자부심이 강한 아버지는 조국을 버리는 고통을 감내하면서까지 불의와의 타협을 거부한다. 이처럼 루소는 아버지가

7 내가 참고로 한 『참회록』에는 루소가 부모들의 신분을 강조하기 위해 사용한 '공민'이라는 단어가 생략되어 있다.

자신을 버리고 떠났다는 사실을 애써 부인하면서 아버지의 가출을 사회적 불평등의 탓으로 돌림으로써, 아버지의 행동을 영웅시한다.

낙원으로부터의 첫 번째 추방이 이처럼 사회적 불평등에 의한 것이었다면, 두 번째 추방 역시 부당한 처벌 때문에 이루어진다. 아버지가 떠난 후 랑베르시에 목사 댁에서 기숙 생활을 하던 시절, 방에서 혼자 공부를 하고 있던 루소는 랑베르시에 양의 빗 중 한 개의 빗살이 몽땅 부러진 것에 대해 추궁당한다. 하녀가 빗들을 말리기 위해 부엌의 난로 선반과 방의 벽 사이의 뚫린 구멍에 얹어놓았는데, 가지러 와보니 그중 한 개의 빗살이 모두 파손되어 있었던 것이다. 당시 방에는 루소밖에 없었으니 모두 그를 의심할 수밖에 없었으리라. 그러나 그는 완강히 버티며 항변한다. 결국 그는 빗을 가지고 장난한 죄, 거짓말을 한 죄, 그리고 억지를 부린 죄로 인해 혼도 나고 징계도 받는다. 그러나 그 사건이 일어나고 50년이 지난 후에도 그는 자신이 무죄였음을 주장한다. 이처럼 무죄임에도 불구하고 부러진 빗의 책임을 뒤집어쓰고 처벌받은 루소에게 랑베르시에 목사 댁은 더 이상 낙원이 될 수 없다. 사회의 불평등과 부당함을 드러낸 이 두 사건은 훗날 루소의 사고에 결정적인 영향을 미치게 된다.

조국을 떠난 '공민' 장 자크 루소는 하인 취급을 받는 굴욕을 감내해야 했다. 마음속에 존재하는 우월감과 현실에서 받는 냉대 사이에서 그는 자신이 남들과 다르다는 생각을 하며 스스로 위안받기도 하지만 아무도 자신의 진가를 인정해주지 않음에 좌절을 맛보기도 한다. 예를 들어보자. 베르셀리 부인의 종복이 된 루소는 한 사람의 죽음을 앞에 두고 유산 때문에 서로 경계하는 현실 앞에서 아연해하면서도, 자신에 대한 부인의 특별한 호의를 은근히 기대한다. 그러나 부인의 죽음 후 자신의 기대가 완전히 빗나갔음을 알고 그는 대단히 실망한다. 다른 하인들과는 다른 특별한 존재이고 싶다는 그의 기대가 좌절되었기 때문이다. 그는 자신이 그저 일개 하인 취급받는 것을 참을 수 없다. 장미색과 은색의 작은 리본을 훔친 후 발각되어 사람들의 추궁을 받자 하녀 마리옹이 준 것이라고 거짓말하는 '리본 훔치기 일화'는 일종의 반항 행위로서, 현실 거부의 왜곡된 표현이다.

베르셀리 부인 댁에서 나온 후 루소는 구봉 백작 댁에서, 그리고 부장발 부인 댁에서 또다시 하인 취급을 받는다. 그러나 그는 어려운 라틴어 구절의 해석을 통해 지적 우월성을 보여줌으로써 귀족들의 무지를 비웃는 동시에 자신의 자만심을 만족시킨다. 자기 자신에 대한 자만심, 그러나 사회적 편견에 의한 냉대, 이 두 가지의 갈등으로부터 벗어나는 길은 이처럼 그들보다 지적으로 우월해지는 것이다. 그는 모든 분야를 섭렵한 연구를 통해 성공의 야망을 키우면서 사회적 열등감을 극복하고, 무식한 귀족들에 대해 복수하고자 한다.

그러나 당시 프랑스 사회에서 지식인의 지위는 대단히 불안정한 것이었다. 귀족들은 연구의 필요성을 느끼지 않았고 학문은 성직자나 중인 계급인 지식인들의 몫이었다. 귀족의 역할은 지식인들을 후원하는 것이었으며, 귀족들은 훌륭한 학자를 길러냄으로써 자신의 이름을 빛내곤 했다. 따라서 당시 지식인들에게 귀족의 후원 없는 성공은 불가능했다. 특히 귀족 부인들의 후원은 절대적인 것이었다. 그러나 루소의 자존심은 부인들의 도움으로 출세하는 것을 허락하지 않았다. 『참회록』 전반에 걸쳐 루소는 굴종과 예속에 대한 혐오감을 피력하고 있을 뿐 아니라 동시대 철학자들의 기생적인 삶을 신랄하게 비판한다. 실제로 볼테르는 프리드리히 2세의 후원을, 디드로는 예카테리나 2세의 도움을 받았던 것이다. 반면, 독립된 삶을 추구하는 루소는 왕이 하사하는 연금마저 거절한다. 연금 수

혜로 인해 초래될 예속된 삶을 원치 않기 때문이다. 그러나 동료 철학자들은 그러한 루소의 태도에서 오만함을 볼 뿐이다. 디드로는 "어떠한 값을 치르고라도" 왕의 연금을 받도록 해야 한다면서 루소의 태도를 비난한다. 연금에 대한 디드로의 열정적인 관심 앞에서 루소는 놀라움을 금치 못한다. 귀족들의 호의에 대해 지나치리만큼 민감하게 반응하면서 거친 말투로 그 호의를 거부하는 루소의 태도는 당시 사회적 분위기로 볼 때 대단히 도발적인 것이었다. 그러나 그것은 유년기 때 느꼈던 사회적 불평등에 대한 루소의 반항의 목소리에 다름 아니다. 이처럼 동시대 철학자들이 당연시하며 받아들였던 사회적 메커니즘을 온몸으로 거부한 루소의 행동은 그들의 분노와 비난을 사기에 충분했을 것이다.

그러나 다음과 같은 두 가지 사실은 루소의 내면에 존재하는 모순을 드러낸다. 첫째, 모든 인간이 평등함을 주장하는 루소가 자신의 신분에 대해 열등감을 가지고 있었다는 것이며, 둘째, 물질적으로 궁핍한 삶을 추구하는 그가 어머니의 유산에 대해서는 남다른 집착을 가지고 민감하게 반응했다는 사실이다. 루소는 경제적 독립만이 자유를 보장해준다고 생각했기에, 자신의 유산을 가로챈 아버지를 원망한다. 형의 사망을 확인하지 못해 형의 몫까지 제 것으로 할 수 없음을 서운해하는가 하면, 마침내 형의 죽음을 알리는 편지를 받고서는 기쁨을 억누르지 못한다. 『참회록』 첫 장에서 자신의 출생과 동시에 부모가 받은 유산을 언급하고 있다는 사실은 대단히 흥미롭고 의미심장하다. 즉 그는 자신이 얼마간의 재산을 가진 명예로운 공민의 자식이라는 사실을 짚고 넘어간 후에 자신의 이야기를 시작했던 것이다.

귀족들의 후원을 철저히 배척한 루소였지만 그들의 호의를 완전히 거부할 수는 없었다.[8] 생존을 위해서는 그것이 불가피했기 때문이다. 그러나 그는 그들의 도움을 받을 때에도, 아니 그런 경우는 더더욱 악보 베끼는 필경사의 직업에 매달림으로써 가난하지만 독립된 삶을 유지하고자 했다. 그것은 스스로 자신의 빵을 벌면서 누구에게도 예속되지 않는 삶을 산다는 자존심을 지키기 위한 최소한의 노력이었다. '자기개혁'의 무소유 원칙에 따라 칼을 버리고, 시계를 팔고, 모든 장식을 떼어낸 소박한 공화인의 복장을 착용한 것이나, 왕의 연금을 거절한 채 가난한 생활을 선택한 것 등은 모두 물질적 결핍을 통해 정신의 우월성을 과시하고자 하는 일종의 언어인 것이다.

이제까지 나는 루소의 육체적 병과 박해망상의 요인을 정신분석적 요인과 사회적 요인, 두 가지로 나누어 생각해보았다. 그러나 일견 다르게 보이는 이 두 가지는 사실상 하나이다. 왜냐하면 사회적 명성을 추구하는 권력 욕망 역시 소유 욕망의 하나이며, 이것은 정신분석적 의미에서 남성성, 즉 팔뤼스의 소유 욕망을 의미하기 때문이다. 그런 점에서 루소가 『학문예술론』의 집필 후 문학적 영광을 획득하는 순간 생긴 병이 방광염과 요폐증, 즉 생식기관의 병이었다는 사실은 상징적 의미를 지닌다.

아버지와의 경쟁을 피하고자 스스로 거세한 루소는 아무것도 소유할 수 없다. 뿐만 아니라 그는 권력, 부, 명성을 소유한 '가진 자'들에 대해 증오심을 느끼면서 그들이 모두 자신을 박해한다고 생각한다. 아무것도 소유할 수 없는 루소에게는 욕망의 권리가 박탈된다. 그는 돈도 여인도

---

8 루소가 귀족들의 호의를 받아들인 경우는 다음과 같다.
- 데피네 부인이 제공한 오두막집에 거주, 1756년 4월~1757년 12월
- 뤽상부르 원수가 제공한 몽모랑시의 작은 성에 거주, 1759년 5월~1762년 6월
- 플뢰리 수 뫼동의 미라보 후작 댁에 거주, 1767년 6월
- 콩티 왕자의 티르 성에 거주, 1767년 6월~1768년 6월
- 지라르댕 후작의 에르므농빌 제공 수락, 1778 5월~사망

명예도 가질 수 없다. 따라서 루소는 비밀리에 성공과 출세를 바랄 뿐 드러내놓고 야망을 가지지 못하기에, 명성을 얻는 바로 그 순간 그것을 견디지 못하고 도피한다. 자신의 비밀스런 욕망이 드러나는 것에 대한 죄의식을 감당할 수 없기 때문이다. 그런데 루소는 「마을의 점쟁이」 공연의 성공 앞에서 작가로서의 자만심보다 성적 쾌락을 음미했음을 고백한 바 있다. 그렇다면 그것은 루소 자신이 성공의 욕망과 여인들에 대한 성적 욕망이 서로 다르지 않음을 인식했음을 의미하는 것이 아닐까?

글쓰기를 통한 화해와 『고독한 산책자의 몽상』

루소는 『학문예술론』을 쓸 때부터 자신의 모순을 인식한 작가이다. 그는 자신이 문학을 비판하는 문학인임을 잘 알고 있었다. 그리하여 그는 여러 가지 이유를 대면서 자기 합리화를 통해 자기모순으로부터 슬그머니 빠져나오고자 한다. 문학을 하게 된 것은 자기 의지에 의한 것이 아니라 순전히 디드로의 권유에 의한 것이라고 변명하는가 하면, 문학으로의 입문이 바로 불행의 시작이었노라 주장하면서 자신의 문학적 소명을 부정하기도 한다. 그러나 루소는 그 후에도 글쓰기를 계속한다. 아무리 채워도 채워지지 않는 구멍 난 항아리에 계속 물을 붓듯이 그는 글쓰기를 멈추지 않는다. 그는 왜 죽을 때까지 글쓰기를 계속할 수밖에 없었던 것일까?

루소는 『언어기원론』에서 언어 자체에 대한 불신을 피력한다. 루소에 의하면 태초에 인간의 말과 언어는 배고픔이나 목마름과 같은 생리적이고 기본적인 욕구로부터 파생한 것이 아니다. 언어는 그보다는 사랑이나 증오 같은 정신적 욕구로부터 생겨난 것이다. 즉 인간의 언어는 사랑하는 이를 감동시키거나, 적에게 적대감을 표시하기 위해 생겨났다. 따라서 원시 언어는 외침, 탄식, 한숨 등으로 표현되며, 그것은 정열적으로 노래하듯 말해진다. 그러나 인류의 문명이 발달하고 사회가 진보함에 따라 언어도 변화하게 된다. "언어는 더욱 정확해지는 반면 덜 정열적이 되고, 사고가 감정을 대체한다. 언어는 이제 더 이상 마음으로 이야기하지 않고 이성에 호소한다." 철학과 이성의 발달은 언어의 문법 규칙을 완성시켰고, 그럼으로써 생생하고 정열적인 언어의 음악성은 파괴된 채, 논리적이고 추론적인, 그러나 활기 없고 냉정한 언어만 남는다. 이러한 언어의 발전과정은 인류의 진보가 가져온 타락의 징후이다.

음악에 대한 루소의 애착은 직접적 의사소통에 대한 향수로부터 나온다. 루소는 자연인의 언어, 즉 몸짓이나 감탄사 등의 정열의 목소리를 찾고자 한다. 이와 함께 루소는 말없이 이루어지는 의사소통에 특권적인 위치를 부여한다. 대화 없이 이루어졌던 바질 부인과의 사랑의 일화를 상기해보자. 그들이 주고받았던 시선, 부인의 손가락 신호, 그리고 루소의 한숨 등의 자연 언어는 그 어떤 말보다도, 그 어떤 글보다도 감동적이었다. 한편 루소가 테레즈에게서 사랑을 느꼈다면 그것은 그가 테레즈와 나누었던 침묵의 대화에서 무한한 행복을 느꼈기 때문이다. 침묵 속에서 직접적이고 즉각적인 상호 이해가 가능하다면 말을 통한 대화는 불필요할 것이다.

그러나 루소는 침묵할 수 없었다. 자신의 무죄를 증명하기 위해 그는 보다 적극적인 의사 전달을 필요로 한다. 육체의 병을 통한 육체로 말하기는 루소의 적극적인 의사 표현의 한 방식이었으며, 박해망상 역시 자신의 결백을 보이기 위해 필요했던 일종의 전략이었다. 그러나 그 모든 시도로도 자신의 투명성을 증명할 수 없었던 루소는 결국 또다시 언어라는 수단에 의존할 수밖에 없다. 루소는 자기 자신도 언어라는 기호망의 포로임을 부정할 수 없다.

그러나 규칙에 의해 억압되고 이성적 성찰에 의해 타락함으로써 기술적 도구로 전락한 언어로는 가슴속에 가득한 정열을 표현할 수 없다. 이에 루소는 내면의 정열을 담은 목소리로 자신을 표현할 수 있는 새로운 언어를 필요로 한다. 하지만 자신을 타인들에게 이해시키기 위해서는 규약에 의거한 언어에 의존할 수밖에 없다. 따라서 『참회록』 쓰기는 언어의 형식 면에서 근원적으로 실패할 수밖에 없는 시도이다. 한편 루소는 자신의 무죄를 증명하기 위해 자신이 행한 모든 잘잘못을 다 말하겠노라고 천명한다. 이제껏 아무도 하지 못했던 일을 하겠노라 선언하면서 그는 글쓰기에 있어서의 내용적 새로움을 추구하는 것이다. 그러나 이 시도 역시 그 자체의 모순을 내포한다. 왜냐하면 모든 것은 자신의 기억에 의존할 뿐 아니라, 일화를 선택하고 그것들을 재구성하는 것 역시 자신이 해야 하므로 필연적으로 오류가 발생할 수밖에 없기 때문이다. 이처럼 루소의 『참회록』을 통한 자기변호 시도는 언어를 통함으로써 실패하고, 그럼으로써 그는 투명성을 상실한다.

그러나 파리의 메닐몽탕 거리를 산책하던 중 추락하여 의식을 잃었던 한 예기치 않던 사건으로 인해 그는 자신의 삶에 새로운 의미를 부여하기에 이른다. 산책 중 루소는 돌진하는 개와 충돌하여 기절한다. 그런데 기절 후 깨어나는 순간 그는 감미로움과 평온함을 느낀다.

> 그 첫 지각의 순간은 감미로웠다. [……] 나는 나 자신이 누구인지, 어디에 있는지 도무지 알 수가 없었다. 통증도 불안도 두려움도 느끼지 못했다. [……] 나는 내 전 존재에서 어떤 황홀한 평온을 느꼈는데…… (42-

43)[9]

루소는 죽음과 마주함으로써 삶의 진정한 의미를 깨닫는 동시에 충만한 존재의 황홀함을 느낀다. 죽음과의 만남은 루소로 하여금 체념을 터득하게 한다. 그는 "체념이 부여한 평온함 속에서 불행에 대한 보상을 찾는다." 이제 루소는 더 이상 타인의 시선을 두려워하지 않는다. 자신의 무죄를 증명해 보일 타인의 존재도 필요로 하지 않는다. 그는 자기 자체로 만족한 나르시스적 존재가 되어 마음의 평화를 획득한다.

그렇다면 루소에게 이제 더 이상의 글쓰기는 필요 없지 않을까? 그러나 루소는 글쓰기를 멈추지 않는다. 절대적 침묵은 "슬픈 느낌"과 "죽음의 이미지"를 가져오며, "아무런 움직임이 없는 삶은 마비 상태에 불과하기" 때문이다. 하지만 『고독한 산책자의 몽상』의 글쓰기는 『참회록』이나 『대화, 루소는 장 자크를 심판한다』의 글쓰기와는 달리 독자를 위한 글이 아니다. 그것은 자신만을 위한 글쓰기이며, 따라서 그것은 목적이 없는 무성적 행위이다. 다시 말해서 그것은 타인에 대한 욕망이 결여된 순수한 행동이다. 그의 주장대로 『고독한 산책자의 몽상』은 작가 루소가 쓰는 것이 아니다. 그것은 써지는 글이다. 그것은 글쓰기 자체이다. 마치 흐르는 물 위에 떠 있는 배처럼 자신을 완전히 운명에 맡긴 채 글이 써지는 대로 놔두면서 루소는 글쓰기가 부여하는 쾌락을 즐긴다. 몽상의 여정은 루소에게 자신의 존재를 확인시켜준다. 그러나 그렇다고 해서 루소가 박해자들에 대한 강박관념으로부터 완전히 벗어난 것은 아니다. 완전한 포기

9 『고독한 산책자의 몽상』의 인용을 위해서는 2007년 한길사에서 출간된 김중현의 번역본을 참조했다.

를 주장하면서도 『고독한 산책자의 몽상』 전체를 통해서 그가 말하고자 하는 것은 박해자들이 자신에게 고통을 주고 있지만 자신은 그들의 박해에도 아랑곳하지 않고 몽상을 통해 존재의 행복에 이르겠다는 의지이다.

『고독한 산책자의 몽상』은 루소가 여전히 피해망상에 시달리면서도 그 망상으로부터 일시적으로 도피하여 자신을 향유할 수 있었던 유일한 공간이다. 글 쓰는 주체도 대상도 의식하지 않은 채, 연대기적 정확성도 글의 짜임새도 추구하지 않으면서 써지는 대로 써 내려간 글이기 때문이다. 언어에 대한 불신을 피력했던 루소는 비로소 마지막 글쓰기인 『고독한 산책자의 몽상』을 통해 언어와 화해하고 평온을 얻은 것처럼 보인다.

장 자크 루소

(Jean-Jacques Rousseau, 1712~1778)

18세기 계몽주의 시대 최고의 철학자 중 한 사람인 장 자크 루소는 사상가인 동시에 소설가였으며, 사회학자이면서 음악가였다. 『사회계약론』, 『인간 불평등 기원론』 등에서 피력한 그의 정치사상은 훗날 프랑스 혁명가들에게 정신적 지주가 되었으며, 『에밀』은 교육학의 기본 사상을 제공했고, 『라 누벨 엘로이즈』와 같은 소설은 낭만주의 문학의 선구적 역할을 하기도 했다. 그는 또한 새로운 악보법을 연구하여 논문을 발표하는가 하면 오페라를 작곡하여 왕으로부터 극찬을 받기도 했다.

많은 저서를 통해 자신의 사상을 전했지만 그가 일관되게 주장한 것은 자연 상태에서의 인간성의 회복이다. 그에 따르면 자연 상태에서의 인간은 자유롭고 행복하다. 그러나 인간은 자신이 만든 사회 제도나 법, 문화에 의해 사악하고 부자유스럽고 불행한 상태에 빠지게 되었다. 따라서 인간 본래의 모습을 회복하기 위해서는 자연으로 돌아가야 한다는 것이 그의 주장이다. 이러한 그의 생각은 과학과 이성의 발달로 인한 진보를 최고의 선으로 생각하던 당시 이성주의자들의 사상과 상반된 것이었다.

장 자크 루소는 1712년 스위스 제네바에서 시계공의 아들로 태어났다. 그의 어머니는 루소 출산 후 열흘 만에 사망했고, 어린 장 자크는 쉬종 고모에 의해 양육되었다. 루소가 열 살이 되던 해 아버지가 프랑스 육군대위와 싸운 뒤 집을 떠났고, 루소는 외숙부에게 맡겨진 후 사촌 베르나르와 함께 랑베르시에 목사 집에 기숙학생으로 들어간다. 사법서사 집에서 수습서기로, 조각가 집에서 수련공으로 일하면서 직업 교육을 받지만 루소는 아무 일에도 흥미를 느끼지 못하고, 16세가 되던 1728년 제네바를 떠난다. 안시에 도착한 그는 바랑 부인의 도움을 받고 가톨릭으로 개종한 후 토리노의 성령수도원에서 수학한다. 귀족들의 하인, 비서, 음악교사 등의 일을 전전하던 그는 바랑 부인에게 돌아가 그녀의 집사이자 애인이 된다. 1732년부터 1740년까지 루소는 바랑 부인 곁에서 음악과 독서에 몰두하면서 다방면의 지식을 축적한다. 1742년 파리의 과학아카데미에서 「새로운 악보법에 관한 연구」를 낭독한다.

1743년 베네치아 대사로 임명된 몽테규 백작의 비서로 일했으나, 백작과 심한 갈등 끝에 베네치아를 떠난다. 1745년 평생의 반려자가 될 오를레앙 출신의 여관 하녀 테레즈 르 바쇠르를 알게 된다. 그녀와 함께 다섯 명의 아이를 낳지만 루소는 그들을 모두 고아원에 보낸다. 1749년 달랑베르의 부탁을 받아 『백과전서』의 음악에 관한 항목들을 집필한다. 같은 해 뱅센 감옥에 있던 디드로를 면회하러 가던 중 디종 아카데미가 '학문과 예술의 진보는 풍속을 타락시켰는가, 순화시켰는가?'라는 주제의 현상논문을 모집한다는 기사를 『메르퀴르 드 프랑스』지에서 읽고 응모하기로 결심했고, 그의 『학문예술론』은 1등으로 당선된다. 1751년 루소는 비서직을 그만두고 악보 필경사의 직업을 선택한다. 1752년 왕 앞에서 공연한 그의 오페라 「마을의 점쟁이」가 큰 성공을 거두지만 그는 왕의 알현을 거부한다. 테레즈와 함께 제네바에 간 루소는 다시 신교로 개종하고 제네바 시민권을 되찾는다.

1760년 『라 누벨 엘로이즈』가 영국과 파리에서 큰 성공을 거둔다. 1762년에는 『사회계약론』이 출판되었으며, 『에밀』은 비밀리에 판매되었다. 그러나 1762년 경찰은 『에밀』을 압수했고, 소르본 대학은 『에밀』을 비난하는 반면, 국회에서는 그 책의 발행금지령이 통과되어 루소에게 구속영장이 발부되었다. 루소는 스위스로 도피한다. 파리에서는 『에밀』이 불태워지고, 제네바에서는 『에밀』과 『사회계약론』이 판매 금지된다. 루소는 베른 근처의 이베르동에 있는 친구 집에 피신하고 흄은 우정의 편지를 보낸다. 이베르동에서 있을 수 없게 되자 그는 다시 모티에로 피신하고 프리드리히 2세에게 보호를 요청한다.

1764년 루소는 『참회록』을 쓰기로 결심하고 서두를 집필한다. 베른 정부에 의해 추방되어 영국으로 피신했으나, 자신을 도와준 흄과 싸우고 런던을 떠난다. 정치적 · 종교적 박해로 고통스러울 때 그는 식물 채집과 식물학 연구에 몰두한다. 악보 베끼기와 식물 채집은 루소에게 일종의 구원과도 같은 것이었다. 1770년 『참회록』을 완성한 후 스웨덴 왕자 앞에서 그것을 낭독하지만, 데피네 부인 등의 요청으로 『참회록』 낭독이 금지된다. 1772년 『대화, 루소는 장 자크를 심판한다』를 집필하여 그 원고를 노트르담 사원의 성당의 주 제단에 놓아두려 했으나, 문이 닫혀 있는 것을 보고 포기한다. 1776년 거리에서 「여전히 정의와 진실을 사랑하는 모든 프랑스인에게」라는 전단지를 나누어준다.

1776년 10월 메닐몽탕 언덕에서 개와 부딪쳐 의식을 잃게 되었고, 그 사고로 인해 루소는 새로운 삶의 태도를 가지기 시작한다. 『고독한 산책자의 몽상』을 집필하여 1778년 완성한다. 1778년 르네 드 지라르댕 후작의 초대에 응하여 에르므농빌에서 체류하면서 식물 채집에 몰두하던 중 그해 7월 사망했다. 에르므농빌의 포플러 섬에 묻혀 있던 그의 유해는 1794년 판테온으로 이장되었다.

2 모파상과 자아 상실의 공포

기 드 모파상Guy de Maupassant은 「비곗덩어리Boule de suif」, 『벨아미Bel-Ami』, 『여자의 일생Une vie』 등을 쓴 사실주의 작가로 알려져 있다. 그러나 모파상을 사실주의 작가로만 인식한다면 그것은 큰 오류가 아닐 수 없다. 그의 작품 세계에는 유령과 환각과 광기가 존재하는 환상 소설이 큰 자리를 차지하기 때문이다. 모파상이 창작을 시작하던 해인 1875년에 발표한 첫 소설 「살갗이 벗겨진 손La Main d'écorché」부터 작품의 분위기는 어둡고 고통스러울 뿐 아니라 환각적이다. 그리고 이러한 성향은 그가 창작 생활을 하는 동안 계속해서 나타난다. 물론 그의 작품들 중에는 유머가 넘치고 재치가 가득한 작품이 많다. 그것이 모파상 작품의 매력이기도 하다. 그러나 모파상의 많은 인물들은 환각에 사로잡혀 두려워하고, 광기에 시달린다.

놀라운 것은 모파상이 명철한 의식을 가지고 자신의 환각 세계를 묘사했다는 사실이다. 그의 철두철미한 자기 분석은 프로이트의 자기 꿈 분석을 생각하게 한다. 다만 프로이트가 학문적 이론의 정립을 위해 끊임없는 자기 분석을 시도했다면, 모파상에게 있어서 글쓰기는 자신에게 닥쳐오는 광기에 대한 집요한 싸움이었고, 하나의 방어기제였다. 건강이 악화된 1891년부터 모파상은 더 이상 글을 쓸 수 없게 된다. 바로 그해에 마지막 작품 『삼종기도Angélus』를 집필하기 시작하지만 이 작품을 미완성으로 남겨둔 채, 모파상은 1893년 마흔셋의 나이로 세상을 떠난다.

모파상이 광인이었다는 사실에 대해서는 이론의 여지가 없다. 그러나 그의 광기가 매독균에 의한 것인지, 아니면 유전적인 것인지에 대해서는 여러 의견이 엇갈린다. 아무튼 그는 1877년경 매독균에 감염되었고, 그 후 위, 심장 등에 신체적 고통을 느꼈으며, 늘 두통을 호소하곤 했다고 한다. 1879년에는 혈액 순환에도 문제가 있었으며, 1880년에는 시력이 매우 약화되어 오른쪽 눈은 거의 실명 상태에까지 이르게 된다. 결국 1890년 말부터 건강이 매우 악화되어 정신착란 증세를 보이게 되고, 1891년부터는 사실상 치료가 불가능하다는 판정을 받게 된다. 1892년 새해를 맞아 어머니와 함께 저녁식사를 마치고 집으로 돌아온 바로 그날 밤, 즉 1월 1일 밤과 2일 새벽 사이 그는 자살을 기도한다. 그 후 정신병원에 입원한 지 18개월 만인 1893년 7월 6일, 모파상은 그 병원에서 사망한다.

그의 동생 에르베 역시 형보다 몇 년 앞선 1889년에 정신병원에서 사망했으며, 어머니도 히스테리성 발작을 종종 일으키곤 했었다. 그녀는 또한 두 번이나 자살을 시도한 바 있다. 이러한 점으로 미루어 보아 모파상의 광기를 유전적인 것으로 설명할 수 있을 것이다. 그러나 모파상의 광기를 전적으로 유전적인 것으로만 보기도 어렵다. 유전과 더불어 그의 광기의 원인은 매독균에 의한 뇌의 손상, 문란한 성생활로 인한 육체 남용, 지나친 글쓰기, 알코올 중독 등의 외적인 요인과 더불어 어린 시절에 목격했던 부모 간의 불화에서 유래한 정신적 상처 등에서 찾아야 할 것이다. 광기에 시달렸던 고통의 목소리는 모파상의 작품들 구석구석에 담겨 있다. 이제 그의 작품에 강박적으로 나타나는 환각의 양상과 그 의미에 대해 살펴보자.

'또 하나의 나'와 자아 정체성

모파상의 소설 중에는 자신의 몸 안에 존재하는 또 하나의 '나'에 대한 환각으로 인해 고통받는 인물들이 있다. 그런데 내 속에 갇혀 있는 그 존재는 나보다 더 강하다. 그는 나를 지배한다. 내 안의 '나'에 대한 테마는 모파상의 소설 속에 강박적으로 나타난다.

피에르 바이아르Pierre Bayard(1994: 26)는 프로이트가 무의식 이론을 전개하기 이전에 이미 모파상의 작품에 그와 유사한 무엇이 존재함을 지적한다. 그것은 모파상의 작품에 끊임없이 등장하는 또 하나의 자아로서, '오를라'라고 불리기도 하지만 많은 경우 그저 '그', '어떤 사람' 등의 대명사로 남아 있다. 바이아르는 그것을 '타자'라 명명한다. 이 '타자'는 분명 보이지 않는 또 하나의 '나'라는 점에서 일종의 무의식이라 할 수 있다. 그러나 바이아르는 그것이 프로이트의 무의식과는 다른 개념임을 강조한다. 프로이트의 무의식은 보이지 않는 것, 감추어진 것, 억압된 것, 내적인 것, 즉 신경증적인 것이다. 무의식은 따라서 기호 해독이 가능하다. 꿈이 중요한 이유는 바로 여기에 있다. 반면에 모파상의 '타자'는 보이는 것, 환각적인 것, 외적인 것, 정신병적인 것으로서, 이것은 해석이 불가능하다. 물론 바이아르가 프로이트의 무의식과 모파상의 타자가 완전히 다른 개념임을 주장하는 것은 아니다. 프로이트에도 모파상의 타자나 정체성의 개념이 존재하며, 모파상에도 무의식이 부재하지 않는다. 다만 바이아르가 볼 때 모파상에게는 무엇보다도 정체성이 문제가 되며, 프로이트에게 있어서 정체성이란 보다 더 큰 문제인 성욕의 일부일 뿐이다. 프로이트의 무의식이 해석되어야 할 그 무엇이라면, 모파상의 '타자'는 모습은 보이지 않으나 끊임없이 '나' 앞에 나타나 '나'를 괴롭히는 존재이다. 바이아르는 무의식이라는 용어 대신 '타자'를 사용하는 것 자체가 자신이 모파상을 프로이트의 이론에 따라 읽기를 거부하는 하나의 증거임을 강조한다. 모파상의 작품에는 분명 정신분석적 요소가 많지만 그렇게 단순한 것은 아니라는 것이 그의 주장이다.

모파상의 작품에서는 아버지가 위협이나 금지의 역할을 하지 못한다. 그의 작품은 소유의 법칙이 아닌 존재의 법칙에 의해 지배되기 때문이다. 소유의 법칙이 지배하는 경우에는 가진 것을 박탈당하는 것이 문제이다. 따라서 이 경우는 아버지가 거세하는 존재, 위협적인 존재, 경쟁자가 된다. 그러나 존재의 논리가 지배하는 모파상의 작품 세계에서 문제가 되는 것은 거세 공포가 아니라 자아 상실에 대한 두려움이다. 즉 나약한 '나'를 존재할 수 있게 한 경계선들이 무너짐으로 인한 조각나기, 분해에 대한 공포가 지배한다. '타자'는 경쟁자가 아니라 파괴자이다. 그는 경쟁심을 불러일으키는 것이 아니라 두려움을 야기시킨다.

'타자'를 어떠한 관점에 따라 해석하느냐 하는 것보다 더 중요한 것은 타자의 존재와 자아의 정체성 간의 관계이다. '타자'는 '나'를 마시고, 거울 속의 내 모습을 지워버린다. 즉 그는 나에게 위협적인 존재, 나를 파괴하는 자이다. 따라서 내가 살기 위해서는 그를 죽여야 한다. 그러나 나보다 강한 그는 사라지지 않는다. 그가 죽지 않는다면 내가 죽을 수밖에 없다. 둘 중 하나는 죽어야 하기 때문이다. 이처럼 모파상의 인물들은 타자의 존재로 인해 정체성의 위기를 느낀다. 자아 상실에 대한 공포가 가장 극명하게 나타나는 작품은 「오를라Le Horla」이다. '오를라'라는 이름에 대해서는 여러 가지 주장이 있지만 '저리 가!'라는 뜻의 'hors là'라는 말에서 만들어졌다는 것이 가장 설득력을 얻고 있다.

그런데 「오를라」에 앞서 1883년 발표된 「그?Lui?」에서 독자들은 이미 타자에 대한 작가의 강박적 사고를 읽을 수 있다. 화자는 혼자 있기가 두려워 결혼을 결심한다. 그가 두려운 이유는 벽난로 앞에 있는 자신의 안락의자에 앉아 등을 돌리고 발을 쬐고 있는 '그'로부터 벗어날 수 없기 때문이다. '그'에 대한 환영은 그의 머리에서 떠나지 않고 집요하게 그를 따라다닌다. '그'는 누구일까? '그'는 실제로 존재하지 않는다. '그'는 그의 공포, 그의 걱정, 그의 근심 속에서만 존재한다. 결혼이 해결책이 아니란 사실을 그는 잘 알고 있다. 그러나 혼자 있기가 두렵다.

그 이듬해인 1884년에 발표된 「친부 살해Un Parricide」는 범죄 소설이지만 정체성 추구라는 주제를 다룬다. 조르주 루이는 자신을 자식으로 인정하지 않는 부모를 죽인다. 그는 사회적 편견과 도덕의 희생물이다. 그의 부모는 불륜의 결과로 태어난 아들을 끝까지 인정하지 않는다. 부모로부터 인정받지 못하는 그는 자기의 위치를 상실한다. 자신의 정체성을 찾고자 하는 아들에게 부모는 돈을 줄 뿐이다. 그는 자신의 존재를 원하지만 부모는 소유의 논리밖에 모른다. 정체성을 상실한 그는 자신의 존재를 부정하는 부모를 죽인다.

한편 「오를라」 집필 이전인 1885년에 발표한 「어느 광인의 편지Lettre d'un fou」는 「오를라」와 동일한 주제를 다루고 있다. 이 작품에서 작가는 '또 하나의 나'에 대한 환각과 그에 따른 고통을 이야기한다. 그리고 1886년과 1887년에 발표된 두 편의 「오를라」에는 인간의 오감에 대한 불확실성, 보이지 않는 존재에 대한 불안과 공포, 거울 속에서 지워지는 나의 모습 등이 중복되어 나타난다. 거울을 들여다본 '나'는 자신의 모습이 지워지는 것을 목격한다.

> 하지만 저는 제 모습을 거울 속에서 볼 수가 없었습니다! 불빛이 가득한 거울은 깨끗하게 텅 비어 있었습니다. 제 모습은 거울 속에 없었습니다…… 그런데 저는 거울 앞에 서 있었고…… 유리는 위에서부터 아래까지 투명했습니다. [……] 그가 우리 사이에 있다는 것을, 지각할 수 없는 그의 몸이 거울에 비친 제 영상을 흡수하고 있다는 것을 똑똑히 느낄 수 있었습

니다. (「오를라」 제1판, 208)[10]

[……] 방은 마치 대낮처럼 환했지만, 거울 속에서 내 모습이 보이지 않는 것이었다! 불빛이 가득한 거울은 저 안쪽까지 깨끗하게 텅 비어 있는 것이 아닌가! 내 모습은 거울 속에 있지 않았다…… 그런데, 나는 그 앞에 서 있고…… 유리는 위에서부터 아래까지 투명했다. [……] 하지만 나는 그가 우리 사이에 있다는 것을, 그리고 다시 나를 피해 도망갈 것이라는 것을 똑똑히 느낄 수 있었다. (「오를라」 제2판, 246-247)

위의 두 인용문에서 보듯 모파상은 자아와 거울 속 영상의 관계를 주목한 작가이다. 바이아르(1994: 84)가 지적했듯이 모파상은 라캉에 앞서 거울에 비친 영상이 정체성 확립에 얼마나 중요한 역할을 하는지를 감지했던 것이다. 라캉에 의하면 거울 속의 자신, 즉 '타자'와의 만남을 통해 인간은 자기 정체성을 확립한다. 그러나 모파상의 세계에서는 그 '타자'가 '나'를 삼켜버린다. 얼굴뿐 아니라 육체 전체가 사라짐으로써 주체의 정체성은 소멸되는 것이다.

「오를라」 제1판과 제2판은 거의 동일한 내용을 담고 있다. 보이지 않는 존재 오를라는 입으로 자신의 생명을 빨아먹고, 물과 우유 등 액체만으로 연명하며, 장미꽃을 부러뜨리고, 거울 속의 나를 지운다. 그러나 유사한 내용을 담고 있으면서도 두 소설은 매우 다르다. 「오를라」 제1판은 정신

10 「오를라」는 1996년 장원에서 출간된 한용택의 번역본 『모빠상 괴기소설 광인?』과 2007년 생각의 나무에서 출간된 최정수의 번역본 『오를라』에 수록되어 있다. 그러나 2007년 최정수 번역본에는 「오를라」 제2판만 수록되었기에 여기에서는 한용택의 번역본에 수록된 텍스트를 인용했다.

과 의사가 소개한 어느 환자의 고백을 화자가 듣는 형식으로 되어 있다. 그런데 이 글에서 광기와 이성의 경계는 무너진다. 자신의 환자가 명철한 의식을 지니고 있다고 생각하는 정신과 의사는 다음과 같이 반문한다.

> 이분이 미친 것인지, 아니면 우리 둘 다 미친 것인지 …… (211)

한편「오를라」제2판에서는 화자가 좀더 적극적으로 행동한다. 제1판에서는 환각에 시달리는 그가 광기로 도피한 후 스스로 정신병원에 들어가는 반면, 제2판에서는 화자 자신이 직접 위기에 처한 '자아'를 찾겠다는 강한 의지를 보인다. 보이지 않는 존재 오를라로부터 벗어나고자 화자는 여행을 떠나고, 여행 중 그는 자신이 환각으로부터 벗어났다고 생각한다. 그러나 알 수 없는 어떤 힘에 이끌려 그는 집으로 돌아올 수밖에 없다. 여행에서 돌아온 그는 또다시 오를라라는 '타자'의 노예가 된다. 그는 보이지 않는 박해자 오를라를 피할 수 없다. 앙토니아 포니Antonia Fonyi (1993: 145)에 의하면 오를라는 전능한, 박해하는 원형적 어머니이다. 즉 박해받는 아들은 어머니로부터 벗어나고자 여행을 떠나지만 결국 돌아오고야 만다. 원형적 어머니에 의해 유폐 당하게 되는 것이다.

화자는 자아를 찾겠다는 강한 의지를 가지고 "그를 죽이겠다"는 결심을 한 후, 자신의 집에 불을 지른다. 그것은 자아 회복을 위한 적극적인 도전의 한 방식이다. 그러나 '그'는 생존의 한계를 넘어선 존재이기에 죽지 않는다. '그'가 죽지 않는다면 '내'가 죽을 수밖에 없다. 이처럼 정체성을 찾고자 하는 노력은 비극적 결말을 가져온다. 그것은 희망 없는 헛된 노력에 불과하다. 왜냐하면 그는 또다시 원형적 어머니에게로 돌아올 운명이기 때문이다. 어머니로의 회귀는 곧 죽음을 의미한다. 모파상의 인물들은 자신의 비극적 운명 앞에서 무력하기만 하다. 아무런 구원책도 그들에게는 마련되어 있지 않다. 오로지 죽음만이 그들을 기다린다.

자살에의 욕망

자살은 자기 자신에게 행하는 폭력적 살해이다. 모파상의 작품에는 많은 사람들이 스스로 목숨을 끊는다. 결투 신청 후 의연한 자세로 죽을 자신이 없다는 두려움에서 권총으로 자살하는 공트란 조세프 드 세뇨레 자작(「비열한 인간Un lâche」), 40년간 아무 생각 없이 살던 어느 날 산책 중 창녀의 유혹을 물리치고는 갑자기 불행을 느낌과 동시에 고독하다는 생각을 견디지 못한 채 목매달아 죽는 평범한 시민 르라(「산책Promenade」), 밤을 끔찍이 사랑하여 밤거리를 배회하다가 자기도 모르게 센 강으로 미끄러져 들어가는 '나'(「밤La Nuit」), 일곱 살 때 어머니에게 쓴 편지를 읽다가 자살하는 한 남자(「자살Suicide」) 등이 그 예이다.

자살에 대한 생각은 모파상에게 일찍이 강박적으로 존재했던 것 같다. 1883년에 발표된 「산책」에서 독자들은 한 평범한 시민의 자살을 목격한다. 그는 40년간 "매일같이 같은 시간에 일어나 사무실로 가고, 점심 먹고, 다시 일하고, 저녁 먹고 잠을 잤으며", 그 무엇도 그의 이 규칙적이고 단조로운 삶을 방해하지 않았다. 어느 날 그는 이러한 삶의 단조로움에 대한 혐오감을 느낀다. 그러나 그에게는 무의미한 삶으로부터 벗어날 아무런 출구가 없다. 자살밖에는.

자살을 주제로 한 또 하나의 단편 「자살」은 다음해인 1884년에 발표되었다. 이 소설의 주인공 역시 단조롭고 무의미한 삶의 무게를 견디지 못한다.

서른 이후 나는 매일 같은 시각에 일어났다. 또 같은 음식점에서 같은 시각에 같은 요리를 먹었다. 그 음식을 가져다주는 웨이터들만 바뀌었을 뿐이다. (86)[11]

어두운 심연으로부터 벗어나기 위한 한 방편으로 그는 지나간 추억들을 회상하면서 편지를 정리하기 시작한다. 그러나 과거의 기억들은 그를 더 고독하게 만든다. 마지막 편지에 이르러 그는 이 고통스런 삶의 드라마를 끝내기로 결심한다. 그것은 그가 일곱 번째 생일을 맞이하여 자신에게 생명을 준 어머니에게 보낸 감사의 편지이다. 그의 어머니는 "등을 펴고 똑바로 서지 않으면 넌 평생 곱사등이로 지내게 될 거야"라며 그를 위협했던 무서운 어머니이다. 결국 생명을 준 어머니가 그 생명을 앗아가는 것이다. 포니(1993: 84)는 꼽추의 자세가 태아의 상태와 유사함을 지적하면서 모파상의 인물들은 어머니와의 관계 속에 영원히 갇혀 있다고 말한다. 「오를라」에서 보았던 원형적 어머니에 의한 유폐의 테마를 다시 만나는 것이다.

모파상에게 자살은 일종의 '정화'이고(Schasch, 1983: 179), 꿈이 사라진 고독한 존재가 이르는 종착역이다. 앞서 언급한 「산책」과 「자살」의 인용문들은 모두가 일상생활의 단조로움과 그에 따른 권태를 그리고 있다. 그리고 이 인용문들은 카뮈의 『시지프 신화』의 한 구절을 상기시킨다. 카뮈 역시 매일같이 반복되는 단조로운 삶의 무의미를 언급하지 않았던가. 그러나 카뮈는 삶의 부조리를 인식하고 그것에 반항함으로써 해결책을 찾

11 「자살」의 인용을 위해서는 2007년 생각의 나무에서 출간된 최정수의 번역본 『오를라』에 수록된 텍스트를 참조했다.

는 반면, 모파상에게는 출구가 없다. 고독, 공포, 절망, 허무주의, 모든 것에 대한 거부감, 이러한 것들이 모파상의 작품 전체에 흐르고 있는 분위기이다. 사랑도, 과학도, 학문도, 그리고 예술마저도 그에게 아무런 희망을 주지 못한다. 자살만이 해결책이고 정화의 기능을 가진다. 그러나 그는 죽음이 두렵다. 그렇다면 안락하고 편안한 죽음은 없을까?

1889년에 발표한 「수면의자L'Endormeuse」는 모파상의 자살에 대한 강박과 죽음에 대한 두려움, 그리고 행복한 죽음에 대한 소망을 표현한 작품이다. 작가의 상상력은 황홀경 속에서 행복하게 죽을 수 있는 기계, 향기로운 죽음을 가져다주는 기계를 만들어낸다. 그 기계는 죽음의 공포 대신 안락과 휴식을 준다. 중국 주름비단이 씌워져 있는 낮은 의자에 길게 드러눕기만 하면 향기로운 목서초향이 온몸을 감싼다. 그러고는 초기 신경장애 속에서 정신은 마비되고, 벼락이 내리는 듯하며, 황홀경에 빠지게 하는 일종의 아편 중독 상태에 빠지게 된다. 그 의자에 앉은 이는 마술에 걸린 듯, 자신이 취했다는 사실을 잊고 그것을 만끽하게 된다.

이처럼 모파상의 작품 세계는 죽음에 대한 충동으로 가득하다. 그러나 모파상의 인물들은 어떤 대상에 대한 욕망 때문에 죽지도, 무엇인가를 잃었기에 자살하지도 않는다. 그들이 끊임없이 추구하는 것은 바로 욕망의 대상이 아닌 자기 자신의 정체성이다. 그러나 자아의 정체성을 찾지 못하는 그들은 죽을 수밖에 없다.

모파상은 일찍이 정신과 의사들의 치료를 목적으로 하는 권력 행사를 부정한다. 그에 의하면 의사들의 임무는 환자들을 치료하는 것이 아니다. 그들의 임무는 그저 광인들을 묘사하는 것일 뿐이다. 일찍이 살페트리에르 병원에서 2년간 샤르코 박사의 가르침을 받을 만큼 모파상은 광기에 관심이 많았다. 「에르메 부인Madame Hermet」에 나오는 다음 문장은 광기에 대한 작가의 관심을 잘 보여준다.

> 나는 미친 사람들에게 관심이 많다. 그들은 기이한 몽상으로 차 있는 신비스런 나라에 산다. 타인이 들어갈 수 없는 착란 상태라는 구름 속에서 산다. [……] 그들의 상상력 앞에서, 논리라는 이 낡은 울타리, 이성이라는 이 낡은 벽, 양식이라는 이 낡은 사고의 난간은 깨어지고 부수어지고 무너질 따름이다. [……] 어쨌든 미친 사람들은 항상 나의 관심을 끈다. 나는 착란 상태라는 진부한 신비에 나도 모르게 끌려 그들에게 달려가곤 한다. (251-252)[12]

뿐만 아니라 모파상은, 앞서 언급했듯이, "그가 미쳤는지, 내가 미쳤는지"를 끊임없이 질문하는 정신과 의사의 입을 통해 광인과 정상인, 광인과 의사의 경계를 무너뜨린다. 모파상의 세계에는 광인으로 분류되어야 마땅한 인물들이 아주 많다. 그러나 그들은 모두 그저 인간일 뿐이다.

---

12 「에르메 부인」의 인용을 위해서는 1996년 장원에서 출간된 한용택의 번역본 『모빠상 괴기소설』에 수록된 텍스트를 참조했다.

기 드 모파상

(Guy de Maupassant, 1850~1893)

기 드 모파상은 러시아의 안톤 체홉과 함께 세계문학사상 가장 뛰어난 단편 소설 작가로 꼽히는 인물이다. 1880년 「비곗덩어리」를 발표함으로써 문단의 주목을 받기 시작한 그는 마흔셋이라는 젊은 나이로 정신병원에서 숨지기까지 10여 년간 여섯 편의 장편 소설과 삼백 편이 넘는 중·단편 소설을 쓸 만큼 창작력이 왕성했던 작가이다. 『여자의 일생』이나 『벨아미』 같은 그의 장편 소설은 자연주의의 대표작들로 꼽히지만 모파상의 진가는 주옥같은 그의 단편 소설들에서 빛을 발한다.

모파상은 1850년 8월 5일 노르망디 지방에서 태어났다. 그의 출생지에 대해서는 에트르타의 미로메닐 성이라는 설과 페캉의 외가라는 설, 이렇게 두 가지 설이 있다. 그러나 많은 모파상 연구가들은 그가 태어난 곳은 페캉이지만, 허영심 많은 그의 어머니 로르 르 푸아트뱅이 아들의 출생 직후 잠시 빌린 미로메닐 성으로 아이를 데려가 그곳의 성당에서 세례를 받게 한 것이라는 주장에 동의한다. 노르망디 출신의 부유한 부르주아였던 어머니의 귀족에 대한 집착은 이처럼 아들의 출생 신고 일화에서부터 엿볼 수 있다. 소망했던 대로 그녀는 로렌 지방 출신의 귀족 귀스타브 드 모파상과 결혼했고 두 아들을 낳았다. 그러나 그녀의 결혼 생활은 결코 행복하지 못했으며, 모파상이 여덟 살이 되던 해 그들의 결혼 생활은 결국 파경에 이른다. 기와 에르베 두 형제는 그 후 어머니를 따라 에트르타에서 살게 된다.

모파상은 열세 살에 이브토신학교에 입학하지만, 학교 규율을 어겨 퇴학을 당하고 만다. 루앙의 고등학교로 전학을 가 그곳에서 학업을 마친 그는 1869년 파리의 법과대학에 입학한다. 루앙고등학교 시절 그는 시인 루이 부이에와 서신을 주고받는가 하면 어머니의 소개로 플로베르를 만나 친분을 맺기도 한다. 1870년 보불전쟁이 발발하자 모파상은 군대에 징집되어 근위대에 들어가 직접 전쟁을 체험한다. 이때의 전쟁 경험은 훗날 그의 출세작이라 할 수 있는 「비곗덩어리」를 비롯한 그의 많은 작품에 소재를 제공해주었다. 1871년 전장에서 돌아온 그는 생계를 위해 1872년부터 해군성의 하급 관리로 일했으나 문학에 대한 꿈을 버리지 않고 플로베르로부터 문학 수업을 받는 동시에 에밀 졸라, 공쿠르 형제, 알퐁스 도데, 투르게네프, 위스망스 등과 교분을 맺으면서 시, 소설, 희곡 등을 썼다. 공무원 시절 경험했던 파리의 궁핍한 소시민 생활 역시 많은 중·단편 소설의 소재가 된다. 1878년부터는 플로베르의 도움으로 문교성에서 근무하게 된다.

1880년 에밀 졸라의 주도 하에 자연주의 작가들이 모여 보불전쟁을 소재로 엮은 문학작품집인 『메당의 저녁Les Soirées de Médan』에 「비곗덩어리」를 발표하여 문단의 주목을 받기 시작했고, 1882년부터는 직장을 그만두고 글쓰기에만 전념한다. 1883년에 발표한 장편 『여자의 일생』으로 인해 그는 작가로서의 확고한 명성을 얻게 되지만, 그 무렵부터 건강에 문제가 생긴다. 센 강에서 뱃놀이를 즐기고 강변의 술집에도 자주 드나들며 방탕한 생활을 하던 건장한 청년 모파상에게 처음으로 매독 증세가 보이기 시작한 것은 1877년이다. 이후 그는 두통과 심장병, 그리고 신경질환을 앓는가 하면 시력이 약화되어 거의 실명 상태에까지 이르기도 했고, 1884년경부터는 환각 증세까지 보이게 된다. 병을 치료하고자 하는 그의 필사적인 노력에도 불구하고 그의 건강은 점점 더 악화될 뿐이었고, 1891년부터는 사실상 글쓰기가 불가능해진다. 그해에 마지막 작품 『삼종기도』의 집필을 시작하지만 그는 이 작품을 완성하지 못한다. 1892년 새해를 맞아 어머니와 저녁식사를 마치고 집으로 돌아온 모파상은 칼로 목을 그어 자살을 기도하지만 실패한다. 그 후 파리 근교 파시에 있는 블랑슈 박사의 정신병원에 감금된 지 18개월만인 1893년 7월 6일, 모파상은 그 병원에서 사망한다.

모파상은 43세라는 젊은 나이에 세상을 떠났다. 그러나 그가 프랑스 문단에 남긴 업적은 실로 지대하다. 그의 나이 삼십이 넘어 문단에 데뷔했으니 그가 작품을 발표한 시기는 불과 10여 년에 불과하다. 그러나 그는 10년 동안 『여자의 일생』,

『벨아미』, 『오리올 산Mont Oriol』, 『피에르와 장Pierre et Jean』, 『죽음처럼 강한 것Fort comme la Mort』, 『우리의 마음Notre Coeur』 등의 장편 소설과 「오를라」, 「비곗덩어리」, 「목걸이La Parure」, 「물 위에서Sur l'eau」, 「귀여운 로크 양La Petite Roque」 등 300여 편의 중 · 단편 소설, 그리고 시, 희곡 등을 썼다. 그는 이처럼 다작을 했으면서도 수많은 주옥같은 작품을 남긴 뛰어난 작가이다. 그는 "천재란 오랫동안의 인내에 지나지 않는다. 탐구하라"고 충고하는 플로베르의 엄격한 문학 수업을 통해 사물에 대한 정확한 관찰과 간결한 문체로 표현하는 방법을 배웠고 그 배움을 실천하고자 했다.

그의 작품을 주제별 혹은 소재별로 범주화시키는 일은 불가능해 보인다. 그럼에도 불구하고 그가 주로 다룬 주제들을 살펴보면 다음과 같다. 우선 「귀향Le Retour」 등의 작품은 노르망디 지방을 중심으로 하는 시골 사람들의 삶을 그리고 있으며, 「목걸이」, 「미뉴에트Menuet」 등은 파리 소시민의 평범한 일상생활을 소재로 하고 있다. 또한 「비곗덩어리」는 전쟁을 소재로 하고 있는가 하면 「두 친구Deux amis」, 「미친 여자La Folle」 등은 전쟁으로 인한 비참한 인생의 단면을 보여주기도 한다. 「의자 고치는 여인La Rempailleuse」, 『여자의 일생』 등은 여성의 애정과 희생에 대한 이야기이며, 「오를라」를 비롯하여 「산장L'Auberge」, 「광인?Un Fou?」, 「유령」 등은 환상과 환각의 체험을 이야기하는 괴기 소설들이다. 그런가 하면 「귀여운 로크 양」, 「광인Un fou」, 「무아롱Moiron」 등의 범죄 소설들 역시 모파상의 중요한 하나의 작품군을 이룬다. 이렇듯 다양한 소재에 대해 간결하고도 객관적인 필치로 독자들을 매혹시킨 모파상은 단편 소설의 형식을 완성한 작가로 기억되고 있다.

2장 우울증과 죽음의 욕망

1 스탕달의 『아르망스』와 금지된 언어

스탕달Stendhal은 발자크와 함께 19세기라는 격동의 시기를 살았던 작가이다. 1789년 대혁명과 함께 절대 왕권이 무너지고 사회 변혁이 가능했던 당시, 진취적인 사고를 가지고 있었던 작가 스탕달은 소설의 역사성과 사회성을 강조한다. 그는 『적과 흑Le Rouge et le Noir』에 '1830년대의 연대기'라는 부제를 다는가 하면, 소설이란 "길을 따라 들고 다니는 거울"이라며 소설이 사회의 밝은 면과 어두운 면 모두를 다 보여주어야 한다고 주장하기도 한다. 작가는 『적과 흑』을 통해 왕정복고기의 계급 갈등과 더불어 재능 있는 한 젊은이의 야망과 좌절을 보여줌으로써 당시 사회를 적나라하게 그려냄과 동시에 그 사회를 통렬하게 비판하고 있다.

그러나 스탕달의 작품에는 타인들이 쉽게 이해할 수 없는 이상할 사람들, 이성적이 아닌 광적인 인물들이 존재한다. 쇼사나 펠만Shoshana

Felman이 지적했듯이 스탕달 작품 속에는 광기, 광인, 비이성, 착란, 정신나감 등의 단어가 수없이 많이 등장한다. 펠만(1971: 148)은 스탕달이 『연애론De l'amour』에서 "한쪽 끝에는 끔찍한 벼랑이 있고, 다른 한쪽으로는 완전한 행복에 이르는 길"이 바로 광기라고 말한 것을 인용하면서 스탕달의 주인공은 광기의 화산 속에 자신을 밀어넣고 그 속에서 소멸한다고 주장한다.

1827년에 출간된 스탕달의 첫 소설 『아르망스Armance』는 독자들을 당혹스럽게 하는 이상한 작품이다. 주인공 옥타브는 어린 시절 친구인 아르망스를 사랑하면서도 끝내 그 사랑을 고백하지 못한다. 마침내 죽음을 앞에 두고 사랑을 고백하지만 그 고백으로 인해 어쩔 수 없이 결혼한 후 그는 자살하고 만다. 이 이상한 소설 앞에서 독자들은 의아해하지 않을 수 없다. 옥타브는 왜 아르망스를 사랑할 수 없는 것일까? 의무와 사랑이 상치되는 까닭은 무엇인가? 아르망스는 왜 결혼을 거부하는가? 옥타브의 '운명적 비밀'은 과연 무엇이며, 그는 왜 그 비밀을 고백하지 못하는가? 옥타브는 왜 죽음을 택해야만 했으며 그 죽음의 의미는 무엇일까? 소설이 끝나면 답을 얻을 수 있으리라 기대했던 독자들은 끝내 그 답을 얻지 못한다. 독자들의 궁금증은 작가가 부록으로 첨부한 편지를 읽고 나서 풀리는 듯하다. 그러나 옥타브의 운명적 비밀과 죽음에 대한 의혹은 여전히 남는다.

이처럼 『아르망스』는 여타의 소설과는 다른, 이상한 소설이다. 이 책이 당시 독자들에게 사랑받지 못했다면 그것은 바로 이러한 이상함 때문이리라. 독자들은 이 소설의 수수께끼를 이해할 수 없었던 것이다. 스탕달에게 항상 가혹했던 비평가 생트-뵈브는 "내용을 도무지 이해할 수 없고 난해한 이 소설은 이야기의 진실성이 결여되었을 뿐 아니라 아무런 창의

성도 천재성도 보이지 않는" 작품이라며 『아르망스』를 혹평했다.

그러나 한 세기도 넘는 세월이 지난 후 『아르망스』에 대한 새로운 관심이 대두되면서 그 중요성이 부각되기 시작했다. 특히 정신분석에 관심을 가진 독자에게 이 소설은 스탕달의 작품 중 가장 많은 상징적 의미를 담고 있는 작품이다. 장 벨맹-노엘Jean Bellemin-Noël의 『성가신 작가 스탕달: 「아르망스」L'auteur encombrant Stendhal: *Armance*』, 피에르 바이아르의 『스탕달의 징후: 「아르망스」와 고백Symptôme de Stendhal, *Armance* et l'aveu』, 쇼사나 펠만의 『스탕달 소설 작품에 나타난 광기La Folie dans l'oeuvre romanesque de Stendhal』 등은 『아르망스』에 대한 정신분석적 독서의 가능성을 열어준 중요한 저작들이다.

정신분석의 차원에서 『아르망스』는 분명 중요한 작품이다. 그러나 스탕달이 소설의 사회성을 중시하는 작가임을 감안할 때, 그리고 『아르망스』가 '1827년 파리 살롱의 정경들'이라는 부제가 붙은 소설이라는 점을 고려할 때, 이 소설 역시 당시 사회의 모습과 밀접한 관계를 가짐은 의문의 여지가 없다.

『아르망스』의 광기와 왕정복고

『아르망스』의 주인공 옥타브 드 말리베르는 당시 귀족 사회와는 어울리지 않는 이상한 젊은이다. 우선 그는 다른 귀족 자제들과 달리 공과대학 출신이며, 귀족의 신분에 어울리지 않게 포병대에 들어가고 싶어할 뿐 아니라, 대위나 중위 등의 직위에도 무관심하다. 뿐만 아니라 장래가 촉망되는 젊은 귀족임에도 불구하고 그는 항상 우울하고, 아무것도 욕망하지 않으며, 아무것에도 관심이 없다. 아들을 걱정하는 어머니의 간청에 따라 당시 유명한 의사들이 그를 진단했고, 모든 의사들은 옥타브의 병이 육체적인 것이 아닌 정신적인 것임을 주장한다.

옥타브의 광기는 특별한 이유 없이 단지 그를 가로막았다는 이유만으로 하인을 창밖으로 집어던지는 폭력성으로 나타나기도 한다. 뿐만 아니라 그는 결투를 찾아 밤거리를 헤매다가 몸에 세 군데의 칼 상처를 내기도 한다. 크레브로쉬 후작과의 결투 역시 미친 짓이 아닐 수 없다. 6개월 동안 한 번도 총을 사용해본 적이 없는 그가 총으로 결투를 신청한다는 것은 거의 자살 행위나 다름없기 때문이다. 그밖에도 옥타브에게는 선악의 개념도, 남녀의 구분도, 계급의 차이도 존재하지 않는다. 그는 아르망스가 자신과 달리 여성이라는 사실을 인정하지 않으면서 그녀가 '남자친구'임을 거듭 강조한다. 그런가 하면 그는 사회적 계급의 차이를 인식하지 못한 채, 자신이 폭력을 가한 하인이 반격하지 못하는 것에 대해 의아해한다. 사건 이후 자신이 마치 하인이라도 된 듯이 지극 정성으로 그를 돌보기도 한다. 뿐만 아니라 그는 화학 기술자, 가정교사, 상점의 점원, 혹은 하인이 되기를, 이름이나 지위가 드러나지 않는 누군가가 되기를 소망한다.

그렇다면 옥타브의 광기는 무엇에서 연유하는 것일까? 스탕달이 이 소설을 계획하던 시절 출판업자에게 보낸 편지를 보면 "나는 이 소설에서 근래 2~3년 사이 당시의 풍습을 있는 그대로 그리고자 했다"라고 쓰고 있다(Martineau, 1951: 333). 소설의 부제가 '1827년 파리 살롱의 정경들'이라는 사실은 그러한 작가의 의도를 드러내준다. 즉 그는 왕정복고 시대 귀족의 쇠퇴에 대한 묘사에 열중하면서, 권태에 빠져 있는 당시 살롱의 분위기를 표현하고자 했던 것이다. 이는 『적과 흑』에 나타난 라 몰 후작 저택 살롱의 권태로운 분위기와 다르지 않다. 그 권태로운 사회에서 줄리앙은 재능을 가진 유일한 젊은이였다. 줄리앙이 그 사회의 정복을 꿈꾸었다면, 옥타브는 줄리앙이 그렇게도 정복하고 싶었던 그 사회로부터 도피하고자 한다.

피에르 바르베리스Pierre Barbéris(1984: 67)는 옥타브의 "개인적 신경증은 계급과 세대의 무능력에 대한 이데올로기적 · 정치적 기호"임을 주장한다. 그리고 소설 텍스트는 그의 주장을 뒷받침한다. 당시 의사들은 그의 병을 "당시 사회의 귀족 젊은이들을 특징짓는 만족스럽지 못하고 비판적인 슬픔"의 징후로 진단하고 있기 때문이다. 이렇듯 옥타브 개인의 정신병과 욕망의 부재는 역사적 · 정치적 불능, 즉 왕정복고 말기 보수파 귀족들의 무능력을 상징한다. 산업화 이후 사회는 점점 자본주의화되어 가며, 모든 것을 지배하는 것은 돈이다. 옥타브의 광기는 가문의 명예나 이름이 그 가치를 잃어감에 따른 귀족들의 상실감에 대한 은유적 표현에 다름 아니다. 옥타브가 보상금을 받는 것이 확정된 이후 그에 대한 귀족들의 달라진 태도는 금전이 지배하는 사회의 단면을 보여준다.

아르망스의 결혼 거부 역시 사회적으로 해석할 수 있다. 가난한 그녀는 부자가 된 옥타브와 결혼할 수 없다. 그들의 결혼이 가능해졌다면, 그것은 아르망스가 옥타브의 유산에 상응하는 유산을 상속받았기 때문이다. 돈이 지배하는 사회, 다시 말해서 모든 욕망이 상품으로 전락해버린 사회에서 어떻게 진정으로 욕망할 수 있나? 골드만이 지적하듯 진정한 가치를 추구하는 고귀한 인간은 상품화되어버린 가짜 욕망의 노예가 되기를 거부한다. 옥타브의 광기와 욕망의 부재는 이처럼 사회적으로 해석될 수 있다. 그러나 옥타브의 광기를 이처럼 사회적인 것만으로 해석하고 넘어가기에는 여전히 많은 의문점이 그대로 남는다.

『아르망스』의 광기와 욕망의 부재

옥타브의 광기는 우울증, 강박신경증, 우울증적 편집증 등의 의학적 용어로 설명된다. 우울증의 가장 중요한 증세 중의 하나는 자살 욕구이다. 옥타브는 죽음을 동경하고 자살을 생각하며 결국 자신의 생을 스스로 마감한다. 표면적으로 그의 자살은 아르망스와의 사랑의 불가능에 연유한다. 끊임없이 언급되는, 그러나 끝내 밝혀지지 않은 운명적 비밀이 그의 죽음의 열쇠이고, 그 비밀은 작가가 마지막에 덧붙인 편지에서 밝혀진다. 스탕달이 메리메에게 쓴 편지에서 옥타브가 "고백해야 하는 불편함을 피하기 위하여 자살할 수밖에 없었음"을 밝힘으로써 끝까지 독자들을 혼란케 하던 궁금증이 풀리는 듯하다. 그러나 독자들은 여전히 혼란스럽다. 그는 왜 아르망스의 거짓 편지를 아무런 의심 없이 믿어버리는가? 옥타브의 죽음은 과연 그의 성적 불능 때문인가? 그렇다면 결혼 이후의 아르망스의 행복은 무엇이며, 그는 또 왜 사랑의 충만함 속에서 죽어야 했나?

비평가들은 옥타브의 성생활에 관심을 가지면서 옥타브를 통해 왕정복고 시기의 작가 앙리 벨Henri Beyle의 모습을 보고자 한다. 그들은 또한 옥타브의 죽음에서 작가의 거세 콤플렉스를 읽기도 한다. 아버지를 증오하고 어머니를 사랑했던 앙리 벨의 일기 속 증언을 스탕달 모든 작품의 열쇠로 보기도 한다. 그러나 작가와 작중인물을 단순히 동일시하는 것은 순진하면서도 위험한 해석이 아닐 수 없다. 작품 속에 존재하는 것은 작가의 의식적 자아가 아닌 무의식적 자아이기 때문이다. 나는 『아르망스』 해석의 열쇠는 아버지가 아닌 어머니에 있다고 생각한다.

옥타브는 아무것도 욕망하지 않는다. 이 말은 옥타브에게 아무것도 결핍된 것이 없음을, 즉 결핍이 결핍되었음을 의미한다. 욕망이란 결핍을 전제로 하기 때문이다. 장 벨맹-노엘(1985: 15)은 신경증과 정신병의 차이를 설명하면서 "신경증 환자는 받아들일 수 없는 욕망을 없애기 위해 투쟁한다면 정신병자는 대상과의 관계에서 욕망이 존재하거나 욕망이 생길 수 있다는 현실 자체를 잘 알지 못하거나 부정한다"고 말하고 있다. 즉 정신병 환자의 자아는 자신의 욕망을 모르며, 현실에서 일어나는 사건에 대해 책임을 지지 않는다. 옥타브에게는 왜 욕망이 부재하는 것일까?

벨맹-노엘이 지적했듯이 욕망이 존재하기 위해서는 주체와 욕망의 대상 사이에 일정한 거리가 있어야 한다. 그런데 옥타브에게는 욕망의 대상이 자리할 빈 공간이 없다. 한시도 아들을 떠나지 않고 유령처럼 늘 곁에 존재하면서 지나친 관심과 세심한 주의를 기울이는 어머니가 아들의 모든 공간을 다 차지해버리기 때문이다. 그 점에서 말리베르 부인의 저택, 특히 어머니의 살롱은 대단히 상징적이다. 금장식이 가득한 푸른 비로드 커튼과 창문 대신 거울이 달린 커다란 십자 창 때문에 해가 들어오지 않아 늘 어두운 분위기를 연출하는 이 살롱은 아무도 영접하지 않는 닫힌 공간이다. 게다가 "일 년에 세 번씩 규칙적으로 가지를 치는 줄지어 선 보리수나무"는 경직되고 마비된, 외부 세계와 접촉이 없는 말리베르 가족의 부동성을 상징하는 것처럼 보인다. 옥타브에게 말리베르 저택은 출구 없는 억압적인 공간이다. 그는 천장이 너무 낮아 죽도록 싫었던 자신의 방, 그리고 집 전체를 견딜 수 없었음을 고백한다. 옥타브가 보상금을 받게 되었을 때 처음 떠오른 생각이 자신의 방을 아름답게 꾸미는 것이었다는 점을 상기하자. 마음대로 숨 쉴 수 있는 곳, 자신이 무슨 생각을 하는지, 무슨 독서를 하는지, 무슨 글을 쓰는지, 아무도 감시하지 않는 혼자만의 공간, 자신의 독립이 보장된 공간, 다시 말해서 어머니의 간섭으로부터 벗어난 공간을 그는 꿈꾼다.

그러나 그 계획은 실천에 이르지 못한다. 옥타브는 계속 어머니의 지배하에 있고, 어머니의 공간을 벗어나지 못한다. 말리베르 부인은 늘 아들 곁에 머물면서 완벽하게 아들을 지배한다. 말리베르 부인의 아들에 대한 염려는 아들이 심장병으로 곧 죽을지도 모른다는 두려움을 야기한다. 그리고 아들의 죽음에 대한 두려움은 심장이 약한 자기 자신과 아들을 동일시하는 데에 연유한다. 뿐만 아니라 그녀는 18세기 철학에 심취하고 과학에 대한 열정을 가진 아들, 신을 믿지 않는 아들에게 신의 저주가 내릴 것을 두려워한다. 아들을 잃게 될까봐 두려운 어머니의 환각이 벌 받는 아들에 대한 환상을 낳은 것이다(Bellemin-Noël, 1985: 57).

> "너의 그 독서가 어떤 결과를 가져올지 신은 아실 거야. [……] 아! 나는 항상 그 무서운 존재를 화나게 할까봐 두렵다. 그는 나의 사랑으로부터 너를 데려갈지도 몰라." (34)[1]

한편 아르망스는 옥타브에게 또 하나의 어머니이다. 그녀는 말리베르 부인의 조카이자 딸이자(아르망스는 말리베르 부인을 엄마라고 부른다), 사촌이자 다정한 친구이다. 그런데 아르망스 역시 옥타브에게 끊임없이 맹세시키고 금지를 요구하는 여인이다. 그녀는 항상 그를 두렵게 한다. 왜냐하면 그녀가 "자신의 운명의 주인공"인 것처럼 보이기 때문이다. 이처럼 어머니, 그리고 아르망스에 의해 모든 공간을 잠식당한 옥타브에게 욕망이 들어설 자리는 없다.

---

1 『아르망스』는 국내에 번역이 되지 않았기 때문에 원서를 번역하여 인용한다. 참조한 텍스트는 갈리마르 출판사에서 발간한 플레이아드판 I (1952)에 수록된 것이다.

옥타브의 사랑과 어머니

프로이트는 유아의 발달 단계를 오이디푸스 콤플렉스의 구조로 설명한다. 인격의 구조화와 인간의 욕망의 방향을 결정짓는 데 근본적인 역할을 하는 것은 오이디푸스 콤플렉스라는 것이다. 아이는 어머니와의 양자적 관계만이 존재하는 전-오이디푸스기를 거쳐 어머니를 사랑의 대상으로 느끼고 아버지를 경쟁 상대자로 여기게 되는 남근기에 이른다. 이때 아버지에 대한 일차적 동일시를 통해 오이디푸스 콤플렉스를 극복하고 거세를 받아들임으로써 인간은 어른이 된다. 한편 아버지에 의한 거세를 받아들이는 동시에 아버지와의 이차적 동일시, 다시 말해서 아버지로 상징되는 법과의 동일시를 통해 아버지의 권위를 내사introjection하여 자기 것으로 만듦으로써 권력을 얻게 된다. 여기에서 오이디푸스 콤플렉스를 극복하지 못하면 신경증이 된다는 것이 프로이트의 주장이다.

라캉 역시 오이디푸스 콤플렉스를 인간 심리의 기본 구조로 인식한다. 그러나 프로이트와 달리 라캉은 오이디푸스 이전 단계(전-오이디푸스기)에 이미 제3자인 아버지가 개입되어 있다고 말한다. 아이는 자기가 어머니의 욕망을 만족시켜주는 상상적 남근[2]이기를 바란다. 그리고 그것은 아이의 욕망 뒤에 항상 상징적 아버지가 숨어 있다는 것을 전제로 한다. 어머

2 프로이트와 라캉을 논함에 있어 남근의 의미를 한번 짚고 넘어가지 않을 수 없다. 실제로 프로이트는 남근이라는 용어를 거의 사용하지 않았다. 정신분석에서 사용하는 남근은 해부학적인 음경과 구분되며, 많은 경우 상징적 남근의 의미로 사용된다. 라캉의 남근은 사실적 남근, 상상적 남근, 상징적 남근으로 구분할 수 있다. 사실적 남근이란 해부학적 의미의 음경과 크게 다르지 않다. 상상적 남근이란 그것만 따로 분리할 수 있다고 생각되는 남근을 나타낸다. 그리고 상징적 남근은 라캉에게 가장 중요하고도 가장 널리 쓰인 용어로서 기의를 가지고 있지 않은 기표로서의 남근이다. 즉 그것은 다른 기표와의 차이에 의해서만 가치가 드러날 뿐 그것의 절대적인 가치는 없다. 따라서 남성과 여성의 차이를

니는 '아버지의 이름'으로 아이의 성적 충동을 금지시키고 아이는 아버지를 경쟁자로 보기 시작한다. 이때 상상적 아버지가 개입하여 상상적 남근을 거세시킨다. 그다음 단계에서 아이는 남근을 실제로 가지고 있다고 상정되는 사실적 아버지의 금지로 인해 어머니의 남근이 되기를 포기하고 상징적 아버지와 동일시한다.

여기에서 라캉과 프로이트의 근본적인 차이는 아이와 어머니의 근원적 관계에 있다. 즉 아이가 어머니를 사랑의 대상으로 느낀다고 생각한 프로이트와 달리, 라캉은 아이 스스로가 어머니의 남근이 되고자 소망한다고 주장한다. 즉 어머니를 유혹하기 위해 남근을 소유하고자 하는 것이 아니라 스스로가 남근이고자 하는 것이다. 또 하나의 큰 차이는 성별화sexualisation에 있다. 프로이트는 아이가 부모 중 누구와 동일시하느냐에 따라 성이 결정된다(예를 들어 남성이 어머니와 동일시할 경우 동성애가 된다)고 본 반면, 라캉은 상징적 남근의 소유 여부가 성의 차이를 결정한다고 생각했다. 라캉에 의하면 상징적 아버지가 개입하면서 자신이 어머니의 상상적 남근이라고 생각했던 그 생각으로부터 깨어나는 것이 바로 거세이다. 여기서 거세는 사실적 남근이 아닌 상상적 남근을 겨냥하고 있음을 주목하자. 따라서 거세는 남녀 모두에게 동일하게 나타난다. 세 번째 단계에서 사실적 아버지의 개입으로 아이가 상징적 남근을 소유하면 남성이, 상징적 남근을 소유하지 못하면 여성이 된다. 즉 아버지와의 동일시에 의해서가 아니라 최종적으로 상징적 남근의 소유 여부에 따라 성별이 결정되는 것이다. 이때 많은 여성들은 상징적 남근을 소유하지 않았다는 박탈감을

상징적 남근의 소유냐 아니냐를 놓고 볼 때 그 어느 쪽이 우월한 가치를 지닌다고 말할 수 없다. 단지 그들 사이의 차이가 존재할 뿐이다.

느끼게 된다. 그러나 주의해야 할 것은 여기에서 남성이나 여성을 논할 때 그것이 해부학적인 성별을 의미하는 것이 아니라는 점이다. 바로 이것이 옥타브의 우울증과 불능의 열쇠이다.

작품으로 돌아가보자. 옥타브는 오이디푸스기를 정상적으로 극복하지 못한 채 전-오이디푸스 시기에 머물러 있는 어린아이이다. 옥타브가 정상적인 거세의 과정을 거치지 못하는 이유는 옥타브에게는 금지를 요구하는, 즉 거세를 행하는 아버지가 부재하기 때문이다. 말리베르 후작은 스스로 거지처럼 가난하다고 생각하는 몰락한 귀족이다. 그에게 있어 가문의 이름은 종교와 같은 것이다. 그러나 그 이름을 빛내기 위해 그는 아무것도 할 수 없다. 그저 그 이름을 물려받은 아들이 결혼을 통해 그 이름을 빛내기를 바랄 뿐이다. 그러나 아들은 아버지의 이름을 거부하고 익명성을 동경한다. 그는 하찮은 이름인 르누아르(검은 색이라는 의미)나 마르탱, 혹은 하인의 이름 피에르 제를라라는 이름으로 아버지의 이름을 대체하기를 꿈꾼다. 귀족의 이름을 하찮은 이름으로 바꾸는 것은 귀족의 법질서에 대한 거부의 표현이다.

그렇다면 옥타브를 지배하는 그의 의무감은 어디에서 연유하는 것일까? 벨맹-노엘(1985: 72)에 따르면 옥타브의 정신병적 구조에서 초자아는 거세를 행하는 아버지가 아니다. 주인공이 스스로에게 부과한 의무는 원형적 초자아로부터 형성된 것이며, 그것은 어머니의 남자 형제인 수비란 기사분단장에 의해 구현된다. 조카에게 이성과 의무를 강조하는 수비란은 언뜻 보아 아버지를 대체하는 것처럼 보인다. 그는 보니베 기사와 함께 "살해하는 초자아"라는 하나의 심급을 형성하며 결국 옥타브를 죽음에 이르게 하는 장본인이다. 그런데 그는 어머니의 비밀스런 대변자이다. 그가 어머니의 형제라는 점을 상기하자. 즉 초자아의 질서 역시 어머니에 의해 주도된다.

아버지의 부재로 인해 옥타브는 어머니와의 융해를 꿈꿀 수 있다. 옥타브가 원하는 것은 어머니를 욕망의 대상으로 인식하지 않기 위해 어머니의 육체 안에 머무는 것, 어머니 육체의 일부가 되는 것이다. 라캉식으로 말하자면 그는 다시 전-오이디푸스 단계로의 퇴행을 통해 어머니의 상상적 남근이 되기를 바라는 것이다. 즉 그는 아버지처럼 어머니의 욕망의 대상이 되어 아이를 만드는 것이 아니라, 스스로 아이가 되는 것이다. 따라서 여기에는 성욕이 개입할 여지가 없다. 그는 성욕에 관련된 말이나 장면을 견디지 못한다. 예를 들어보자. 그는 자신에 대한 드 클렉스 부인의 노골적인 성적 찬사를 견디지 못하고 살롱을 나와버린다. 마찬가지로 쥠나즈 극장에서 「정략 결혼」을 보던 중 남편이 신혼 방 열쇠를 건네받는 순간, 즉 성행위를 암시하는 장면이 나오는 순간 그는 도망쳐버린다. 사랑의 행위에 대한 상상은 그를 짓누르기 때문이다. 한편 극장에서 나온 그가 곧바로 식당으로 가서 스프를 먹는 행위에서 벨맹-노엘(1985: 46)은 옥타브의 구강기에의 고착을 보기도 한다.

옥타브가 원하는 것은 성이 개입하지 않은 어린아이의 사랑이다. 따라서 옥타브가 아르망스에게서 바라는 것은 속내 이야기를 나눌 수 있는 친구, 성이 개입되지 않은 '남자친구'요, 그녀와 함께 나누고 싶은 것은 가장 다정하고도 가장 헌신적인 우정이다. 육체적인 관계가 배제된 순수한 사랑을 추구하는 옥타브는 아르망스에게서 절대로 결혼하지 않겠다는 약속을 받아내기까지 한다. 옥타브가 자신을 '괴물'이라고 고백했을 때, 그것은 일반적인 해석처럼 '성적 불능'을 의미한다기보다, 자신이 성욕을 가진 동물적 인간이라는 사실에 대한 고뇌로 해석하는 편이 나을 것이다.

그러나 인간은 어린아이의 상태에 머무를 수 없다. 초자아는 그에게 금지를 행하고 의무를 부여한다. 옥타브의 기절과 죽음의 경험은 성욕 앞에서의 그의 갈등을 설명한다. 사랑 고백 이후의 옥타브의 기절은 죽음의 완화된 형태로서, 이는 성욕에 대한 거부, 혹은 도피의 기호로 읽을 수 있을 것이다. 기절 후 깨어난 옥타브는 아르망스가 준 지갑을 땅 속에 묻는다. 이 행위는 과거의 자신과 이별을 고하는 일종의 의식이다. 한편 크레브로쉬 후작과의 결투는 다분히 의도적으로 자신을 죽음으로 내던지는 행동이라 볼 수 있다. 그런데 그 결투로 인해 심한 부상을 입고 죽음의 문턱에 선 옥타브는 비로소 사랑에 완전히 자신을 내던질 수 있다. 그 상태에서는 성욕의 위험이 부재하기 때문일까? 그러나 옥타브는 다시 살아나고 이제 돌이킬 수 없는 상황 앞에서 그는 결혼과 동시에 죽음을 선택한다.

전-오이디푸스기에 머물고 있는 옥타브는 자주성을 가진 주체가 아니다. 그는 어머니를 위한 표상에 불과하며 어머니와의 관계 하에서만 존재한다. 옥타브는 어머니와의 용해를 소망하며, 그것은 어머니에 대한 강한 고착과 나르시시즘의 만남을 상정한다. 미슐린 르보비츠-트루Micheline Levowitz-Treu(1984: 43)는 스탕달의 사랑이 오이디푸스에 대한 전-오이디푸스의 승리를 나타냄을 지적한다. 그에 의하면 스탕달에 있어 진정한 사랑은 어린아이의 사랑, 어머니와 용해되는 전-오이디푸스적 사랑이다. 옥타브와 말리베르 부인은 서로 뒤섞인다. 옥타브의 심장병은 어머니의 심장병이 전이된 것이며, 아들은 어머니의 일부분이다. 그런가 하면 옥타브의 아르망스에 대한 사랑 뒤에는 항상 어머니가 존재한다. "아르망스는 성의 창문 밑에서 정원을 산책할 때를 제외하고는 한 번도 옥타브와 단 둘인 적이 없었다." 그러나 그 장소 역시 어머니로부터 자유로운 장소가 아니다. 왜냐하면 그것은 바로 어머니 방의 창문 밑이기 때문이다. 그들의 행복과 불행이, 삶과 죽음이 엇갈리는 운명적인 장소인 오렌지나무 역시 바로 그 어머니 방의 창 밑에 있는 나무이다.

어머니에 의해 부여된, 어머니의 선물인 아르망스는 또 하나의 어머니이다. 어머니는 보니베 후작부인으로부터 아르망스를 빼앗아 자신의 외아들에게 준다. 어머니-아르망스-옥타브는 무의식 속에서 서로 뒤섞이고 하나가 된다. 벨맹-노엘(1985: 78)은 옥타브의 젖가슴과 아르망스의 아름다운 팔의 뒤얽힘 속에서 하나가 된 그들의 영상이 구강기의 환각을 연상시킴을 주목한다. 즉 팔을 어머니의 젖가슴에 기댄 자세에서 그는 신생아의 자세를 되찾은 주체의 모습을 보고 있다. 두 연인은 누가 누구에게 속하는지 서로 구분되지 않는다. 아르망스의 남근을 상징하는 팔은 어머니의 자리를 차지하고 옥타브의 젖가슴은 어머니가 된다. 이처럼 옥타브와 아르망스, 두 연인의 영상은 어머니와 만나 하나가 되고, 어머니와의 용해 욕망은 결국 죽음을 통해 완성된다.

이제 옥타브의 죽음을 살펴보자. 그는 왜 죽음을 택해야만 했는가? 연인에게 보낸 편지에서 그가 주장하듯 육체적인 결함 때문에 여인을 사랑할 수 없어서인가? 아니면 그 반대로 여인에 대한 성적 욕망을 견딜 수 없기 때문인가? 아니면 작가가 첨부한 편지에서 주장하듯 고백을 피하기 위해서인가?

옥타브 자살의 열쇠는 그의 불구성이 아닌 아르망스의 거짓 편지에 있다. 즉 옥타브의 고통은 자신이 사랑할 수 없다는 사실에 있다기보다, 여인으로부터 사랑받지 못한다는 사실에 있는 것이다. 그러나 그것은 자신의 불가능한 사랑을 상대방에게 투사한 것에 불과하다. 즉 "나는 그녀를 사랑하지 않는다"는 생각이 여인에게 투사되어 "그녀는 나를 사랑하지 않는다"로 변한 것이다. 따라서 옥타브는 거짓 편지에 대해 진위를 확인해보려는 시도도 하지 않은 채 그 편지를 믿어버린다. 그리고 죽음을 택한다. 그러나 옥타브의 죽음은 옥타브와 아르망스 둘만의 문제가 아니다. 그 죽음 뒤에는 어머니가 존재한다. 어머니는 처음부터 끝까지 욕망의 중심에 자리한다. 욕망이 생기는 주체의 자리에도, 또 그를 죽음으로 이끄는 그녀의 남동생으로 표상되는 초자아의 자리에도 어머니가 존재하는 것이다. 옥타브의 죽음은 그를 행복한 순간에 고착시키고 그 순간을 간직하게 한다. 죽음의 상태는 용해의 한 방식이다. 죽음 덕분에 그는 어머니와, 그리고 아내와 하나로 용해된다. 이처럼 죽음의 선택은 조화의 시도이다(Levowitz-Treu, 1984: 47). 아들의 죽음 이후 어머니는 수도원에 들어가 칩거한다. 그것은 어머니의 상징적 죽음을 의미하며, 이는 아들과의 용해에 다름 아니다.

한편 옥타브의 죽음은 어머니의 육체로부터의 재탄생을 예고한다. 두 번의 기절과 부상을 통한 죽음으로부터의 회복이 그러하듯이 옥타브의 마지막 죽음도 완전한 죽음이 아닌 재탄생의 행복을 예고한다. 우신 그리스 땅은 서구인들에게 어머니를 상징한다. 바다와 배가 어머니를 상징함은 이론의 여지가 없다. “입가에 미소를 띠고”, “움직이지 않은 채 밧줄 위에 누워” 있는 그의 모습은 포식한 어린아이가 자신과 어머니를 연결하는 탯줄 위에 누워 있는 모습을 연상시킨다. 지평선 너머로 보이는 칼로스 산에 떠오르는 달이 어머니의 젖가슴에 기댄 아이의 모습을 연상시키듯이(Levowitz-Treu, 1984: 47-48). 소설의 마지막은 이처럼 어머니와 완전한 용해를 이룬 죽음의 이미지를 제시하는 동시에 새로운 탄생을 예고한다.

침묵의 언어

펠만(1971: 174)은 『아르망스』가 불가능한 말의 소설임을 지적한다. 그러나 옥타브는 실어증 환자가 아니다. 오히려 그는 재미있는 화술로 살롱의 부인들을 즐겁게 해주는 재치 있는 젊은이이다. 문제는 그가 자신의 내밀한 생각을 잘 표현하지 못하고 자신의 비밀을 끝내 고백하지 못한다는 데 있다. 그에게는 말하고 싶은 욕망과 말에 대한 거부가 공존한다.

옥타브는 말하기를 거부할 뿐 아니라 다른 사람들도 말을 하지 못하도록 만든다. 어머니도 아르망스도 그에게 질문하지 못한다. 그는 타인들과 아무런 교류도 하지 않은 채 "다이아몬드로 된 벽" 뒤에서 혼자 고독하게 사는 존재이다. 그러나 그가 말을 하지 않는다고 해서 타인들과의 소통을 원하지 않는 것은 아니다. 오히려 그는 말하고 싶은 목마름을 가진 자이다. 다만 항상 그를 감시하는 듯한 '대타자'의 시선이 그의 말을 억압하고 있기에 그는 침묵 속으로 도피하는 것이다. 그러나 그는 마음을 여는 진정한 교류를 필요로 한다. 그에게는 단순한 대화 상대자가 아니라 속내 이야기를 나눌 수 있는 친구가 필요하며, 그는 그 친구에게 모든 것을 말하기를 원한다. 그런데 옥타브가 원하는 것은 자기 자신에 대해 말하는 것이다. 즉 그는 자신의 나르시시즘을 만족시켜줄 거울로서의 타자가 필요한 것이다. 아르망스가 그의 친척이고 어릴 적 친구라는 사실은 그로 하여금 이러한 욕구를 만족시켜줄 소지를 제공한다. 그러나 두 남녀 사이에 사랑이 개입하는 순간 그 가능성은 깨어지고 만다.

여기서 나는 옥타브와 아르망스의 침묵, 말하기의 어려움이 그들의 성욕과 밀접한 관계에 있음을 지적하고 싶다. 그들은 언제, 어떠한 상황에서 말을 잘하는가? 그들은 또 어떠한 상황에서 말을 하지 못하고 침묵하는가? 아르망스에 대해 성적으로 무관심할 때 옥타브는 솔직하게 말하곤 했었다. 반면 옥타브를 연모하는 아르망스는 말할 수 없다. 눈물과 손 잡기, 그리고 시선만이 그녀의 유일한 의사소통 방식이다. 그리고 진실을 말할 수 없기에 그녀는 거짓 고백을 하면서 거짓말 뒤에 숨고자 한다. 옥타브는 아르망스의 거짓 고백으로 인해 질투를 느끼면서도 그로 인해 그녀와의 사랑이 불가능해졌다는 사실에 안도한다. 그리고 기쁜 마음으로 그녀에게 속내 이야기를 나눌 수 있는 절친한 친구가 되어달라고 부탁한다.

한편 옥타브는 타락한 장소를 드나들 때면 빛나는 대화술로 여인들을 지배하는 쾌락을 만끽한다. 그에게 있어서 언어의 능숙한 사용은 지성을 증명하는 것이다. 따라서 그는 말을 통해 동년배 남자들을 능가하고자 한다. 뿐만 아니라 외설적 담화에 대한 능숙한 화술은 금지 위반의 쾌락을 부여한다. 외설스런 담화는 이상적 어머니에 의해 금지된 것이기 때문이다. 그러나 도말 부인의 말을 통해 자신이 아르망스를 사랑하고 있다는 것을 깨닫는 순간 그는 말을 잃는다. 그리고 죽음을 생각한다. 그의 기절은 죽음에 대한 소망의 우회적 표현이다. 그 사건 이후 옥타브는 영원한 침묵에 잠긴다. 옥타브가 침묵을 깨고 말을 할 수 있었다면 그것은 그가 크레브로쉬와의 결투 이후 죽음을 마주했기 때문이다. 죽음 앞에서 옥타브는 감히 아르망스라는 금지된 이름을 불러본다.

> 옥타브에게 있어서 아르망스라는 이름을 부르는 것은 하나의 혁명이었다. 그녀의 이름을 부르는 것은 금지된 것이었는데, 이제 그는 감히 그 이름을 불러보는 것이다. 그는 그 행복의 순간을 음미했다. (134)
>
> "죽음은 감미롭구나, 당신에게 이 (사랑의) 고백을 할 수 있게 만들다니." (140)

죽음 앞에 선 그는 사랑을 고백할 수 있다. 그 누구로부터도 성적 욕망에 대한 책임을 추궁당하지 않을 것이기 때문이다. 그는 아르망스로부터 육체적 사랑이 아닌 정신적인 사랑과 영원한 우정을 보장받는다. 그녀는 그 누구와도 결혼하지 않을 것을 맹세한다. 이제 옥타브는 아무런 위험 없이 아르망스에게 말하는 기쁨을 누릴 수 있다. 그들은 이제 상대방이 사용한 단어를 "반복" 사용하는 즐거움을 누린다. 벨맹-노엘(1985: 83)의 지적대로 그들은 서로 의미 있는 대화를 하는 것이 아니라, 의미 없는 기표들을 반복함으로써 반복이 주는 쾌락에 몸을 맡기는 것이다.

그러나 옥타브는 쾌유되었고, 따라서 이제 '운명적 비밀'을 말해야 하는 시련 앞에 마주 서게 된다. 하지만 고백의 수치심과 당혹스러움으로 인해 옥타브는 운명적 비밀을 끝내 말하지 못한다. 옥타브는 왜 고백하지 못하는가? 비밀을 말해야 하는 시련 앞에서 "내게 말하듯 당신에게 말하겠소"라고 말하면서 옥타브는 아르망스를 자신의 존재 속으로 내입시키려 하지만 그의 나르시시즘은 타자를 받아들이지 않는다.

타인의 시선 앞에서 말할 수 없는 옥타브는 시선을 피할 수 있는 글쓰기를 통해 우회적으로 자신을 표현하고자 한다. 대화 상대자의 부재는 그에게 해방과 자유로움을 부여한다. 그는 말하는 대신 고백의 편지를 쓰기로 결심한다. 그리고 여인을 상징하는 '오렌지나무 상자' 속에 그 편지를 넣는다. 그러나 외부의 손이 그 상자를 발견함으로써 상자 속 기호는 저주받는다. 이제 '오렌지나무 상자'는 오해의 발단이 되고 두 연인의 운명을 비극적으로 만드는 요인이 된다. 끝내 고백의 비밀은 밝혀지지 않는다. 죽음의 순간에 가서야 편지가 드러나고 진실이 밝혀지지만, 독자는 그 내용을 알지 못한 채 소설은 끝난다.

언어는, 그리고 말은 사물을 이해하기 위해 사용된다. 그러나 어떤 사물이 명명되는 순간 그것은 현실로부터 완전히 독립하여 자율적인 세계로 떨어져 나간다. 그리고 사물의 죽음을 야기한다. 옥타브가 아르망스를 사랑한다고 말하는 순간 사랑은 사라진다. 말 앞에서의 옥타브의 두려움과 현기증은 이렇게 설명될 수 있을 것이다. 따라서 그는 자신의 사랑을 지키고자 완전한 침묵을 선택한다.

바이아르는 옥타브의 침묵, 그러면서도 내밀한 친구 찾기, 말하기를 억압하기 등의 징후는 어머니에 대한 고착으로부터 유래한다고 주장한다. 그에 따르면 옥타브는 어머니 법질서의 지배를 받고 있으며, 어머니는 모든 기호를 감시하고 지배한다. 앞서 아버지의 부재를 살펴본 바 있거니와, 십자군 여행에 대한 아들의 결정 앞에서의 망설임이나 아버지의 이름의 무가치성 등은 쇠약해진 아버지의 법을 상징한다. 『아르망스』에는 이처럼 쇠약해진 아버지의 법을 대신하여 어머니의 법이 지배적이며, 살롱은 어머니 목소리의 환유이다(Bayard, 1979: 19). 그곳에서는 여자들이 법을 만들고 결혼을 계획하며 어머니가 모든 기호의 지배자이다. 어머니의 법에 따른 기호의 세계에서 침묵은 어머니로부터의 도피를 의미한다. 침묵으로 도피함으로써 옥타브는 비밀에 대한 귀찮은 질문으로부터 벗어날 수 있다.

바이아르에 따르면 『아르망스』는 말하기를 배우는, 그러나 그것에 실패했기에 죽고 마는 어린아이의 이야기이다. 어머니에 대한 옥타브의 투쟁은 실패로 끝나고 그는 죽음에 이른다. 그리고 그의 죽음은 여성들의 결합을 야기한다. 어머니를 상징하는 두 여인 말리베르 부인과 아르망스는 옥타브의 죽음 이후 같은 수도원에 들어가 일생을 함께한다.

앞서 언급했듯이 『아르망스』는 처음부터 끝까지 의문점에 대한 확실한 답을 주지 않아 독자들을 혼란스럽게 하는 소설이다. 독자들의 궁금증은 소설 뒤에 작가가 첨부한 편지를 읽고 나면 풀리는 듯하다. 그 편지는 작가가 메리메에게 보낸 편지로서, 옥타브의 '운명적 비밀'에 대한 답을 제시하고 있는 것처럼 보이기 때문이다. 그러나 편지의 내용대로 옥타브의 운명적 비밀이 성적 불구에 있다면 옥타브와 아르망스가 결혼한 후 함께 보낸 며칠간의 완벽한 행복감은 어떻게 해석해야 할까? 그들의 행복이 순수한 정신적 사랑의 결과임을 암시하는 문장은 소설 어디에서도 찾아볼 수 없으니 말이다. 옥타브의 비밀, 그의 불능은 따라서 해부학적인 것이 아니다. 그의 문제는 정신적 징후로서의 불능이다. 옥타브의 불능은 심리적인 것으로서, 그것은 성욕에 대한 거부로부터 기인한다. 그는 성욕이 존재하기 이전, 오이디푸스가 개입하기 이전의 전-오이디푸스기의 어린아이로 남고자 하는 것이며, 이는 어머니에 대한 고착과 나르시시즘으로 해석될 수 있다. 옥타브는 어머니를 '욕망하지' 않는다. 그는 어머니의 일부가 '되고자' 한다. 다시 말해서 소유가 아닌 존재를 원하는 것이다. 따라서 그에게는 소유의 욕망이 부재하며, 그것은 사랑의 불가능성을 설명한다. 옥타브의 침묵 역시 정신병적 징후로 이해해야 한다. 침묵은 하나의 언어이다. 말하기를 거부하는 것은 상징계의 질서 속으로 편입되기를 거부한 채 상상계 속에서 어머니의 상상적 자아로 남고자 하는 소망의 표현이며 이 역시 어머니에 대한 고착과 나르시시즘으로 설명될 수 있다. 한편 이름을 바꾸고 익명으로 남아 있고자 하는 그의 소망은 상징계로의 진입 거부에 대한 우회적 표현이다. 귀족의 이름을 하찮은 이름으로 바꾸는 것은 귀족의 법질서에 대한 거부의 표현이며, 이를 통해 상징 체계로 진입하는 것을 거부함을 의미하기 때문이다.

스탕달
(Stendhal, 1783~1842)

19세기 사실주의 대표 작가 중 한 사람인 스탕달은 "소설은 길을 따라 들고 다니는 거울"이라며 사회의 모든 현상을 소설 속에 담아야 한다고 주장했던 작가이다. 그가 소설 쓰기에서 강조한 것은 심리적 상태나 허구적 상상이 아니라 그 시대의 생생한 현실이었다. 그의 대표작이라 할 수 있는 『적과 흑』에 '1830년대의 연대기'라는 부제를 붙일 만큼 스탕달은 소설을 통해 철저히 그 시대를 증언하고자 했던 것이다.

스탕달, 본명 앙리 벨은 1783년 1월 23일 프랑스 그르노블에서 태어났다. 아버지 셰리뱅 벨은 고등법원의 변호사였으며, 지방 도시의 상류 부르주아 집안 출신으로 혁명 중에는 극우파로 몰려 연금당했을 정도로 충실한 왕정주의자였다. 어머니 앙리에트 가뇽은 계몽주의 사상을 이어받은 의사 앙리 가뇽의 장녀였다. 스탕달이 일곱 살이 되던 해에 어머니가 세상을 떠남으로써 그는 외조부와 외조모의 보살핌을 받으며 자라게 된다. 합리적 정신의 소유자였던 외조부는 스탕달의 정신 형성에 많은 영향을 주었으며 외숙부는 그에게 문학, 예술, 그리고 철학에 대한 관심을 갖게 해주었다. 반면 스탕달은 강압적인 교육을 부과하는 아버지를 증오했다. 어머니의 죽음 후 어머니의 역할을 해준 세라피 이모, 그리고 1792년부터 그를 지도한 가정교사 라이얀 신부 역시 어린 스탕달의 증오의 대상이었다. 그들의 억압적인 교육은 스탕달로 하여금 우울한 유년기를 보내게 했다. 아버지, 이모, 라이얀 신부에 대한 앙리의 증오심과 더불어 불행했던 그의 유년기는 작가가 나이 오십이 되어 집필한 그의 자전적 작품인 『앙리 브륄라르의 생애La vie d'Henri Brulard』를 통해 엿볼 수 있다.

13세 때인 1796년 스탕달은 그르노블의 중앙학교에 입학한다. 이 학교는 구 제정 시대의 종교적 교육을 거부하고 계몽 정신에 입각하여 과학주의 교육을 실시한 진보적인 학교였다. 스탕달은 이 학교에서 3년 동안 좋은 성적을 얻었으며, 특히 수학에서 우수한 성적을 내어 파리의 이공과대학에 지원하기 위해 고향을 떠난다. 당시 그 학교에서는 수학이 우수한 학생을 파리 이공과대학에 추천하는 제도가 있었다. 스탕달은 그가 끔찍이도 싫어했던 자신의 고향을 떠나기 위해 수학을 열심히 공부했고 추천을 받는 데 성공했던 것이다.

1799년 1월, 스탕달은 이공과대학 입학시험을 치르기 위해 그르노블을 떠나 파리로 간다. 그러나 그는 대학시험을 포기하고 당시 육군부장으로 있던 친척 다뤼 장군의 도움으로 육군성에 입대하여 나폴레옹의 이탈리아 2차 원정에 참가하게 된다. 그리하여 16세에 육군 장교가 된 그는 나폴레옹 군대를 따라 이탈리아의 밀라노에 입성했고, 그곳에서 정열의 나라 이탈리아를 발견하게 된다. 파리로 돌아온 스탕달은 군대를 사직하고 몰리에르에 필적할 만한 희곡 작가가 되고자 부지런히 극장을 드나들며 연극을 연구하고 희곡을 습작했다. 1805년 멜라니 길베르를 만나 사랑에 빠진 그는 당시 견습 배우였던 그녀와 함께 마르세유로 가서 식료품 상점의 점원 노릇을 하며 궁핍한 생활을 경험하기도 한다. 그러나 그다음 해에 그녀와 헤어진 스탕달은 파리로 돌아와 다뤼 장군의 지원으로 나폴레옹 군대에 다시 들어가 베를린, 브룬스비크, 오스트리아 등지에서 관리로 활약한다. 1809년 파리로 귀환한 그는 참사관 보좌관, 황실재산 감독관으로 임명되어 관료로서 출세하기도 한다. 더불어 나폴레옹 제국의 백작이 되어 장관의 자리에 오른 다뤼의 도움으로 파리에서의 화려한 사교 생활을 하게 된다. 1811년 다뤼 백작부인에게 사랑을 고백한 후 8월에 이탈리아로 떠난 스탕달은 11년 전 밀라노에서 알고 지내던 안젤라 피에트라그뤼아를 다시 만나 사랑을 나눈다. 이탈리아의 여러 도시를 여행하고 파리에 돌아온 그는 『이탈리아 회화사L'Histoire de la Peinture en Italie』를 집필한다.

1812년 스탕달은 나폴레옹의 러시아 원정에 참가해 참담한 패배를 경험하고, 파리로 귀환한 후 나폴레옹의 실각과 함께 관직에서 물러나면서 세속적 야망을 포기한다. 왕정복고 후 그는 프랑스를 떠나 7년간 주로 밀라노에 체류하면서 문학, 음악, 연극에 몰두한다. 매일 밤 스칼라극장에 모습을 나타냈고, 안젤라 피에트라그뤼아와는 다시 연인 관계가 된다. 스스로 만든 묘비명에 '밀라노 사람 앙리 벨'이라 쓸 정도로 스탕달의 이탈리아에 대한 사랑은 각별했다. 그는 이탈리아에서 강인한 생명력과 더불어 삶에 대한 열정과 행복을 느낄 수 있었던 것이다. 그가 스탕달이라는 필명을 사용한 것도 바로 이 무렵인 1817년, 『1817년의 로마, 나폴리, 피렌체Rome, Naples et Florence en 1817』를 출판하면서부터이다. 밀라노 출신의 유부녀 마틸드 뎀보우스키와의 열렬한 사랑도 바로 이때 시작된다. 그는 또한 당시 밀라노에서 활발히 전개되던 이탈리아의 낭만주의 운동에 공감하여 여러 개의 선언문을 쓰기도 한다.

스탕달은 『이탈리아 회화사』, 『1817년의 로마, 나폴리, 피렌체』 등에서 전제정치를 냉혹하게 비판했기에 당시 이탈리아를 지배하던 오스트리아 정부 당국으로부터 위험 인물로 간주되었다. 그런가 하면 이탈리아의 자유주의 문인들은 그를 프랑스 부르봉 왕가의 밀정으로 의심하기에 이르러 그는 실의에 빠진 채 1821년 밀라노를 떠난다. 그는 런던에서 발간되는 『뉴 먼스리 매거진New Monthly Magazine』에 기고하는가 하면 『라신과 셰익스피어Racine et Shakespeare』 등을 출판하는 등 평론가로 활약하는 한편 사교 생활을 하게 된다. 1822년에는 밀라노에서 탈고한 『연애론De l'amour』을 출판한다. 그 후 1823년 다시 이탈리아로 떠난 그는 로마를 비롯한 여러 도시에 체류하다가 1824년 파리로 돌아온다. 당시에 그가 쓴 글들은 대부분 왕정복고 하 프랑스의 정치 · 사회에 대한 비판이었다. 1824년 무렵 클레망틴 퀴리알 백작부인과의 연애는 마틸드 뎀보우스키로부터 받은 상처를 다소나마 치유해주었다.

스탕달의 첫 소설은 1826년 영국 체류 후에 집필하여 1827년에 출판한 『아르망스』이다. 그러나 『아르망스』는 별 반향을 얻지 못한다. 1828년 이후 군인 연금이 끊기고 잡지의 기고 수입도 없어지자 그는 심각한 경제적 어려움을 겪게 된다. 1829년 파리에 거주하던 그는 알베르트 드 뤼방프레와의 연애 실패로 실의에 빠져 남프랑스 여행길에 오른다. 그리고 마르세유에서 처음으로 『적과 흑』을 구상한다. 이 책은 1830년 11월 두 권으로 출판된다.

1830년 프랑스의 7월 혁명과 함께 왕정복고는 끝이 나고 7월 왕조가 들어서자 그는 트리에스테 주재 영사로 임명되어 이탈리아로 떠나지만 오스트리아의 인가를 받지 못한 상태에서, 트리에스테에 머물면서 파리의 결정을 기다린다. 결국 그는 교황령 치비타 베키아 주재 영사로 임명된다. 그는 그곳에서 영사로 근무하면서 로마를 왕래할 기회가 많았고 이탈리아의 여러 도시를 여행할 수 있었다. 『에고티즘 회상록Souvenirs d'Egotisme』을 집필한 것은 바로 이 시기이다.

1834년 『뤼시앵 뢰뱅Lucien Leuwen』을 구상했으나 완성하지 못한 채 자서전적 소설 『앙리 브륄라르의 생애』를 집필하기 시작한다. 이탈리아의 여러 도시를 오가며 생활하던 그는 1836년 5월에 파리로 돌아와, 이후 3년간 파리에 머물면서 여러 곳을 여행한다. 1838년 11월 4일부터 52일 만에 『파르마의 수도원La Chartreuse de Parme』을 구술하여 완성했고 그 작품은 1839년 출판된다. 여러 편의 단편과 함께 장편 『라미엘Lamiel』을 구상하지만 이 작품은 미완성으로 남는다. 1841년 3월 처음으로 뇌졸중을 일으킨 그는 휴가를 얻어 11월 파리로 돌아온다. 그 후 파리에서 문학 활동을 재개하며 의욕을 보이던 스탕달은 1842년 3월 22일 저녁 7시 누보 데 카퓌신 가에서 또다시 뇌졸중 발작으로 쓰러진다. 곧 호텔로 옮겨졌으나 그는 의식을 회복하지 못한 채 3월 23일 새벽 2시에 세상을 떠난다.

스탕달의 대표작으로는 『적과 흑』, 『파르마의 수도원』 등의 소설을 꼽을 수 있다. 그러나 그는 소설뿐 아니라 『연애론』 같은 미학적 에세이, 『앙리 브륄라르의 생애』, 『에고티즘 회상록』과 같은 자전적 소설과 에세이, 『이탈리아 회화사』와 같은 예술 비평과 더불어 음악, 미술, 그리고 연극에 대한 수많은 비평을 남겼다. 그중에서도 『앙리 브륄라르의 생애』는 작가의 삶과 작품 세계를 이해하는 데 많은 도움을 주는 작품이다.

2 플로베르의 『성 앙투안의 유혹』에 나타난 환각과 욕망

프랑스 사실주의 문학의 최고봉에 위치하는 귀스타브 플로베르Gustave Flaubert는 완벽한 형식미를 추구했던 작가이다. 그는 프랑스 문학사상 처음으로 '무엇을' 쓸 것인가가 아니라 '어떻게' 쓸 것인가를 고민함으로써 현대 소설의 새로운 장을 열었다. 그의 대표작 『마담 보바리Madame Bovary』가 지금도 여전히 세계 문학의 최대 고전 중 하나로 평가된다면, 그것은 그 작품이 날카로운 비판의식을 가지고 당시 사회를 묘사했을 뿐 아니라 소설의 형식과 문체에 대해 끊임없이 문제를 제기하면서 비개성과 무감동의 글쓰기를 구현했기 때문일 것이다.

그런데 플로베르의 첫 작품인 『성 앙투안의 유혹La Tentation de Saint Antoine』을 마주한 독자들은 당혹감을 금치 못한다. 이것이 과연 플로베르의 작품인가 하는 의구심마저 든다. 이 작품 어디에서도 『마담 보바리』를 쓴 작가의 치밀한 구성과 전개, 그리고 절제된 글쓰기를 찾아볼 수 없기 때문이다. 『성 앙투안의 유혹』은 고행하는 한 성자 앞에 펼쳐지는 환상극으로서, 그 속에는 역사적 인물들과 더불어 고대 신화에 등장하는 신들과 성인들이 등장하는가 하면, 온갖 형상의 동물들과 괴물들도 나타났다 사라지곤 한다. 줄거리도 없고 등장인물들 간의 상호적 관계도 없다. 게다가 이 작품은 작가의 역사적 · 철학적 지식으로 한껏 무장되어 있어 독서의 어려움을 가중시킨다. 바로 이런 연유에서 『성 앙투안의 유혹』은 정당한 평가를 받지 못했던 것이 사실이다. 많은 비평가들은 이 작품을 플로베르의 실패한 작품이라고 혹평하곤 했던 것이다. 그러나 정신분석의 대두로 꿈과 환각의 중요성이 인식되면서 『성 앙투안의 유혹』은 새로이 조명받기 시작한다.

플로베르는 『성 앙투안의 유혹』에 유별난 집착을 보였던 듯하다. 친구들의 혹평에도 불구하고 이 작품을 포기하지 못한 채 수정에 수정을 거듭했으니 말이다. 『성 앙투안의 유혹』의 초판본은 1848~1849년, 즉 『마담 보바리』 집필 이전에 썼고, 재판본은 『마담 보바리』를 끝내고 나서 『살람보Salammbô』를 집필하기 전인 1856년에, 그리고 결정본은 『감정교육L'Education Sentimentale』을 마치고 난 후인 1872년에 썼다. 게다가 1837년의 「지옥의 꿈Rêve d'enfer」을 비롯하여 1839년의 「스마르Smarh」에서 이미 『성 앙투안의 유혹』의 주제를 엿볼 수 있다는 사실까지 감안한다면, 플로베르는 무려 35년 동안 그 주제에 매달려 있었다는 이야기가 된다. 작가 자신이 『성 앙투안의 유혹』을 일컬어 그의 '필생의 작품'이라 말할 수 있는 이유이다. 뿐만 아니라 『마담 보바리』를 쓸 때의 고통과 달리 『성 앙투안의 유혹』은 플로베르에게 쾌락을 부여한 글쓰기였다. 그는 1853년 4월 6일 루이즈 콜레에게 보내는 편지에서 "500페이지를 쓰는 18개월간은 가장 달콤한 시간"(Robert, 1972: 326에서 재인용)이었음을 토로한다. 글쓰기 작업을 그토록 고행으로 여겼던 그가 『성 앙투안의 유혹』을 쓰면서는 즐거움을 느꼈던 이유는 무엇일까? 마르트 로베르는 플로베르가 이 작품을 쓰면서 "마음대로 횡설수설할 수 있는" 기쁨을 맛보았음을 지적하고 있거니와, 그가 글쓰기의 즐거움을 맛보았다면 그것은 『성 앙투안의 유혹』의 글쓰기를 통해 애써 외면하고 억눌렀던 온갖 정열과 욕망을 분출할 수 있었기 때문이 아닐까?

플로베르는 「어느 광인의 회상Mémoires d'un fou」에서 "고정관념도 확실한 견해도 없는", 무질서한 사고와 감정을 가진 사람을 광인으로 정의한다. 그리고 『성 앙투안의 유혹』에 "광기의 절정"(Sonnenfeld, 1971: 312에서 재인용)이라는 부제를 붙이기도 한다. 이제 플로베르가 욕망의 분화구에서 마음껏 쏟아내는 광기의 흔적을 따라가보자.

1845년 여동생 카롤린의 신혼여행에 동반자로 따라가 이탈리아를 여행하던 플로베르는 제노바의 발비 궁에서 브뤼겔의 그림 〈성 앙투안의 유혹〉을 보고 크게 매료되었고, 그림 속의 고행하는 성자를 소재로 작품을 쓰겠다는 생각을 하게 된다. 게다가 그 주제는 청년기 때부터 그를 사로잡았던 주제이기도 하다. 1848년 여름 무렵부터 시작하여 1849년 9월에 원고를 완성한 플로베르는 친구 막심 뒤 캉과 루이 부이에 앞에서 『성 앙투안의 유혹』의 원고를 낭독한 후 그들의 의견을 묻는다. 그러나 그는 그들로부터 "원고를 불태우고 다시는 입 밖에도 내지 말라!"는 가혹한 대답을 듣고 만다. 그들은 플로베르에게 현실적이고 평범하고 부르주아적인 주제를 다뤄볼 것을 권유하면서, 당시 화제가 되었던 '들로네 사건'을 소재로 할 것을 제안한다. 그렇게 하여 4년 반이라는 고행 끝에 완성된 것이 『마담 보바리』이다. 그러나 『성 앙투안의 유혹』을 포기할 수 없었던 플로베르는 『마담 보바리』를 완성한 후 다시 그 원고에 매달려 두 차례의 수정을 가했고, 드디어 1872년 결정본이 탄생한다. 친구들의 혹평에도 불구하고 플로베르가 긴 세월 동안 『성 앙투안의 유혹』에 매달렸던 이유는 무엇일까? 수많은 이미지들의 출현과 사라짐, 그리고 그것들의 변형이 야기하는 유혹 뒤에 숨은 욕망은 무엇일까? 이러한 의문점을 가지고 나는 『성 앙투안의 유혹』을 다시 읽어보려 한다. 그러나 이 책의 독서에 앞서 플로베르가 청년기 때 쓴 자전적 에세이 「어느 광인의 회상」에 나온 두 개의 꿈을 살펴볼 것이다. 그 꿈들에 대한 분석을 통해 『성 앙투안의 유혹』에 담긴 무의식적 욕망의 의미를 읽을 수 있을 것이라 생각하기 때문이다.

「어느 광인의 회상」에 나타난 꿈

플로베르는 13세 때부터 글쓰기를 시작했고, 19세에 이르렀을 때는 이미 20여 편의 단편을 썼다고 한다. 그런데 그의 초기 작품들에는 삶에 대한 혐오감, 끝없는 무력감과 권태, 죽음에 대한 강박관념 등의 주제가 지배적으로 존재한다. 물론 당시 유행이었던 낭만주의와 염세주의가 청년 플로베르에게 큰 영향을 미쳤으리라는 점에는 의심의 여지가 없다. 그러나 이러한 외적 영향과 더불어 우리가 간과할 수 없는 것은 작가의 내적 심리의 문제일 것이다. 자전적 에세이 「어느 광인의 회상」은 젊은 시절 플로베르의 열정과 고뇌, 그리고 내면의 갈등에 대한 기록이다.

플로베르는 「어느 광인의 회상」을 1838과 1839년 사이에 썼다. 이 글은 총 23개의 장으로 이루어져 있는데, 네 번째 장에서 이 작품의 다른 내용과 아무런 관계도 없어 보이는 두 개의 꿈이 불쑥 나타난다. 꿈에 대한 해석이나 설명도 없거니와, 두 꿈들 사이에는 아무런 연관성도 없다. 그러나 이 두 개의 꿈은 「어느 광인의 회상」뿐 아니라 『성 앙투안의 유혹』, 더 나아가서는 플로베르의 작품 전체를 아우르는 근원적 테마를 제공하는 열쇠이다. 우선 첫 번째 꿈을 살펴보자.

> 나는 아버지 집에서 자고 있었다. [……] 나는 발자국 소리를 들었다. 누군가가 계단을 올라오고 있었다. 더운 공기와 역한 냄새의 수증기가 올라왔다. 내 방의 문이 스르르 열렸다. 사람들이 내 방으로 들어왔다. 그들의 숫자는 많았다. 그들이 몇 명인지 셀 시간은 없었지만 7~8명은 되는 것 같았다. [……] 그들의 얼굴은 검고 거친 수염으로 덮여 있었다. 무기를 소지하고 있지는 않았지만 그들은 입에 동 칼을 물고 있었다. [……] 그들은 내

요람의 하얀 커튼을 열었다. 그런데 그들이 손을 대는 곳마다 핏자국이 남겨졌다. [……]

그때 집이 뿌리채 들리는 것 같았다. 마치 지렛대가 집을 들어 올리기라도 하는 것처럼.

그들은 그렇게 한참 동안 나를 바라보았다. 그러고 나서 그들은 멀어져 갔다. 모든 이들의 얼굴 한쪽은 형체가 없었고 거기서 피만 천천히 뚝뚝 떨어지는 것이 보였다. 그들은 내 옷들을 들추었는데, 모두 다 피투성이였다. 그들은 먹기 시작했고, 그들이 베어 먹는 빵에서는 피가 뚝뚝 흐르고 있었다. 그들은 마치 죽어가는 사람처럼 헐떡거리며 웃기 시작했다.

그들이 떠난 후, 벽면, 계단, 마루 등 그들이 만졌던 모든 물체들은 그들에 의해 핏빛으로 물들었다. [……] 마치 내가 살덩어리를 먹은 것만 같았다. 그리고 나는 쉰 듯한 날카롭고 긴 비명 소리를 들었다. [……] (277-278)[3]

긴 인용문의 이 꿈을 제시한 이유는 그 구절구절에 담긴 놀라운 상징성 때문이다. 아이는 "아버지의 집에서" 남자들의 침입을 받는다. 우선 "검고 거친 수염"은 남성성을 상징한다. 마르트 로베르(1972: 309)는 7~8명이라는 숫자가 "아버지의 남근적 힘을 상승작용으로 강화시키는" 기능을 하고 있음을 지적한다. "입에 칼을 물고" 있음은 거세하는 아버지의 모습이다. 그들이 손을 댈 때마다 떨어지는 핏자국의 얼룩은, 그들의 성관계가 표면적으로 드러나 있지는 않더라도, 그들의 성행위와 그것의 폭력성

3 「어느 광인의 회상」은 국내에서 번역되지 않았기에 원서를 번역하여 인용한다. 참조한 텍스트는 플라마리옹 출판사에서 발간한 GF-Flammarion판(1991)에 수록된 것이다.

을 암시한다. 그리고 죽어가는 사람의 헐떡거림, 쉰 듯한 날카로운 비명 소리는 성행위를 연상케 한다.

우리는 이 꿈에서 프로이트가 분석한 『늑대인간』의 원초적 공포를 읽을 수 있다. 소년은 6~7마리의 흰 늑대 환상에 시달리는데 그것은 원장면의 내용을 형성하는 주요 동기이다. 프로이트에 의하면 아이가 실제로 부모의 성교 장면을 목격한 것인지, 아니면 동물들의 교미를 보고 그것을 자신의 부모에게 전치시켰는지는 알 수 없지만[4] 그것은 그다지 중요하지 않다고 한다. 문제는 아이가 목격한, 아니면 목격했다고 생각하는 부모의 성교 장면에 대한 트라우마가 아이의 정신세계에 절대적 영향을 미칠 수 있다는 사실이다.

우상이었던 부모의 치욕적인 장면을 본 뒤, 혹은 보았다고 생각한 후, 아이는 자신의 삶이 저주받은 것처럼 느껴진다. 우상은 파괴되었고, 그의 삶은 수렁에 빠져버렸다. 이제 겉으로 보아 첫 번째 꿈과 무관해 보이는 두 번째 꿈을 살펴보자. 작가는 첫 번째 꿈을 묘사한 후, 그 꿈에 대한 어떠한 설명도 하지 않은 채 얼른 다음 꿈으로 미끄러진다.

> 또 한번은 강을 따라 꽃들이 만발한 푸른 시골에서였다. 나는 어머니와 함께 강둑을 따라 걷고 있었다. 어머니가 넘어졌다. 물이 거품을 내는 것을 보았고, 그녀 주위로 그려진 원이 점점 더 커지더니 그녀가 갑자기 사라지는 것을 목격했다. [……] 강물은 다시 흘렀다. 강물은 골풀들 사이로 지

4 원장면이란 부모의 성교 장면을 말하는 것으로서, 프로이트에 의하면, 많은 경우 아이들은 그것을 목격한 순간이 아니라 가축들의 교미를 보고서 얼마간의 시간이 지난 후, 즉 성에 대한 지식을 터득한 후에 그것에 대하여 해석하는 경우가 흔하다고 한다. 『늑대인간』, 김명희 옮김, 열린책들, 1998.

> 나면서 갈대들을 휘게 했다. 내게는 물소리밖에 들리지 않았다.
>
> 갑자기 어머니가 나를 불렀다. 살려줘! 살려줘! 오 내 아들아, 나를 살려다오!
>
> 나는 풀 위에 엎드려 가만히 바라보았다. 아무것도 보이지 않았고 소리만 들렸다.
>
> 저항할 수 없는 어떤 힘이 나를 땅에 붙들어 매놓은 것만 같았다. 비명소리는 계속되었다. 물에 빠지는구나! 물에 빠지는구나! 살려다오!
>
> 물은 계속 흘렀다. [……] 강물 깊은 곳에서부터 들려오는 그 외침 소리는 나를 절망과 분노에 사로잡히게 했다. (278-279)

아버지에 의한 거세 공포로부터 꿈은 이처럼 어머니에 대한 욕망으로 넘어간다. 그런데 여기에서 문제가 되는 것은 타락한 어머니에 대한 아들의 징벌이다. 라이크Reike(1912: 100; Bem, 1979: 38에서 재인용) 같은 정신분석 비평가에 따르면 골풀들과 갈대는 여성의 음모를 상징하며, 물에 빠지는 어머니는 타락한 어머니에 대한 은유이다. 어머니가 애절하게 도움을 청하는데도 불구하고 "저항할 수 없는 어떤 힘"이 그를 꼼짝 못하게 만들었다면, 그것은 타락한 어머니를 용서할 수 없었기 때문이다. 사건 이후 아이는 자신의 무기력에 대해 "절망"하고 타락한 어머니에 대해 "분노"한다. 이처럼 어머니에 대한 욕망은 어머니에 대한 저주와 맞닿아 있다. 즉 어머니를 욕망하면 할수록 어머니의 타락한 삶이 더더욱 그를 괴롭히는 것이다.

「어느 광인의 회상」의 도처에서 화자는 문득문득 성에 대한 두려움과 혐오감을 내뱉곤 한다. 그리고 나는 그것이 「어느 광인의 회상」 전체를 에워싸고 있는 삶에 대한 혐오감과 권태의 근원적 이유라고 생각한다. 꿈에 대한 언급이 있기 전 두 번째 장에서부터 독자들은 다음과 같은 문장들을 만난다.

> 나는 쾌활하고 항상 웃는 아이였지. 나는 삶을 사랑했고, 어머니를 사랑했어. 불쌍한 어머니! [……]
>
> 어린아이였을 때, 나는 내가 보는 모든 것들을 사랑했고, 소년 시절에는 내가 느끼는 모든 것들을 사랑했다. 그러나 어른이 된 지금 나는 이제 더 이상 아무것도 사랑하지 않는다. (271)

위의 두 문장은 자신의 불행은 어른이 된 후에야 생긴 것이며, 그 원인이 어머니에게 있다는 것을 암시한다. 어린아이였을 때, 다시 말해서 성에 대해 무지하던 시절 그는 행복했었다. 그러나 성에 대해 눈을 뜨면서 그의 영혼은 거대한 혐오감을 맛본다. 그에게 있어서 남녀 간의 성행위는 "망측한 교접"이다. 그들은 "동물적 성욕의 본능에 이끌려", "더러운 타락", "불쾌감", "수치심"에 빠지는 것이다. 그에게 여인은 천사 같은 존재였다. 그러나 천사적 여인은 곧 창녀로 전락하고 만다. 그는 그것을 용서할 수 없다.

성에 대한 두려움과 혐오감은 사랑하는 여인 마리아의 성행위를 상상하는 장면에서 절정에 이른다. 운명적 만남의 여인이었던 마리아가 그녀의 방으로 올라갈 때 그를 스치는 어떤 이미지는 그를 짓누른다. 그녀가 남편과 함께 있는 장면을 상상하면서 그는 참을 수 없는 혐오감과 분노를 느낀다. 더럽혀진 두 남녀의 타락한 이미지를 떠올리며 그는 어린아이처럼 엉엉 울어버린다. 원장면에 대한 그의 강박적 사고를 이보다 더 적나라하게 표현할 수 있을까? 성의 비밀을 알고 나서, 이상적이던 여인이 타락한 존재라는 사실을 알고 나서, 그리고 자신의 출생 역시 그 타락의 결과라는 사실을 깨닫고 나서 그는 더 이상 삶을 견딜 수 없게 된 것이다.

제20장에 이르러 그는 아예 아버지 살해 욕망과 근친상간의 욕망이 근원적임을 드러낸다. 더불어 그는 자신의 출생 역시 그 근원적 욕망의 결과임을 부정하지 못한다.

> 사람들은 아버지를 사랑하라고, 아버지가 늙으면 돌봐야 한다고 말할 것이다. [……] 그러나 한편으로는 너의 형제에게 늙어버린 아버지를 죽이라고 가르칠 것이다. 그것은 너무도 자연스러운 것이어서 굳이 가르칠 필요도 없는 것이지. 사람들은 누이와 어머니를 사랑해서는 안 된다고 말하면서 너를 양육한다. 그러나 너 역시 모든 다른 이들과 마찬가지로 근친상간의 후예인 걸 [……] 게다가 어떤 민족들에게는 근친상간이 미덕이요, 오누이 간의 사랑이 의무이기까지 하거든. (314)

「어느 광인의 회상」 전체를 관류하는 권태와 무기력, 그리고 삶에 대한 혐오감은 이처럼 원장면에 대한 강박적 사고와 함께 아버지 살해 욕망과 어머니에 대한 근친상간의 욕망에서 그 뿌리를 찾을 수 있다. 그런데 유년기와 청년기를 마감하고 작가로서의 삶을 살기로 결심한 후에도 24년간 붙들고서 다시 쓰곤 했던 『성 앙투안의 유혹』에서 나는 「어느 광인의 회상」에서 보았던 테마를 다시 발견한다.

『성 앙투안의 유혹』에 나타난 환각과 욕망

아버지-신의 몰락과 친부 살해

『성 앙투안의 유혹』은 4세기경 이집트의 테베에 은둔하여 고행하던 한 수도승에게 하룻밤 동안 일어난 이야기이다. 그러나 그에게 실제로 일어난 일은 아무것도 없다. 수많은 환각들이 그의 눈앞에 펼쳐졌다 사라졌을 뿐이다.

동굴 앞에 앉아 돗자리를 짜고 있는 은둔자 앙투안은 지는 해를 바라보면서 참을 수 없는 고독과 권태를 느낀다. 약해지는 자신을 탓하며 용기를 얻기 위해 그는 두꺼운 성경책을 펼친 후 아무 문장이나 골라 다섯 구절을 읽는다. 그러나 그 구절들은 그에게 환각적 이미지를 제공하고 그의 눈앞에는 환영들이 나타났다 사라진다. 성경은 그에게 마음의 평정을 주기는커녕 그를 환각의 세계로 이끄는 촉매 역할을 하는 것이다. "꿈을 꾸기 위해서는 눈을 감아야 하는 것이 아니라 책을 읽어야 한다"는 푸코(1983: 106)의 말처럼 앙투안의 몽상은 이처럼 책으로부터 시작된다. 그런데 우연히 그의 눈에 들어온 「사도행전」의 구절들은 다음과 같이 살해와 도륙에 대한 내용이다.

> 하늘이 열리더니 네 귀퉁이가 묶인 커다란 보자기가 내려오는 것이 보였다. 그 안에는 지상의 온갖 동물들, 야생 짐승들, 파충류와 새들이 있었다. 그때 한 음성이 들려왔으니, 베드로야, 일어나라. 그리고 그것들을 잡아먹어라. [……]
>
> 유대인이 칼로 쳐서 모든 대적들을 죽이고, 학살하고, 자기가 미워하는 자에게 마음대로 행했다. [……] (38-39)[5]

이와 같은 성경 구절들을 접한 앙투안은 자신의 내부에서 꿈틀거리는 살해 욕망을 발견하고는 끔찍해하며 얼른 다른 구절로 옮아간다. 그러나 그의 상상은 다시 살육의 장면에 이르고, 급기야 자신이 그 학살에 직접 참여하기조차 한다. 아리우스 교인들을 학살하는 테베 승려들을 만난 앙투안은 그 무리에 달려들어 "배를 가르고 목을 조르고, 때려죽이고, 늙은 이들의 수염을 잡아당기고, 아이들을 짓밟고, 다친 사람을 때린다." 그러고는 사지에 피를 느끼며 기쁨에 몸을 떨기도 한다. 한편, 이와 같은 타인에 대한 공격과 폭력의 환각이 나타나고 사라질 때마다 앙투안은 자책하면서 속죄하기 위해 자신에게 채찍질을 한다. 그런데 이러한 피학적 행위 또한 그에게 고통과 더불어 은밀한 쾌락을 부여한다. 이처럼 피를 보면서 쾌락을 느끼는 사디즘의 성향과 고통을 추구하는 마조히즘의 성향은 서로 맞닿아 있다.

앙투안의 환각은 세속적 욕망이 금지된 한 성자의 내면에서 꿈틀거리는 숨은 욕망들을 드러낸다. 그것은 우선 재물과 여인과 권력에 대한 욕망이다. 그것은 또한 알고자 하는 욕망, 즉 지식에 대한 탐구욕이기도 하다. 앙투안에 있어서 가장 근원적인 욕망은 여인에 대한 욕망과 지식에 대한 욕망이다. 여인에 대한 욕망에 관해서는 다음 장에서 논하기로 하고 우선 지식에 대한 욕망을 살펴보자.

앙투안의 지식에 대한 욕망은 과거의 제자 일라리옹을 통해 표현된다. 일라리옹은 앙투안의 내면에 존재하는 지식욕을 밖으로 드러내는 인물로

---

5 『성 앙투안의 유혹』의 초판본은 국내에서 번역되었으나(김용은 옮김, 열린책들, 2010) 여기서 사용된 결정본은 번역되지 않았기에 원서를 번역하여 인용한다. 참조한 텍스트는 갈리마르 출판사의 플레이아드판에 수록된 것과 플라마리옹 출판사의 GF-Flammarion판(1967)이며, 인용을 위해서는 플라마리옹 출판사의 텍스트를 사용했다.

서 앙투안의 분신과도 같은 존재이다. 그런데 지식에 대한 욕망이란 신에 대한 도전에 다름 아니다. 뱀을 숭배하는 '영감 받은 자'의 담화는 이러한 신과 지식 간의 관계를 단적으로 보여준다.

> 하나님은 그의 왕국 안에 사람을 가두고, 지식의 나무를 금하셨다. 지혜의 신은 또다시 사람을 구했다! 그는 뱀을 보냈다. 뱀은 오래도록 술책을 써서, 사람으로 하여금 이 증오의 법률을 배반토록 했다. 그래서 사람은 지식을 맛보았을 때, 하늘의 일들을 깨달았다. (116)

하나님의 금지에도 불구하고 알고자 하는 욕망을 버릴 수 없다면 그것은 하나님에 대한 도전이다. 하늘을 일들을 깨달았다는 것은 하나님의 경지에 이르렀음을, 즉 스스로 하나님이 되었음을 의미한다. 그것은 정신분석적인 의미에서의 친부 살해의 완수이다. 제4장과 제5장에서 전개되는 이교도들과 이교신들에 대한 환각은 앙투안의 지식에 대한 욕망을 드러낸다. 왜냐하면 앙투안의 환각들이 보여주는 영상들은 그것들의 환상적 분위기에도 불구하고 모두가 다 독서에 의한 해박한 지식으로부터 연유하기 때문이다. 다시 말해서 플로베르는 절대적 지식으로 무장하고서 신에 대항하고자 하는 것이다. 푸코가 『성 앙투안의 유혹』을 "환상으로 가득한 도서관"이라 말했듯이 이교도들의 담화 내용과 이교신들에 대한 묘사는 철저히 플로베르가 모은 방대한 자료에 근거한다.

그런데 작가가 펼치는 환상의 드라마가 보여주는 것은 '하나님-아버지'에 대한 부정이다. 계속 이어지는 이교도들의 담화는 주로 하나님에 의한 천지 창조와 예수의 신성을 부정하는 내용으로 점철되어 있다. 2세기 안티오크의 이교도인 사투르누스는 세계를 창조한 것은 하나님이 아니라 반역한 천사라고 말하는가 하면, 같은 시기의 이교도 마르시옹은 조물주와 하나님을 구분한다. 또한 헤르미아 교도들은 "천사들이 영혼을 만들었다"고 주장하고, 프리시리아누스 교도들은 "세상을 만든 것은 악마다"라고 소리친다. 하나님의 말씀도 예수의 신성도 부정했던 발렌틴은 심지어 "정신착란을 일으킨 하나님"이 이 세상을 만들었다고 주장하기까지 한다. 그 뒤를 이어 등장하는 이교도들은 마리아의 처녀성을 부정하고, 예수의 신성을 부정한다. 한편 두 여인을 매질하는 몬타누스는 하나님 아버지의 시대 다음에 아들의 시대가 오고, 또다시 제3자의 시대인 성령의 시대가 올 것이라며, 친부 살해의 법칙을 예고하기도 한다. 악을 숭상하는 카인 교도들의 목소리도 들린다. 혼란에 빠진 앙투안에게 이교도들은 앞을 다투어 예수가 하나의 평범한 인간에 지나지 않음을 역설한다. 마침내 목수의 아들인 '그'와 어릴 적 친구였으며, '그'를 잘 알고 있었다는 노인들의 말을 통해 예수는 하나의 보잘것없는 인간으로 전락하고 만다.

지식에 대한 성 앙투안의 욕망은 제4장의 마지막을 장식하는 아폴로니우스에 대한 환상에서 절정을 이룬다. "지혜의 근원을 알려고 하는, 갈리아의 은둔자" 아폴로니우스는 "모든 언어를 알고, 모든 생각을 알아차리는" 지식의 화신이다. 일라리옹과 더불어 그는 성 앙투안의 또 하나의 분신이다. 동시에 그는 예수와 동일시된다. 외양부터 "그리스도처럼" "금발머리가 갈라져 어깨 위에 단정히 내려온다." 뿐만 아니라 그의 행적은 복음서에 기록된 예수의 행적과 완전히 일치한다. 그 역시 예수처럼 마귀를 쫓아내고, 병을 치료하고, 죽은 사람을 소생시켰으며, 미래를 점쳤던 것이다. 예수와 동일시됨으로써 하나님과 대등한 힘과 능력을 소유한 아폴로니우스에 대한 유혹은 성 앙투안의 마음속 깊은 곳에 은밀히 숨어 있는 신적인 전지전능의 욕망을 드러낸다. 신의 전지전능에 대한 유혹은 아버지-신의 권력을 차지하겠다는 친부 살해의 욕망에 다름 아니다.

앙투안은 차례차례 이교도들의 유혹을 물리친다. 그러나 이교 신들에 대해 알고 싶은 호기심을 억누를 수는 없다. 그런 그의 눈앞에 부처를 비롯해서 고대 이집트의 신들, 페르시아의 신들, 바빌론의 신들, 고대 그리스·로마의 신들 등 온갖 종류의 신들이 나타났다가 사라지곤 한다. 그런데 이 모든 신들 사이에는 하등의 차별이 존재하지 않는다. 모든 신들은 모습만 다를 뿐 동일한 순교자이며, 그들 각각의 사랑과 법령은 서로 일치한다. 그들은 똑같이 기도하고 동일한 신성을 지닌다. 뿐만 아니라 그들은 기독교의 신과도 다르지 않다. "그 거짓 신들도 때로는 정말 신과 닮은 점이 있다고 생각하지 않느냐"는 일라리옹의 말을 통해 기독교의 신과 이교 신들 간의 차이는 없어지고 유일신으로서의 하나님-아버지는 부정된다.

여기에서 흥미로운 것은 이교 신들의 모습이다. 그들은 신성하고 엄숙한 권위 있는 신이 아니라 쇠퇴의 길에 들어선 초라하고 힘없는 신들이다. 제일 처음 등장하는 원시 우상들의 모습은 하도 우스꽝스러워서 앙투안으로 하여금 박장대소하게 한다. 어떤 우상들은 "너무 길어서 관절에서 덜렁덜렁 소리를 내며, 걸어감에 따라 허리가 부러지는"가 하면, 또 다른 우상들은 "배에 뚫린 구멍에서 모래를 흘리고 있다." 또 어떤 우상들은 "밖으로 휜 다리로 비틀거리면서 [……] 벙어리처럼 '바아! 바아! 바아!' 하는 소리를 낸다." 그들의 뒤를 이어 등장하는 부처, 이집트의 신, 바빌론의 신들, 그리스·로마의 신들 역시 옛 영광을 그리워하면서 지나간 신앙을 한탄하는 나약한 신들에 불과하다.

급기야 신들이 절단되고 거세되는 일화에서 신들의 무기력은 극에 다다른다. 부처는 중생을 구하기 위하여 신체의 각 부분을 조각내어 다른 사람들에게 나누어주고, 부처를 경배하던 신들은 "자기들의 속성과 성기를 떼어버린다." 아티스는 "날카로운 돌로 자신의 생식기를 잘라버리고, 자른 생식기를 공중에 쳐들면서 성난 듯이 뛰어간다." 이집트의 여신 이시스는 오시리스를 찾아 헤매면서 조각난 그의 사지를 다 찾아냈지만 그녀에게 아이를 "잉태시킨 부분만이 없었다"며 울부짖는다. 이처럼 신들은 거세를 통해 완전한 무능력자로 전락하여 쇠퇴의 길을 걷는다. 부처는 위대한 시기가 만료되었음을 알리면서 모든 것의 멸망을 예고한다. 이에 따라 그를 추종하던 신들도 자신의 성기를 떼어버린 채 연기 속으로 사라져버린다. 칼데아의 신 오아네스는 나일 강의 심연 속에 빠진다. 올림포스 산의 신들도 하나하나 모두 멸망해간다. 죽음을 느끼고 기둥에 몸을 기대는 주피터, 공중으로 멀어져가는 주논, 이마를 얻어맞고 땅에 자빠지는 미네르바, 무너진 잔해 밑에 치어 죽는 헤라클레스, 암흑 속으로 사라지는 플루톤, 스스로 죽음을 택하는 마르스 등 모든 신들은 차례차례 멸망한다.

신들은 이렇게 모두 소멸한다. 그리고 앙투안은 악마로 변신한 일라리옹과 함께 하늘로 올라간다. 다시 말해서 신에 대한 친부 살해의 과업을 완성한 후 신의 자리를 차지하고 스스로 하나님이 되는 것이다. 그런 점에서 다음과 같이 친부 살해의 법칙을 예고하는 익명의 목소리는 다름 아닌 앙투안 자신의 숨은 욕망을 표현하고 있는 것처럼 보인다.

> 우리들은 알고 있었다. 신들은 멸망해야 한다. 우라노스는 사투르누스에 의해 불구의 몸이 되고, 사투르누스는 주피터에 의해 불구자가 되었다. 주피터 자신도 없어지리라. 모두 차례가 돌아온다. 이것이 운명이다. (196)

친부 살해에 대한 환각은 플로베르의 초기 소설들에서 자주 반복되는 주제이다. 사르트르를 위시한 많은 비평가들은 아들의 운명을 결정지어 버린 플로베르 박사에 대한 아들의 원한을 언급하면서 플로베르의 친부 살해 욕망을 설명하고 있다. 실제로 플로베르는 아버지의 죽음 이후에 진정한 의미의 창작 활동을 시작했으니, 아버지의 죽음과 플로베르의 창작이 밀접한 관계를 가진다 해도 과언이 아니다. "아버지의 죽음이 물사마귀를 떼어낸 것과 같았다"(에르네스트 슈발리에에게 보낸 편지, 1846; 박정자, 1988: 134에서 재인용)는 그의 고백은 아버지의 죽음이 그에게 부여한 해방감에 대한 은밀한 표현이리라. 그러나 친부 살해 욕망은 상징의 차원에서 논의되어야 한다. 그것은 아버지가 상징하는 모든 것, 즉 법, 질서, 권위에 대한 저항을 의미한다. 플로베르가 못 견디게 증오했던 것은 당시의 과학, 종교, 그리고 부르주아적 사고가 그에게 부여한 억압적 삶이었다.

모든 환각이 사라진 아침, 앙투안의 눈앞에는 신의 아들 예수의 모습이 떠오른다. 이것은 무엇을 의미할까? 친부 살해가 완수되었음을, 아버지-신의 시대는 가고 아들-예수의 시대가 도래함을 의미하는 것일까? 그리고 그것은 나아가 앙투안 자신의 시대가 도래할 것임을 예고하는 것일까? 그러나 아들-예수의 존재는 그렇게 확고부동하지 않다. 법의 이름으로 계속 그를 위협하는 상징적 아버지의 영상은 그의 뇌리에서 완전히 떠나지 않기 때문이다. 앙투안의 고뇌는 바로 거기에 있으며, 기도하는 그의 모습에서 독자들은 번민하는 성자의 모습을 본다. 하루가 지나고 밤이 오면 또다시 유혹은 시작될 것이고, 그 유혹의 환각을 통해 앙투안은 내면에서 꿈틀거리는 숨은 욕망들과의 싸움을 계속할 것이다.

원형적 어머니, 마리아와 여신들

『성 앙투안의 유혹』의 첫 장에서 독자는 가출하던 당시를 회상하면서 심한 자책감에 빠지는 주인공을 만난다. 어머니는 사색이 되어 주저앉았고, 누이는 멀리서 돌아오라는 손짓을 했으며, 어릴 적 친구인 암모나리아는 울고 있었다. 그런데 소설의 마지막 장에 이르러 앙투안은 죽은 어머니의 저주에 짓눌리는 자신을 떠올린다.

> 어머니는 두 손으로 잔뜩 백발을 쥐어뜯으시면서, 내가 세상을 버린 것을 저주하셨겠지. 그리고 어머니의 유해는 무너져 내리는 벽들 사이, 갈대 지붕 아래, 오두막집 한가운데 놓여 있어. 구멍으로 하이에나 한 마리가 킁킁거리며 주둥이를 내밀고!…… 끔찍해라!…… 끔찍해라! (230)

한편 놀랍게도 첫 장에서 어릴 적 친구로 등장했던 암모나리아는 타락한 창녀로 변하고, 죽은 아들을 저주하면서 하이에나들 사이에서 썩어가는 어머니의 영상은 "두 젖가슴을 앞으로 내밀고" 남자들에게 몸을 맡기는 음탕한 암모나리아의 영상과 뒤섞인다. 어머니를 상징하는 노파와 암모나리아를 상징하는 젊은 여인, 이 두 환영 사이에서 갈등하던 앙투안은 더 이상 견딜 수 없어 절벽 밑으로 스스로 몸을 던지려 한다. 이때 노파와 젊은 여인의 영상은 각각 죽음의 신과 음란의 신으로 변신하여 앙투안에게 죽음의 욕망과 성적 쾌락의 욕망을 부추긴다. 죽음의 신은 자살의 쾌감을 찬양하면서 죽음의 유혹을 자극하고, 음욕의 신은 음탕한 자태로 육욕을 자극하는 것이다. 그러나 두 형상은 마침내 서로 결합하여 함께 불길한 춤을 추면서 죽음과 성적 쾌락의 격렬한 열정을 찬미한다. 이렇게 하여 암모나리아는 상징적 어머니의 반쪽이 되고, 어머니와 창녀-연인은 결국 동일한 유혹의 주체가 된다. 그런데 정신분석에서 어머니와 창녀를 동일시하는 것은 결코 낯선 주제가 아니다. 어머니에 대한 욕망과 어머니의 타락에 대한 저주는 항상 함께 붙어 있다.

동정녀 마리아는 순결한 어머니의 상징이다. 그런데 『성 앙투안의 유혹』의 초판본에서 마리아는 타락한 창녀로 묘사된다. 앙투안이 경건하게 바라보던 마리아가 갑자기 에로틱한 분위기를 띠면서 거리의 창녀로 변하는 것이다. 이 장면은 결정본에서는 삭제된다. 아마도 작가의 자기 검열에 의한 것이리라. 그러나 작가는 결정본에서 한 유대인의 입을 빌려 "어느 날 저녁 옥수숫단 위에서 로마 병정 판테루스에게 몸을 맡겼던" 타락한 예수의 어머니를 묘사함으로써, 무의식에 존재하는 어머니-창녀에 대한 강박관념을 드러낸다. 마리아는 동정녀 어머니의 이름인 동시에 창녀 막달라 마리아의 이름이 아니던가! 쟌 벨(1979: 41)은 "남자의 무의식 속에서 어머니와 창녀를 동일시하는 것만큼 고전적인 것은 없으며," 어른에게는 불가능한 이러한 사고가 아이에게는 가능함을 지적한다. 부모의 성관계를 목격한 아이는 어머니를 창녀로 인식하게 되고, 상상 속에서 어머니는 타락한 여인이 된다. 다시 「어느 광인의 회상」의 한 구절을 읽어보자.

> 그런데 너는 왜 이 세상에 태어났나? 너 자신이 원해서인가? 누군가가 충고해주었나? 너는 운명적으로 태어났지. 왜냐하면 향연에서 돌아온 너의 아버지가 술에 취해 있었고, 육체의 동물적 본능에 끌린 너의 어머니는 그것을 이용해 여인의 모든 술책을 동원하여 아버지를 유혹했으니까. 네가 아무리 위대한 존재라 하더라도 너는 침만큼이나 더럽고 오물만큼이나 역겨운 존재야. (314-315)

이처럼 플로베르의 상상 속에서 어머니는 타락한 창녀로 전락하고, 그럼으로써 그는 자신의 출생에 저주를 부여한다. 그리하여 영원한 연인, 이상적 어머니의 이미지를 구현했던 「어느 광인의 회상」의 마리아는 사라진다. 그리고 「11월Novembre」의 창녀 마리Marie[6]가 그 자리를 대신한다. 「11월」에서 독자들은 간통, 매음, 창녀 등에 대한 작가의 동경을 읽을 수 있다. 다음 구절을 읽어보자.

> 나에게 인간의 모든 단어 중 가장 아름답게 생각되는 것은 간통이라는 단어이다. 그 말 속에는 미묘한 달콤함이 깃들어 있다. 특이한 마력이 그 말을 향기롭게 한다. [……] 그 말 속에서 저주와 관능이 뒤섞인 최상의 시정을 발견한다. (432)[7]

창녀 마리는 음탕함의 화신이다. 채워지지 않는 성욕을 만족시키기 위해 그녀는 모든 남자의 여인이 되기로 한다. 그런데 「11월」의 창녀 마리가 「어느 광인의 회상」의 이상적 여인 마리아, 그리고 동정녀 마리아와 동일한 이름을 소유하고 있다는 것은 과연 우연일까?

한편 『성 앙투안의 유혹』의 결정본에서 기독교의 어머니 마리아는 삭제되고, 그 대신 고대 종교의 위대한 두 어머니-여신인 키벨레와 이시스가 그 특권적 위치를 차지함으로써 어머니와 아들의 근친상간적 사랑의 신화는 계속된다. 키벨레와 이시스의 유혹 장면으로 넘어가기 전에 잠시 시바의 여왕에 대한 환각을 살펴보자. 앙투안의 가장 근원적인 욕망 중

---

6 마리아Maria의 프랑스식 이름은 마리Marie이다.

7 「11월」은 국내에서 번역되지 않았기에 원서를 번역하여 인용한다. 참조한 텍스트는 플라마리옹 출판사에서 발간한 GF-Flammarion판(1991)에 수록된 것이다.

하나인 여인에 대한 욕망이 시바의 여왕을 통해 구현되기 때문이다.

시바 여왕의 출현은 앙투안의 내면에 억압된 여인에 대한 욕망의 표현이다. 그런데 수도승을 유혹하는 그녀는 대단히 아름다운 여인인 동시에 다분히 남성적 특성을 지닌 양성적 존재로 묘사된다. 피에르 당제Pierre Danger(1979: 187-188)는 시바 여왕의 양성적 특성을 조목조목 열거한다. 우선 그녀는 한 짝에는 태양이, 다른 한 짝에는 달이 장식된 구두를 신고 있다. 그녀가 목에 두른 금줄은 뱀을 연상시킴으로써 여성성을 나타내고, 혀를 내민 전갈의 공격성은 남성성을 드러낸다. 또한 입에 재갈을 물고 꼬리를 똑바로 세우고 힘차게 달리는 당나귀들의 모습은 발기한 남성에 대한 상징이다. 시바의 여왕이 열거하는 동물들, 즉 긴 코의 코끼리, 목이 긴 낙타와 기린, 그리고 뿔 달린 짐승들은 모두 남성성을 상징한다. 뿐만 아니라 그녀의 담화는 상자, 긴 갈기의 암말, 뿔이 긴 가축들, 독수리의 발과 커다란 공작 꼬리를 가진 새, 동굴의 종유석과 그곳에서 들리는 물 떨어지는 소리 등 성적 암시로 가득하다. 더욱이 흥미로운 것은 성자를 유혹하면서 여왕은 그에게 털을 뽑아주겠노라 제안한다. 남성에게 털은 남성성을 상징한다는 사실을 고려할 때, 털이 뽑히는 것은 상징적 거세를 의미한다고 볼 수 있을 것이다. 이처럼 앙투안을 유혹하는 여인의 환상은 거세에 대한 강박관념의 표현으로 나타난다. 그런데 시바의 여왕은 단지 한 여자를 의미하지 않는다. 그녀는 세상의 모든 여인이다. 그녀는 시바의 여왕인 동시에 트로이의 헬레나요, 시리아의 키벨레요, 이집트의 이시스이다.

아티스에 대한 키벨레의 유혹과 오시리스에 대한 이시스의 유혹 역시 거세와 밀접한 관계에 있다. 키벨레는 "착한 여신", "산의 여신", "시리아의 으뜸가는 어머니"이다. 아티스의 연인인 동시에 어머니인 키벨레는 열정적인 몸짓과 말로 아티스를 정복하려 하지만 그는 돌칼로 자신의 생식기를 거세해버린다. 이집트의 여신 이시스는 오시리스의 누이이자 아내이다. 그런데 그녀가 어린아이를 안고 젖을 먹이는 모습에서 어머니의 이미지가 강조된다. 오시리스를 찾아 헤매던 그녀가 찾은 것은 조각난 그의 육체 조각들에 불과했으며, 그나마 생식기는 찾을 수 없었다. 절망한 이시스는 오시리스와의 행복했던 과거를 노래하다가, 가슴에 안고 있는 아이를 남편과 동일시하기에 이른다. 그러나 어머니의 유혹을 받은 아들 아르포크라트는 죽어버린다. 그런데 넓적다리에서 피를 흘리며 "죽은 아들의 시체를 바라보는 한 여자"에게 예수의 어머니의 이미지를 부여한 후, 바로 이시스 여신을 등장시켜 그녀와 겹쳐지게 함으로써 작가는 이시스 여신과 예수의 어머니를 동일시한다. 뿐만 아니라 앙투안이 이시스에게 "창피도 모르는 것"이라고 욕을 하자, 일라리옹은 그 여신이 바로 앙투안의 조상이 숭배하는 어머니-여신임을 환기시킨다. 예수의 어머니와 이시스 여신, 그리고 앙투안의 어머니는 모두 동일시되어 원형적 어머니의 이미지를 구현하는 것이다. 이처럼 『성 앙투안의 유혹』의 여인들은 아들을 유혹하나, 거세된 아들-연인으로부터 거부당하는 여인들로 전락한다. 앙투안의 가출 역시 상징적인 거세로 볼 수 있다. 은자의 삶은 곧 성욕의 포기를 의미하기 때문이다.

그렇다면 왜 앙투안은 환각 속에서 신들을 멸망시킴으로써 친부 살해를 완수했음에도 불구하고 무의식에 존재하는 어머니에 대한 욕망을 실현하지 못하고 거세로 도피하고 마는 것일까? 결국 앙투안을 완전한 무능력자로 만드는 데에는 그 뒤에 숨은 아버지의 힘을 생각하지 않을 수 없다. 앙투안은 환각의 유희를 통해 신-아버지를 극복하고 그의 자리를 차지하려 하지만, 신-아버지는 여전히 앙투안의 내면에 자리 잡고 있는 초자아로서 그를 감시하는 존재이다. 상징적 아버지인 법의 위력 앞에서 그는 금지된 욕망을 가진 것에 대해 죄의식을 느끼고 전율한다. 그러한 그가 택할 수 있는 유일한 길은 스스로를 거세시킴으로써 성 분리 이전 상태로 돌아가 모든 욕망으로부터 자유로워지는 것이며, 그럼으로써 편안한 휴식 상태, 즉 죽음의 상태에 이르는 것이다. 이제 마지막 장에 등장하는 환각들을 통해 삶과 죽음이 서로 어떤 관계를 가지며 전개되는지 살펴보자.

『성 앙투안의 유혹』의 마지막 장은 이러한 점에서 시사하는 바가 크다고 하겠다. 앞서 나는 어머니와 암모나리아가 각각 노파와 젊은 여자로, 그러고는 다시 죽음의 신과 음란의 신으로 변신하여 서로가 앙투안을 유혹하다가 결국 서로 얼싸안고 하나가 되었음을 지적한 바 있다. 노파와 젊은 여자의 결합, 즉 죽음의 신과 음란의 신이 하나됨은 죽음과 삶의 만남을 상징한다. 음란은 성적 쾌락을 의미하고, 성적 쾌락은 "종자의 전파"를 통한 생명의 탄생을 전제로 하기 때문이다.

삶과 죽음의 변증법

죽음의 신과 음란의 신이 서로 얼싸안음으로써 삶과 죽음은 하나가 되고, 그 환각은 앙투안을 원초적 물질의 세계로 인도한다. 그런데 근원적 물질에 이르기 전에 앙투안 앞에는 또다시 온갖 기괴한 형상의 환각이 펼쳐진다. 우선 무거움, 죽음, 고정을 상징하는 스핑크스와 그것에 대립되는 키메라가 있다. 키메라는 가볍고, 쾌활하고, 늘 움직이며, 고정된 형상을 가지고 있지 않다. 스핑크스는 과학과 이성과 지식을, 키메라는 환락과 쾌락과 꿈을 추구한다. 스핑크스의 눈에 키메라는 너무 미치광이처럼 보이고, 키메라에게 스핑크스는 너무 무거워 보인다. 대립된 두 존재는 서로의 결합을 원하지만, 그것은 불가능하다. 그런데 스핑크스와 키메라의 환각은 또다시 다른 기괴한 동물들에 대한 환각을 낳는다. 입이 없는 아스토미, 몸도 다리도 심장도 반쪽만 있는 니스나스, 머리가 없는 블렘미, 키가 아주 작은 피그미, 머리카락이 넝쿨처럼 땅에 묶인 시아포드, 개의 머리가 달린 시노세팔, 예순네 개의 뿔이 달린 사뒤자그, 사람의 얼굴을 하고 석 줄로 이가 난 붉은 사자 마르티코라스, 돼지 머리의 물소 카토블레파스, 뱀처럼 생긴 이가 두 개인 바질리크, 독수리 주둥이를 가진 사자 등이 차례로 나타난다. 그 후 온갖 종류의 괴상망측한 형태의 짐승들이 솟아올라 숲을 진동케 한다. 그들은 모두 혼합된 형체를 지니고 있어 동물들 사이의 경계를 무너뜨린다. 그리고 그것들은 신에 의해 '창조'되는 것이 아니라 도처에서 마구 '생성'된다.

> 이것들은 하늘에서 쏟아지고, 땅에서 솟아오르며, 바위에서 흐른다. 도처에서 눈동자가 불길처럼 타오르고, 입들이 포효한다. 가슴은 부풀고, 발톱은 삐치고, 이는 뿌드득 소리를 내고, 살은 튀는 소리를 낸다. 분만하는 것도 있고, 교미하는 것도 있으며, 또 어떤 것들은 서로 한 입에 집어삼키기도 한다. (249)

이처럼 온갖 형체의 괴물들이 자생적으로 생성됨으로써 조물주 하나님-아버지에 의한 창조의 신비는 무너진다. 뿐만 아니라 동식물들 간의 경계도 사라진다. 이제 식물은 동물과 구별되지 않는다. 단풍나무에는 팔이 달렸고, 곤충들은 장미 꽃잎과 유사하다. 급기야 식물과 돌이 혼동되면서, 생물과 무생물 사이의 경계마저 무너진다. 그리하여 조약돌은 뇌와 같고, 종유석은 유방과 흡사하다. 앙투안 주위의 모든 물체는 질서와 차이가 없어진 무질서의 상태에 놓이며, 이는 곧 분리 이전의 근원적 카오스 상태로의 회귀를 구현한다. 앙투안 역시 일정한 형체를 부여받은 고정된 존재가 아니라 수많은 다양한 형체로 변신될 수 있는 가능성을 가진 존재가 되며, 그러한 상태에서 그는 자연과의 합일을 꿈꾼다.

그런데 이 같은 카오스, 즉 혼돈 앞에서 앙투안은 이제 더 이상 두렵지 않다. 왜냐하면 이 혼돈의 상태는 새로운 생명을 예고하기 때문이다. 마른 고사리에서 다시 꽃이 피기 시작하고, 떨어졌던 사지가 다시 생겨나는가 하면, 작은 알맹이들이 진동하는 생명의 탄생을 바라보면서 앙투안은 신비적 환희를 느낀다.

> 오 행복하도다! 행복하도다! 나는 생명이 탄생하는 것을 보았다. 나는 운동이 시작되는 것을 보았다. 내 혈관의 피는 어찌나 힘차게 뛰는지 혈관이 끊어질 지경이다. 나는 날고 싶다. 헤엄치고 싶다. 짖고 싶다. 소처럼 울고 싶다. 나는 날개를 갖고 싶다. 딱딱한 갑각을 갖고 싶다. 껍질을 갖고 싶다. 연기를 내뿜었으면. 긴 코가 달렸으면. 몸을 꿈틀꿈틀했으면. 사방에 몸을 나누고, 모든 것이 되어봤으면. 향기와 함께 발산하고, 식물처럼 자랐으면. 물처럼 흐르고, 소리처럼 울리고, 광명처럼 빛났으면. 모든 형체 위에 쭈그리고, 원자 속에마다 침투하고, 물질 바닥에까지 내려가서—물질이 되었으면! (251-252)

이 문장에 대한 비평가들의 해석은 다양하다. 박정자(1988: 109)는 그것을 죽음의 충동으로 설명한다. 즉 그것은 육체의 무게를 떨쳐버리고 생명 이전의 상태로 회귀하려는 욕망으로서, 비존재 혹은 무로 남고자 하는 욕망이라는 것이다. 장 피에르 리샤르Jean-Pierre Richard(1954: 146) 역시 그것이 존재의 내적 붕괴를 나타낸다고 보고 있다. 한편 라이크와 잔 벰(1979: 24-25)은 억압된 성욕의 해방 욕구를 읽는가 하면, 마르트 로베르(1972: 336)는 스스로의 창조를 통해 생식의 자연법칙을 폐기하려는 욕망으로 해석한다. 또한 카를로 테스타Carlo Testa(1991-1992: 138)는 그토록 고통을 주었던 생식의 구조를 파괴하고 어머니-아버지의 구조로부터 해방됨으로써, 성욕을 피한 삶의 신비로운 비전을 제시하고자 하는 욕망으로 보기도 한다. 그밖에도 이 문장에 부여되는 다양한 해석들은 저마다 그 나름대로의 설득력을 가지며, 그중에서 어느 것만이 옳다고 말할 수는 없다. 그리고 그것은 한 가지 의미로 축소 해석되어서도 안 된다.

나는 이 문장에서 우선 죽음의 충동을 읽고자 한다. 자아가 대상과 합체를 이룸으로써 주체와 대상 사이의 경계는 무너진다. 그리하여 자아는 소멸되기에 이른다. 이러한 자아 소멸의 유혹, 그것은 죽음에 대한 충동에 다름 아니다. 그렇다면 앙투안의 마지막 구절인 "물질이 되고 싶다"는 궁극적으로 죽음에 대한 지향으로 해석될 수 있을 것이다. 여기에서 물질이란 무정형의 상태, 분화될 수 없는 원형적 물질, 원초적 물질을 의미하며 원초적 물질로의 회귀는 곧 자아 소멸로 이어지기 때문이다. 원초적 물질이 되어 모든 원자 속에 침투하고, 그럼으로써 다양한 형태로 변신 가능한 신비의 세계에 몰입하는 환희를 경험하는 것이다. 그러나 죽음을 향하는 여정에서 나는 역설적으로 생명의 탄생에 대한 집요한 욕망을 본다. 『성 앙투안의 유혹』의 마지막 구절은 생명 탄생에 대한 환희를 노래하고 있지 않은가! 죽음을 노래하면서 삶에 집착하는 앙투안의 모습은 바로 플로베르 자신의 삶과 죽음에 대한 태도를 보여주는 것이 아닐까?

플로베르는 삶과 죽음을 이원론적으로 인식하지 않는다. 그에게 있어서 죽음의 충동과 삶의 충동은 서로 상호 보완적이다. 삶의 충동 뒤에는 죽음의 충동이 마치 그림자처럼 붙어 있고, 죽음의 충동은 항상 삶의 충동을 부른다. 앙투안에게도 죽음과 생성은 결코 별개의 것이 아니다. 그 둘은 서로서로 끊임없이 갈등하면서도 끊임없이 다시 만난다. 마지막 장에 등장하는 죽음의 신과 음욕의 신이 서로 얼싸안고 하나됨은 삶과 죽음이 서로 꼭 붙어 있음을 보여주는 상징적 이미지일 것이다.

플로베르가 무無, rien에 대한 글쓰기, 아무것도 말하지 않는 문학을 추구했다는 것은 익히 알려진 사실이다. 이러한 "무에 대한 신념"은 바로 죽음의 미학으로 이어진다. 플로베르에게 있어서 예술은 곧 죽음이요, 소멸이다. 그것은 무를 향한 여정이다. 청년기 시절의 자전적 작품 「11월」에서 그토록 절절한 마음으로 노래했던 죽음에 대한 욕망은 이후 플로베르의 소설 작품 전체를 관류하는 주된 테마이다. 그러나 앞서 언급했듯이 죽음에 대한 욕망은 삶에 대한 욕망과 함께함으로써만 그 의미를 부여받는다. 그가 내용 없는 책을 쓰려는 욕망을 가졌다고 할 때, 내용 없음, 즉 무는 죽음을 상징하지만, 글쓰기의 욕망은 생성, 창조, 즉 삶의 욕망을 의미하기 때문이다. 이러한 점에서 「어느 광인의 회상」에 나오는 마지막 종소리는 대단히 상징적이다. 그것은 축제와 "영광의 외침"인 동시에 "영원한 침묵"과 "죽음"을 예고하는 종소리인 것이다.

귀스타브 플로베르

(Gustave Flaubert, 1821~1880)

귀스타브 플로베르는 1821년 12월 12일 루앙의 시립병원 사택에서 태어났다. 샹파뉴 지방 출신인 그의 아버지 아실 클레오파 플로베르는 파리에서 의과대학을 마친 후 루앙 시립병원에서 수석 외과의사로 근무하고 있었다. 어머니 안 쥐스틴 카롤린 플뢰리오는 퐁 레베크 출신으로, 부모가 사망한 후 그곳의 수석 외과의사였던 장 바티스트 로모니에 박사의 보살핌을 받고 있었다. 그들은 1812년 루앙에서 결혼식을 올리고, 1813년 큰아들 아쉴을 얻는다. 1818년 로모니에 박사가 사망하자 플로베르 박사가 그의 뒤를 이어 수석 외과의사가 됨으로써 플로베르 가족은 병원의 사택을 사용하게 되었다. 누이동생 카롤린은 귀스타브가 세 살 때 태어났다. 형 아실은 벌써 여덟 살이었기 때문에 귀스타브는 형보다는 누이동생과 더 가깝게 지내며 함께 자란다.

귀스타브 플로베르는 법과대학에 진학하지만 중등학교 시절부터 작가가 되려는 의도를 가지고 있었다. 그는 이미 아홉 살 때 희곡 작품을 쓰고 친구들과 함께 연극을 무대에 올렸으며 『코르네유 찬미Eloge de Corneille』를 쓰기도 했다. 열한 살에 그는 루앙의 왕립중학교에 입학하여 당시의 관례대로 기숙사 생활을 한다. 플로베르는 「어느 광인의 회상」에서 고독하고 지루하고 친구들에게 놀림당하는 괴로운 학창 시절을 보냈다고 술회하고 있다. 주로 혼자 독서에만 몰두했던 플로베르는 1830년 당시 유행했던 낭만주의의 영향으로 삶에 대한 권태를 느꼈으며 허무주의적인 성향을 띠기도 했다. 「어느 광인의 회상」을 보면 당시 플로베르에게 있어서 삶이 얼마나 무겁고 힘든 것이었던가를 짐작할 수 있다. 그 작품은 권태와 무기력, 그리고 삶에 대한 혐오감으로 가득하다.

15세가 되던 1836년 어느 여름날 가족과 함께 갔던 트루빌의 해변에서 그는 우연히 엘리자 푸코를 만나 열정적인 사랑에 빠진다. 그녀는 당시 모리스 슐레젱제르의 동거녀였으며 곧 그의 아내가 된다. 그녀는 플로베르에게 평생토록 거의 신비주의적인 사랑의 대상으로 남게 된다. 그녀는 「어느 광인의 회상」에서 마리아로, 「11월」에서는 마리로, 그리고 『감정교육』에서는 마리 아르누 부인으로 형상화된다. 당시 플로베르의 문학 동지들로는 가장 친한 친구였던 에르네스트 슈발리에와 더불어 알프레드 르 푸아트뱅과 루이 부이에 등을 꼽을 수 있다. 알프레드가 플로베르에게 형과 같은 존재였다면 루이는 귀스타브에게 제2의 자아와 다름없는 존재였다. 1838년에 그는 최초의 자전적 이야기인 「어느 광인의 회상」을 집필하며, 1839년에는 장차 『성 앙투안의 유혹』을 예고하는 「스마르」를 쓰기도 한다.

대학입학 자격고사에 합격한 그는 1941년 파리의 법과대학에 입학하지만 법학보다는 문학에 더 관심을 보인다. 학교에서 그는 같은 법과대학생이면서 글쓰기를 좋아하는 막심 뒤 캉과 단짝이 되었으며 조각가 프라디에의 집에서 빅토르 위고를 만나 교류하는가 하면, 테오필 고티에와 함께 '예술을 위한 예술' 운동을 하기도 했다. 1842년에는 두 번째 자전적 이야기 「11월」을 완성했는데, 막심 뒤 캉을 만나 친구가 된 것도, 대학 2학년 두 번째 시험에서 낙방한 것도 바로 이 해이다.

1844년 형과 함께 도빌에서 퐁레베크로 가는 길에서 일으킨 간질 발작 이후 플로베르는 법학 공부를 포기하고 센 강변에 위치한 크루아세의 집에서 스스로 선택한 은둔자의 삶을 살며 글쓰기 작업에 몰두한다. 그곳에서 그는 『감정교육』의 초고를 쓴다.

1845년, 동생 카롤린이 결혼 후 신혼여행을 따라간 플로베르는 제노바에서 피테르 브뤼겔의 그림 〈성 앙투안의 유혹〉에 큰 감동을 받는다. 그 그림은 훗날 그의 환상적인 작품 『성 앙투안의 유혹』의 모티브가 된다. 1846년 아버지 플로베르 박사가 세상을 떠난 후 6일 후에 카롤린은 딸을 낳는다. 그러나 그녀는 산욕열로 두 달 만에 죽는다. 이후 플로베르는 평생 동안 조카 데지레-카롤린을 돌본다.

1846년 플로베르는 프라디에의 집에서 미모의 여류 작가 루이즈 콜레를 만난다. 엘리자 슐레젱제르와 같은 1810년생이었으니 그녀는 플로베르보다 11년 연상이다. 첫눈에 사랑에 빠진 그들이 오랜 세월 동안 주고받은 많은 서신은 플로베르 연구자들에게 귀중한 자료를 제공한다. 1855년 그들이 완전히 결별하기까지 플로베르가 그녀에게 보낸 편지들에는 작가의 글쓰기 작업과 문학 사상에 대한 많은 정보가 담겨 있다.

1849년 플로베르는 『성 앙투안의 유혹』 초고를 완성하지만 절친한 친구들인 루이 부이에와 막심 뒤 캉의 혹평을 듣고 잠시 접어둔다. 1849년부터 1851년 사이 플로베르는 막심 뒤 캉과 함께 이집트, 예루살렘, 그리고 콘스탄티노플과 이탈리아를 여행한다.

1851년 크루아세로 돌아온 플로베르는 『마담 보바리』를 집필하기 시작한다. 그는 56개월 동안의 고통스런 작업 끝에 1856년 5월 소설을 완성하고 10월부터 12월까지 『라 르뷔 드 파리La Revue de Paris』에 연재한다. 그런데 공중도덕 모욕 및 종교 모독죄로 플로베르와 『라 르뷔 드 파리』는 기소된다. 그러나 재판에서 무죄 판결을 받자 작가와 소설은 일약 유명세를 타게 되어 다음 해 4월 『마담 보바리』가 출판되었을 때 소설은 대성공을 거두게 된다. 그 후 그는 크루아세와 파리의 살롱을 오가며 공쿠르 형제, 생트-뵈브, 보들레르, 고티에, 그리고 투르게네프, 마틸드 공주 등과 교류한다.

1857년 플로베르는 기원전 3세기 카르타고에서의 반란을 주제로 한 역사 소설 『살람보』를 쓰기 시작한다. 이 소설의 집필을 위해 플로베르는 1858년 튀니지의 카르타고를 여행한다. 『살람보』는 1862년에 가서야 출판된다. 이 작품은 단순한 역사 소설이 아니라, 그동안 플로베르가 수집한 자료에 의해 구축된 일종의 사실적인 서사시이다. 2년 후인 1864년 그동안 세 번이나 중도에서 포기했던, 자전적 요소가 담긴 성장 소설 『감정교육』을 다시 손보기로 결심한다. 『감정교육』은 1869년 11월에 출판되지만 독자들과 비평가들의 반응은 차갑기만 했다.

1870년 프러시아와의 전쟁으로 크루아세 역시 점령당했고 그는 어머니와 함께 조카 카롤린의 집으로 피신한다. 1872년의 모친의 사망, 그리고 조카사위의 사업 실패로 인한 재정난 등으로 플로베르는 물리적 · 심리적 어려움에 처하게 되면서 신경증이 악화된다.

1874년, 그는 24세 때부터 집요하게 붙들고 있던 『성 앙투안의 유혹』의 결정본인 제3판을 발표한다. 조카사위의 사업 실패로 인해 곤궁에 처한 질녀 카롤린을 도와주기 위해 재산을 정리함으로써 파산 상태에 처하게 된 플로베르는 거의 사망하는 날까지 돈에 허덕이는 가난한 삶을 살게 된다. 1877년, 그는 1875년부터 1877년 사이에 쓴 「구호 수도사 성 줄리앙의 전설Légende de Saint Julien l'Hospitalier」, 「에로디아Hérodias」, 「순진한 마음Un Coeur simple」 등의 세 개의 단편 소설을 묶어 『세 가지 이야기Trois Contes』를 발표한다. 이 단편집은 비평가들로부터 걸작으로 호평받는다. 1877년부터 플로베르는 1873년부터 구상하고 집필했으나 그동안 중단하고 있었던 『부바르와 페퀴셰Bouvard et Pécuchet』의 집필에 몰두한다. 결국 그는 이 작품을 완성하지 못한 채 1880년 뇌출혈로 쓰러져 60세의 나이로 죽음을 맞이한다. 『부바르와 페퀴셰』는 그가 죽고 난 1년 후인 1881년에 출판된다.

플로베르는 문학사에서 처음으로 '무엇을 쓸 것인가?'가 아니라 '어떻게 쓸 것인가?'를 고민했던 작가이다. 그는 형식과 내용을 어떻게 일치시키는가에 대해 고심하면서, 문학에서 중요한 것은 있는 현실을 그대로 그리는 것이 아니라 '스타일'을 통해 생각을 표현함으로써 내용이 없는, 무無에 관한 책을 쓰는 것임을 주장했다. 장 루세의 지적대로 플로베르는 현대 소설에 나타난 최초의 비구상파 작가인 것이다.

3 네르발의 「오렐리아」에 나타난 환각과 우울증

제라르 드 네르발Gérard de Nerval은 자신의 정신착란 체험을 문학으로 표현한 작가이다. 서른세 살에 처음으로 정신병 발작 증세를 보인 후 1855년 1월 26일 새벽 파리의 한 거리에서 목을 매 자살하기 전까지 14년 동안 그는 정상과 비정상, 이성과 광기를 넘나들었고, 그 경험은 고스란히 그의 작품 속에 녹아 있다. 「오렐리아Aurélia」를 비롯하여 『불의 딸들Les Filles du feu』, 「실비Sylvie」, 『환상시집Les Chimères』, 『산책과 추억Promenades et souvenirs』, 『동방여행기Le Voyage en Orient』, 『천계론자들Les Illuminés』, 『로렐라이, 독일의 추억Lorély, souvenirs de l'Allemagne』, 『멋쟁이 보헤미안La Bohème galante』, 『콩트와 해학Contes et facéties』, 『보헤미아의 작은 성들Petits châteaux de Bohême』 등 대부분의 대표작들이 두 번째로 신경증 발작을 일으켜 병원에 들어갔던 1952년부터 자살로 생을 마감한 1955년 사이에 씌어졌다는 사실은 네르발에 있어서 광기와 글쓰기가 서로 밀접한 관계에 있음을 여실히 보여준다. 그중에서도 「오렐리아」는 죽기 직전까지 작가가 완성하지 못한 채 주머니에 넣고 있던 작품으로, 작가가 실제로 경험했던 꿈과 몽상, 그리고 일련의 환각들이 가장 잘 표현된 작품이다.

네르발이 「오렐리아」를 쓴 시기는 그가 에밀 블랑슈 박사의 정신병원에 입원해 있던 1853년 8월에서 1854년 10월까지로 추정된다. 글쓰기를 치료의 한 방식으로 생각했던 블랑슈 박사의 적극적인 권유가 그의 소설 창작에 한몫을 했음은 의심의 여지가 없다. 「오렐리아」는 2부로 구성되어 있다. 제1부는 1855년 1월 1일 「라 르뷔 드 파리」에 발표되었으며, 제2부가 발표된 것은 작가가 죽고 나서 20일이 지난 2월 15일이었다. 그러나 네르발은 처음 정신병 발작이 시작되던 1841년 당시부터 광기의 경험을 기록하고자 하는 계획을 가지고 있었던 듯하다.

작가 자신이 말하듯 「오렐리아」는 그의 "정신의 신비들 가운데 일어났던 오랜 병의 인상"이요, "몽상이 현실적 삶으로 분출"하는 것에 대한 증언이다. 작품 전체는 꿈들과 환각들로 얽혀 있어 인간의 이성적 사고만으로는 이해할 수 없는 상상의 세계를 보여준다. 제1부에서 작가는 사랑하는 여인을 잃고 난 후에 나타난 착란의 증세들과 함께 자신이 경험한 꿈 내용을 묘사한다. 여기서는 행복한 과거로 회귀하고자 하는 욕망과 자신이 저지른 과오에 대한 죄의식의 테마가 두드러지게 나타난다. 제1부와 달리 제2부는 구원을 그 주제로 한다. 그런데 기독교로의 회귀를 통해 구원받고자 하는 열망은 지식에 대한 자만심과 갈등을 빚는다. 그리고 그 갈등의 결과는 죽음이다.

카스텍스를 비롯한 많은 연구가들은 죽은 어머니의 이미지가 네르발의 정신세계를 지배하며, 그의 삶에 유일했던 사랑인 여배우 제니 콜롱과 여신들의 이미지는 그가 한 번도 본 적이 없는 어머니의 이미지와 동일시됨을 지적한다. 그러나 네르발의 광기를 연구함에 있어 문제의 핵심은 현실적으로 존재하는 어머니가 아닌 '큰 대상(라 쇼즈)'[8]으로서의 어머니에 있으며, 네르발의 광기는 이러한 태초의 상실로부터 연유한 우울증(멜랑콜리)에 다름 아니다.

---

8 la Chose : 프로이트의 '다스 딩das Ding'에 대한 라캉의 번역어로서, 그것은 전적으로 언어 밖에, 즉 무의식의 외부인 실재계에 존재한다. 『라깡 정신분석 사전』(딜런 에반스, 김종주 외 옮김, 130쪽)은 '라 쇼즈'를 '물'이라고 번역하고 있지만 그것은 라 쇼즈의 의미를 충분히 전달하지 못한다. 라캉은 그것이 우리에게 전해질 때 어떤 대상을 매개로 하는데, 그 대상은 대(큰)타자로서의 어머니라고 말하고 있다. 다시 말해서 실재계의 라 쇼즈는 상징계의 큰 타자에 해당한다고 볼 수 있다.

애도와 우울증

프로이트는 「슬픔과 우울증」이라는 논문에서 애도와 우울증의 관계를 설명하고 있다. 그에 따르면 애도는 사랑하는 사람, 혹은 사랑하는 사람의 자리에 대신 들어선 어떤 추상적인 것, 예를 들어 조국이나 자유 등을 상실했을 경우에 느끼는 감정이다. 프로이트는 애도에 세 단계가 있음을 지적한다. 정상적인 애도, 병적인 애도, 그리고 우울증이 그것이다. 정상적인 애도의 경우, 시간이 경과함에 따라 애도 작업을 통해 주체는 대상과 분리된다. 반면 병적인 애도의 경우, 주체는 대상의 죽음을 부인하면서 과거의 기억에 매달린다. 대상의 죽음이 자기 때문이라고 자신을 비난하는가 하면, 그 후 자신을 두고 떠난 그를 원망하기도 한다. 혹은 고인의 귀신이 자기 안에 들어옴으로써 자기도 동일한 병에 걸렸다고 생각하는 등의 증세를 보이기도 한다. 병적인 애도까지는 어느 정도 정상적 애도에 속한다. 그러나 우울증은 정신병의 하나이다. 우울증은 대상 상실 후 주체가 그 대상과 자신을 동일시하는 경우이다. 우울증의 특징으로는 심각할 정도의 낙심, 외부 세계에 대한 무관심, 사랑할 수 있는 능력의 상실, 자신에 대한 비하감과 자기처벌 욕구 등을 들 수 있다.

프로이트는 애도와 우울증을 리비도의 투여[9]로 설명한다. 사랑하는 대상을 잃어버릴 경우 그 대상에 투여되었던 리비도는 철수되어야 한다. 정상적인 애도의 경우 철수된 리비도는 자아로 향한 후, 다시 말해서 나르

9 독일어의 Besetzung은 불어로 investissement으로 번역된다. 이 용어는 군사적으로 도시나 나라를 점령한다는 의미와 더불어 재정적으로 투자한다는 이중적 의미를 지닌다. 「슬픔과 우울증」의 번역본에서는 이를 '집중'이라 번역하고 있지만 나는 임진수가 옮긴 『정신분석사전』(2005)의 번역에 따라 '투여'라는 용어를 사용할 것이다.

시시즘의 단계를 거친 후, 새로운 대상에게 투여될 것이다. 그러나 우울증의 경우 자유로워진 리비도는 다른 대상을 찾는 대신 상실된 대상을 자기 속으로 가져와(내입) 자아와 동일시한다. 그런데 이때 대상은 상실된 것이므로 상실된 대상과 동일시된 자아 역시 상실되고 자아에는 구멍이 생긴다. 그 구멍으로 리비도가 유출됨으로써 자아 포기로까지 이르게 되면 자살이 된다. 다시 말해서 대상 상실이 대상과의 동일시를 거쳐 자아 상실로 전환되고 마지막에는 자기공격의 극단으로 가서 자아를 포기하기, 즉 자살에까지 이르는 것이다.

우울증 환자는 자기비난이나 자기비하가 심하다. 그들은 절대 타인을 비난하지 않고 자기 자신을 비난한다. 그러나 자아에 대한 비난이나 공격, 자기처벌 욕구 등 자신을 향한 사디즘은 내 안에 들어온 타인, 즉 그가 사랑했거나, 사랑하는 사람 등의 대상에 대한 증오의 표현에 다름 아니다. 우울증 환자에게 흔히 나타나는 자기처벌 증상은 이렇게 우회를 통해 원래의 대상에 대해 복수하는 것이고, 대상에 대한 적대감을 위장하기 위해 우울증이라는 질병을 매개로 사랑하는 사람을 고문하는 것이다. 우울증 환자에게 많이 나타나는 자살 성향은 이처럼 타자에 대한 공격성이 자아에게로 전환된 것이다. 네르발의 자살 역시 나르시스적 대상인 자아가 상실됨에 따른 결과라고 볼 수 있다.

이때 문제가 되는 것이 바로 최초의 대상인 '큰 대상'이다. 큰 대상은 "계속해서 다시 찾아야 할 잃어버린 대상이고 전前역사적이며 망각될 수 없는 대(큰)타자, 다시 말해서 근친상간적 욕망의 금지된 대상인 어머니이다"(에반스, 1998: 130). 자아 형성 이전, 최초의 어머니와 자아는 한 몸이다. 그런데 어머니가 내 속에 들어오면서 동일시가 일어날 때, 그 동일시는 대상의 상실을 전제로 한다. 왜냐하면 어머니가 내 속에 들어와 내 자리를 차지할 때 어머니와의 근친상간 금지법(아버지의 법, 상징계)이 개입하면서 최초의 대상인 어머니는 없어져 상실되기 때문이다. 이처럼 동일시의 메커니즘 자체는 애도, 즉 대상의 죽음을 전제로 한다. 그리고 상징적 질서, 즉 상징계로부터 추방되어 떨어져 나간 실재계로서의 어머니, 큰 대상은 심리 내부에 자리를 잡게 된다. 따라서 어머니를 그리워한다고 할 때 그 그리움의 대상은 우리가 만질 수 있는 현실적 어머니가 아니라 내 속에 받아들여 영원히 상실된, 구멍으로 남아 있는 큰 대상인 것이다. 예를 들어 태초에 자기보존 본능, 즉 배고픔을 만족시켜주는 어머니라는 존재가 있다고 가정하자. 아이는 어머니의 젖을 먹으면서 생명 유지라는 자기보존 본능의 욕구 충족 이외에 젖가슴이 주는 포근함, 어머니의 다정한 시선 등의 다른 쾌락을 느낀다. 그리고 이 최초의 향락이 머리에 등록된 후, 아이는 그 향락이 재현되기를 바란다. 향락이 반복될 때 생기는 공통분모가 어머니이며, 공통적으로 나타나는 핵, 그것이 바로 큰 대상이다. 그런데 이러한 최초의 대상 상실은 사랑하는 연인의 죽음이라든가 떠남과 같은 어떤 현실적인 상실이 있을 때 그것이 과거의 기억을 건드려 공명 현상을 일으킴으로써 환기된다.

우울증의 증세 중 하나는 아무도 사랑하지 않는다는 것이다. 사랑하는 대상은 이미 가슴속에 있으므로 밖에서 대상을 찾으려 하지 않기 때문이다. 그러나 내 안에 있는 대상은 내 속에 들어옴과 동시에 이미 아버지의 법에 의해 상징계로부터 추방되었으므로 그 자리는 빈 구멍으로 남는다. 따라서 이미 잃어버린 대상을 되찾는 것은 불가능하다. 우울증 환자들은 구멍으로 남은 자리를 환각으로 채움으로써 잃어버린 대상을 되찾고자 한다.

줄리아 크리스테바(1987: 156-157)는 '우울증적 상태(의기소침)와 우울증'이라는 부제를 붙인 『검은 태양Le Soleil noir』에서 네르발의 시, 「상속받지 못한 자El Desdichado」에 나타난 우울증을 분석하면서 네르발이 느낀 최초의 박탈을 큰 대상의 상실로 설명한다. 그에 따르면 그것은 "물질적이고 양도 가능한 재산이나 물건의 박탈이 아니라 명명할 수 없는 영토, 우리가 낯선 곳 또는 본질적인 유배 상태에서 이상하게 환기하거나 기원할 수 있는 영역의 박탈"이다. 이 '무엇'은 "식별할 수 있는 대상에 선행"하는 것이며, 그것은 어떤 구체적인 이미지로 포착될 수 없는 '원초적 어머니라는 일관성'을 상상계로 설정한다. 인간에게 있어서 말을 한다는 것은 상징계의 합법적인 허구 속에 정착한다는 것이다. 그리고 그것은 바로 원초적 대상, 즉 대상 이전의 그 무엇인 큰 대상을 잃는 행위이다.

그렇다면 네르발에게 있어 최초의 대상인 큰 대상의 상실은 어떻게 일어나는가? 네르발에게 있어 영원히 상실된 어머니는 어떤 모습으로 작가에게 각인되는가? 네르발의 우울증과 광기는 어머니, 그리고 아버지와 어떤 관계가 있는가? 작가의 꿈과 환각이 가장 잘 표현된 「오렐리아」의 독서를 통해 그의 정신세계를 따라가보자.

'큰 대상'의 상실과 원초적 어머니

「오렐리아」의 첫 장에서 네르발은 사랑하는 여인을 잃고 난 후의 상실감을 이렇게 표현한다.

> 나는 오랜 세월 사랑했던 한 여인을 잃었다. 나는 그녀를 오렐리아라고 부를 것이다. 내 삶에 그토록 지대한 영향을 미치게 된 이 사건이 어떻게 해서 일어났던가는 그리 중요치 않다. 누구나 자신의 기억 속에서 가장 비

통한 감정을, 운명이 영혼에 가한 치명적인 일격을 찾아볼 수 있을 터이니, [……] (97)[10]

여기서 나는 "그녀를 오렐리아라고 부를 것이다"라는 문장에 주목한다. 그것은 작가 자신이 그녀에게 이름을 부여했음을 의미하며, 이는 그녀를 다른 이름으로 부를 수도 있다는, 다시 말해서 오렐리아는 그저 하나의 기표에 불과하다는 말이 된다. 그리고 그것은 더 나아가 그녀가 피와 살을 가진 현실적인 여인이 아닐 수도 있다는 것을 암시한다. 그렇다면 그가 잃어버린 그 대상은 누구인가? 결론부터 이야기하면 그것은 잃어버린 최초의 대상, 큰 대상으로의 원초적 어머니이다. 앞서 「오렐리아」가 꿈과 환각의 기록임을 밝힌 바 있거니와, 「오렐리아」는 환각을 통해 잃어버린 최초의 대상인 어머니를 찾고자 하는 우울증 환자의 기록이다.

그렇다면 네르발에게 실제 어머니는 어떤 존재이며, 그의 기억 속에 각인된 어머니와 무의식 속의 어머니는 어떤 모습일까? 「오렐리아」에 묘사된 어머니에 대한 직접적인 기록은 다음의 세 줄에 불과하다.

> 나는 어머니를 모르고 자랐으니, 그녀는 마치 고대 게르만족의 여인들처럼, 군대에까지 내 아버지를 따라갔으며, 신열과 피로가 겹쳐 독일의 한 추운 지방에서 죽었다. (174)

10 「오렐리아」는 1997년 문학과지성사에서 출간된 최애리의 번역본을 참조했다. 그런데 번역본에서는 "나는 오랜 세월 사랑했던, 내가 오렐리아라는 이름으로 부르던 한 여성을 영영 잃고 난 뒤였다"라고 번역되어 있다. 그러나 '부르다'라는 동사를 이처럼 과거형으로 번역할 경우 작가가 굳이 미래형을 사용한 의미를 잃게 된다.

네르발은 "한 번도 어머니를 본 적이 없다"고 증언한다. 그가 생후 7개월이 되었을 때 어머니는 군의관이었던 남편을 따라 전쟁터인 독일까지 갔다가 그곳에서 병에 걸려 죽었다고 한다. 따라서 네르발에게는 어머니에 대한 의식적인 기억이 없다. 그러나 어린 제라르는 모계 쪽 친척들에 의해 양육되었기에 마음속으로 늘 어머니를 느끼며 살았고, 유년기의 추억은 어머니를 중심으로 이루어진다. 특히 광기의 발작 증세가 심해져 점점 더 그를 괴롭힐수록 그는 유년기의 추억으로 돌아가 그 속에서 자신의 뿌리를 찾고자 한다. 그의 상상 속에서 형성되는 가족의 계보는 어머니를 중심으로 이루어지며, 거기에는 아버지의 이름도, 아버지의 역할도 부재한다. 그의 기억 속의 아버지는 일곱 살 때 갑자기 나타나 어머니의 죽음을 확인시켜줌과 동시에 행복했던 유년기에 종지부를 찍게 한 침입자에 불과하다.

이처럼 네르발의 인생에서 발생한 최초의 외상적 사건은 어머니의 상실이다. 그러나 어머니의 부재가 큰 만큼 아이의 무의식 속에 어머니는 영원히 존재한다. 상상 속의 어머니와 자신을 동일시하면서 아이는 어머니의 상실에 대한 정상적인 애도 작업을 거부한다. 어머니라는 대상과의 원초적 이자 관계 속에서 자기애의 대상인 자아가 상실됨으로써 우울증의 상태에서 벗어나지 못한 그는 자살에 이르게 되는 것이다.

네르발은 환상, 꿈, 환각 속에서 이 잃어버린 최초의 대상을 찾고자 한다. 네르발의 독일에 대한 유별난 관심과 애정, 먼 곳으로의 여행에 대한 꿈, 영의 세계에 대한 환상, 이 모든 것들은 어머니라는 근원에 대한 탐색에 다름 아니다. 그런데 네르발에게 있어 구체적으로 어머니를 표상하는 것은 어머니의 땅인 발루아 지방이다(Collot, 1992: 14). 그곳에서 그는 모계 쪽 친척들에 의해 양육되면서 행복한 유년기를 보냈던 것이다.

「오렐리아」의 1부 4장부터 6장까지에는 행복했던 유년기를 생각나게 하는 꿈들이 등장한다. 더불어 태초에 존재했던 잃어버린 낙원을 되찾고자 하는 열망을 보여주는 꿈들도 나타난다. 우선 1부 4장에 나오는 꿈을 읽어보자.

> 어느 날 저녁, 나는 분명 라인 강변으로 옮겨져 있다고 생각되었다. [……] 나는 한 아담한 집으로 들어갔고, 저무는 저녁 햇살이 포도넝쿨 우거진 그 초록색 덧문들 사이로 환히 비쳐들고 있었다. 나는 마치 잘 아는 집에, 플랑드르의 화가로 한 세기 이상 전에 세상을 떠난 외삼촌의 집에 돌아온 듯했다. [……] 한 늙은 하녀가, 내가 마르그리트라 부르며, 어릴 적부터 알고 지낸 것만 같은 하녀가 내게 말했다. [……] 내 맞은편에는 시골풍의 벽시계가 걸려 있었고, 그 시계 위에는 새가 한 마리 앉아서 마치 사람처럼 이야기하기 시작했다. [……] 한 노인이 밭을 가는 것을 보았다. 나는 그가 새의 음성으로 내게 말하던 바로 그 사람이라는 것을 알아보았고, [……] (113-115)

영의 세계를 그리고 있는 이 꿈은 자신의 뿌리를 찾아 과거로 되돌아가고픈 작가의 소망을 드러낸다. 1세기 전이라는 시간의 설정은 이 꿈의 비시간성을 드러내며, 말하는 새의 등장과 그 새의 노인으로의 변신은 불멸과 환생에 대한 작가의 믿음을 보여준다. 그곳에서 어린 시절 그를 돌봐주던 아저씨가 나타나 아직 그가 지상에 살고 있음을 환기시킨다. 여기에 등장하는 하녀 마르그리트라는 이름 역시 상징적이다. 네르발의 어머니의 이름도, 그가 사랑했던 여인 제니 콜롱의 진짜 이름도 마르그리트였던 것이다.

1부 5장에서 그 꿈은 다른 꿈으로 변한다. 주위에 있는 모든 것의 형태가 변하면서 앞서 나타났던 영은 젊은 청년으로 변하고, 그 청년은 그를 행복한 종족이 사는 곳으로 인도한다. 맑은 공기와 찬란한 빛이 있는 그곳에서 그들은 "태초의 자연스런 미덕을 간직한 채 살고 있다." 그런데 안내인에 이끌려 커다란 방으로 들어가려 할 때, 얼굴의 형체는 잘 알 수 없는, 흰 옷을 입은 남자가 그를 무기로 위협한다. 그러자 안내인은 그 남자에게 물러서라는 신호를 하면서 그를 안으로 이끈다. 하지만 그는 낙원처럼 보이는 그곳에 머물 수가 없다.

> 그들은 마치 원초적이고 천상적인 가족과도 같았으며, 그들의 미소 짓는 눈은 부드러운 연민의 빛을 띠고서 내 눈을 찾고 있었다. 나는 마치 잃어버린 낙원이라도 기억난 듯이, 뜨거운 눈물을 흘리면서 울기 시작했다. 거기에서 나는 [……] 다시 삶으로 돌아가야 한다는 생각에 전율했다. (124)

그런데 4장과 5장의 두 꿈은 각각 하강과 상승의 이미지를 표현한다. 조상들에 대한 꿈인 4장의 꿈에서 그는 음산한 바위들이 있는 곳, 지구를 관통하는 심연 속으로 떨어지는 느낌은 주는 곳, 혈관과 정맥들처럼 대지의 품을 관류하는 곳, 희뿌연 밝음이 스며드는 곳, 태양 없이도 밝게 비치는 물가, 노인이 밭을 갈고 있는 곳으로 안내된다. 즉 땅으로의 하강적 방문이 이루어지는 것이다. 반면 5장의 꿈은 긴 계단을 올라가 시야가 트인 곳, 신비로운 도시, 꽃과 새들이 사랑하는 맑은 공기와 밝음이 있는 산 위로의 상승의 여정이다. 이처럼 4장과 5장의 꿈은, 카스텍스(1997: 123-124)의 지적대로, 서로 보완적이다.

1부 6장은 조상의 집을 방문하는 꿈으로 이루어져 있는데, 그 꿈은 4장과 5장의 꿈과 유사하다. 방이 커지고 빛이 더 밝아졌을 뿐이다. 유년기 시절의 집을 환기시키는 그 집에서 화자는 과거의 친척들을 연상케 하는 세 여자를 만나고, "구식의 작은 갈색 양복을 입은" 어린아이로 변신한 자신의 모습을 본다. 세 여인 중 하나가 그를 정원으로 안내한다. 그런데 그 정원에서 물이 졸졸 흘러나오는 샘의 이미지는 마치 아이의 자기보존 본능을 만족시켜주는 어머니의 젖을 상징하는 듯하다. 뿐만 아니라 화자를 안내하던 여인은 점점 커지더니 놀랍게도 정원이며 땅이며 하늘 전체가 그녀의 모습을 띤다. 아이에게 어머니가 세계의 전부이듯이 여인은 세상 전체와 동일시된다,

그러나 그녀는 곧 사라져버린다. 그녀의 사라짐과 함께 자연도 죽고 빛이 찬란했던 정원도 어둠에 잠긴 묘지로 변한다. 그런데 그 여인이 커지기 전, "벗은 팔로 삼색 장미의 긴 줄기를 감싸 안는" 장면은 다분히 상징적이다. 페테르 다양Peter Dayan(1992: 139,147)은 이 삼색 장미꽃이 피어 있는 긴 줄기는 1부 10장에서 화자를 위협하는 "불에 달군 철퇴 같은 것이 달려 있는 긴 막대기"를 연상시키며, 그것은 여성이 소유한 팔뤼스를 상징함을 지적한다. 아이는 자신이 어머니의 남근이기를 소망하고, 어머니 역시 아이를 자신의 남근으로 소유하고자 한다. 그러나 아버지의 법에 의한 금지로 인해 어머니는 아이-남근을 포기해야 하고 아이는 자신이 어머니의 남근이 되는 것을 포기해야만 한다. 금지를 거부하고 남근을 소유하고 있는 어머니는 단죄된다. 따라서 여인의 죽음은 불가피한 결과이다. 바닥에 널브러진 여인의 흉상은 아버지에 의한 절단을 상징한다. 젖과도 같은 샘물이 흐르는 곳으로 화자를 안내하던 여인의 죽음은 '나'와 하나였던, 다시 말해 어린 '나'를 남근으로 소유했던 원초적 어머니의 죽음을 상징하며 그것은 무의식 속의 최초의 사랑의 대상으로서의 어머니, 즉 큰

대상의 상실을 의미한다.

그런데 이 꿈은 실제 사건을 예고한다. 꿈속의 여인이 죽었듯이 오렐리아가 죽은 것이다. 7장과 8장은 오렐리아의 죽음과 함께 행복 추구의 꿈이 좌절됨을 보여주는 절망적인 꿈들로 이루어진다. 그는 꿈속에 나타나는 상념들을 간직하고자 주워 모은 숯이며 벽돌 조각들을 가지고 떠오르는 영상들을 그린다. 그런데 그의 그림 속에 강박적으로 등장하는 이미지는 꿈속에 나타났던 여신의 모습을 한 오렐리아의 얼굴이다. 그리하여 오렐리아는 이제 여신과 동일시되고 네르발의 환각 속에서 여신에 의한 태초의 창조가 행해진다. 그것은 "현대적 전통", 다시 말해서 기독교 전통에 따른 아버지-신에 의한 창조가 아니라 "자연의 권능들 간의 행복한 조화"에 의한 창조이다. 8장의 첫머리에서 창조의 주체는 다름 아닌 어머니-여신이라는 사실을 알린다.

> 대체 누가 그 기적을 일으켰는가? 한 찬란한 여신이, 이 새로운 현신現身들 속에서, 인류의 빠른 진화를 인도하고 있었다. (137)

그러나 저주받은 종족의 신들인 엘로임들은 자기들끼리 전능을 전수하면서 인간을 노예로 삼고 땅의 자양분을 흡수하면서 세상의 조화를 깬다. 그리고 피비린내 나는 싸움을 일으킨다. 생명도 자유도 박탈된 채 죽음과 불모의 땅에서 아이들과 여인들은 시들어가고, 도처에서 통음 난무와 살육의 장면이 반복된다. 여신에 의해 창조된 조화로운 세계는 이처럼 폭력적인 남성들에 의해 파괴되고 전쟁과 피의 시대가 도래한다.

1부의 8장까지가 처음으로 정신병 증세가 나타나던 1841년과 1842년 사이의 꿈과 환각들로 구성되어 있다면, 9장과 10장에서는 네르발이 정신적 평온을 되찾고 나서 10년이 지난 후인 1851년, 정신병의 재발과 함께 다시 요양소를 찾았을 당시 작가에게 나타난 환각들이 이어진다. 물론 8장까지 묘사된 내용들이 1841년 당시의 환자를 묘사하고 있다고 하더라도, 카스텍스(1997: 107)가 지적하듯, 텍스트가 암시하는 것은 1841년의 환자의 정신세계라기보다는 글을 쓰던 당시의 정신세계를 보여준다고 보아야 할 것이다. 과거의 환각들을 메모해두었던 그가, 글을 쓰던 1853~1854년 당시의 관심사를 과거에 투사한 것으로 볼 수 있기 때문이다.

5장에서 '나'를 위협하던 영은 9장과 10장에서 '나'의 분신이 되어 다시 나타난다. 그런데 그는 '나'를 대신하여 오렐리아와 결혼하려 할 뿐 아니라 '나'를 위협하고, '나'를 조롱하는 등 나에게 적대적이다. '나'는 "신적인 법칙을 범하면서까지 가공할 신비를 꿰뚫고 싶어했기 때문에" 우주의 조화를 흔들어놓았다는 죄의식에 사로잡히기도 한다. 이렇게 1부가 끝난 후 2부는 죄의식에 대한 속죄, 그리고 구원 추구의 테마로 이루어진다. 1부의 많은 부분이 어머니로 표상되는 행복했던 유년기로의 회귀에 할애되어 있다면, 2부에는 용서의 테마와 더불어 금지하는 아버지를 상징하는 표상이 지배적이다.

'나'의 분신과 상징적 아버지

아이의 발달 과정에서 아버지는 어머니와 아이의 이자 관계에 개입하여 아이에게 금지의 시련을 겪게 함으로써 아이가 상징계의 질서 속으로 편입되게 하는 역할을 한다. 그러나 여섯 살이 될 때까지 제라르에게는 그런 역할을 해줄 아버지가 존재하지 않았다. 일곱 살이 되던 해에 불쑥 나타난 아버지를 통해 어머니의 죽음은 현실화되었고, 제라르에게 아버지는 어머니 죽음의 원인으로 각인된다. 네르발이 자신의 뿌리를 모계 쪽에서 찾으면서, 어머니 가문의 일원과 동일시하는 것은 어머니를 죽게 한 남자의 자식이 되는 것을 받아들일 수 없었기 때문이 아니었을까? 의사가 되기를 원하는 아버지의 소망을 거부하고 작가라는 직업을 선택하면서 그가 자신에게 부여한 네르발Nerval이라는 이름은 로랑Laurent이라는 어머니 성의 알파벳 중 't'자를 지운 후 거꾸로 읽은 것이다. 그는 라브뤼니Labrunie라는 아버지의 이름을 지운 채, 즉 아버지의 이름을 폐기[11] 하고 자신을 어머니와 동일시한다.

부재하는 아버지 대신에 이상적인 아버지의 역할을 한 사람은 그가 아저씨라 불렀던 외할머니의 동생 앙투안 부쉐이다. 그는 어머니로부터 아이를 분리시키는 금지의 역할을 하지 않는다. 따라서 제라르는 어머니를 상징하는 수많은 이미지들과 어머니에 대한 추억 속에서 억압을 모르고 자란다. 「오렐리아」 1부 4장의 첫 번째 꿈에는 그의 조상인 플랑드르 화가가 그린 어머니의 초상화가 등장한다. 그 초상화와 함께 어머니는 이미지로 남아 늘 아이와 함께 있는 존재가 된다. 뿐만 아니라 어머니가 지배하는 그 세상은 아버지 유일신이 지배하는 세상이 아니라 미신과 이교도, 우상 숭배가 가득한 곳이다.

---

11 라캉은 프로이트의 Verwerfung을 저당물의 반환권 상실을 의미하는 법률용어인 forclusion으로 번역하면서 그 의미를 발전시킨다. 라캉은 아버지의 이름에 대한 반응에 세 가지 양태가 있음을 지적한다. 억압refoulement, 부인refus, 그리고 폐기forclusion가 그것이다. 아버지의 이름을 억압할 경우 신경증의 원인이 되며, 아버지의 이름을 부인한 결과는 도착이다. 폐기의 결과는 정신병이다. 폐기란 어떤 요소가 한 번도 존재해본 적이 없었던 것처럼 상징계 밖으로 그것을 던져버리는 것이다. 아버지의 이름이 주체에게서 폐기될 때 도저히 채울 수 없는 구멍을 상징계에 남겨 놓는다. 그 빈 구멍으로 실재계가 되돌아옴으로써 환각이 그 자리를 채우는 정신병적 구조를 갖게 된다.

> 내가 자란 고장은 기이한 전설들과 이상스런 미신들로 가득한 곳이었다. 내 초기 교육에 지대한 영향을 끼친 아저씨 한 분은, 심심풀이 삼아, 로마와 켈트족의 골동품에 관심을 가지고 있었다. [……] 고백하거니와 나에게는 교회의 변변찮아 보이는 그리스도교 신상들[……]과 현관의 조잡한 두 성인보다 그것들이 훨씬 더 존경심을 불러일으키는 것이었다. (174-175)

아버지의 금지를 모르고 행복하게 자라던 제라르에게 아버지의 출현은 하나의 사건이며 진정한 트라우마이다. 아버지가 처음으로 그를 안았을 때 일곱 살의 제라르가 한 말은 "아버지! 아파요!"였다. 아버지의 사랑은 고통을 준다. 어머니를 죽게 만든 것은 아버지의 사랑이 아니었던가! 원장면의 폭력성은 어머니의 죽음이라는 극단적인 결과를 가져왔던 것이다. 이처럼 네르발의 무의식 속에는 원장면이 가진 공격적 성향이 존재한다. 미셸 콜로(1992: 22 참조) 역시 네르발의 작품에서 감지할 수 있는 성에 대한 두려움의 뿌리를 원장면에 대한 사디즘적 성향에서 찾고 있다.

고통받는 어머니-여인에 대한 환각은 「오렐리아」에 강박적으로 존재한다. 반지의 고리를 끊기 위해 톱질을 함으로써 "여인에게서 피가 흐르고", '나'로부터 멀어져 가는 여인은 몸통만 남아 "퇴락한 담벼락 밑에 널브러져 있고", 칼로 벤 듯 잘린 육체들은 "사지와 머리들이 피투성이로 얽혀" 있는 등 도처에서 여인의 영상은 고통받고 죽어간다.

나는 앞서 우울증의 증세 중 하나는 아무도 사랑하지 않는 것임을 언급한 바 있거니와, 페테르 다양(1992: 126)은 네르발 작품에 성적 관계가 부재함을 지적한다. 네르발이 '나'라는 화자로 등장하는 그 어떤 작품에서도 성적 행위의 흔적은 찾아볼 수 없다. 뿐만 아니라 그가 사랑하는 여인은 현실의 여인이 아니다. 멀리서 바라보기만 하는 무대 위의 여배우 오렐리아가 그렇고, 『실비』에 등장하는 성녀 아드리엔이 그러하다. 무대가 현실의 공간이 아니듯이, 극중 인물을 연기하는 여배우는 현실의 여인이 아니다. 네르발에게 있어 사랑하는 여인은 가까이 다가가서는 안 되는 여인, 만질 수도 볼 수도 없는 여인, 가까이 다가서면 사라져버리는 여인, 목소리로만 기억되는 금지된 여인이다. 네르발이 사랑의 행위를 원치 않는다면 그것은 자신의 아버지를 포함한 다른 모든 남자들처럼 사랑으로 인해 여성을 파괴하고 싶지 않았기 때문이다. 앙토니아 포니(1997: 161-169)는 네르발의 작품에 강박적으로 존재하는 파괴 불안을 언급한다. 남근은 일종의 무기이며 그것을 가진 아버지는 위협적인 인물이다. 그는 그런 폭력적인 아버지와 자신을 동일시할 수 없다. 그리고 아버지의 성적 행위를 모방할 수 없다. 이처럼 아버지와의 동일시를 거부하는 것은 남자가 되기를 거부하는 것이다.

이는 라캉식으로 말해 아버지의 금지를 받아들이지 않는 것이다. "나는 어머니의 남근이 아니다"라는 사실을, 즉 아버지의 금지에 의한 거세[12]를 수용하지 않는 것이다. 그렇다면 "나는 어머니의 남근이다"라는 말이 된다. 다시 말해서 그는 아버지에 의한 거세를 받아들이지 않음으로써 남자-어른이 되는 것을 거부하고 어머니의 아이로 남아 있고자 하는 것이다. 그런데 내가 어머니의 아이로 남기를 소망한다면, 어머니 역시 여성이 아닌 어머니로만 존재해야 한다. 어머니가 아이 아닌 남성을 욕망한다

---

12 라캉적 의미의 거세는 어머니의 남근임을 포기하는 것이다. 아이는 어머니에게도 남근적 의미를 가지며, 아이도 그것을 인식한다. 즉 어머니가 나를 남근으로 사랑한다는 사실을 인식하면서 자신을 남근과 동일시하는 것이다. 그런데 그것을 포기하고 "나는 남근이 아니다"라고 생각하는 것이 거세이다. 그리고 그것은 무의식적인 것이어서 꿈이나 환각, 증상 등의 연상을 통해 드러난다.

면 그 남성은 그녀를 파멸로 몰고 갈 것이기 때문이다. 네르발의 작품에 끊임없이 등장하는 이시스 여신과 동정녀 마리아의 이미지는 그렇게 설명된다. 이시스와 마리아에게는 남편이 없다. 호루스를 안고 있는 이시스와 예수를 안고 있는 마리아는 남편 없이 아이를 잉태한 여인들이다. 그들은 남자의 폭력이 없기에 절대 죽지 않는 영원한 어머니의 이미지를 구현한다. 그리고 네르발은 욕망이나 부와 같은 권능 의지를 포기한 무능력한 아이, 그러나 성적 욕망이 없기에 사랑받는 아이로 남는다.

그렇다면 네르발의 작품 속에 아버지는 어떤 이미지로 나타날까? 「오렐리아」에는 '또 하나의 나', 즉 분신이 자주 등장한다. 그런데 그 분신은 다름 아닌 금지하는 아버지에 대한 메타포로서 '나'를 위협하는 적대적인 존재, 박탈자, 거세자이다(박혜영, 2001: 301-303). 그들은 무기를 가지고 '나'를 위협하고, 나의 결혼식에 신랑으로 등장하여 '나'의 여인을 빼앗아간다.

「오렐리아」의 1부 3장에는 '나'를 데려가려고 온 두 명의 친구들이 '나' 대신 '나'의 분신을 데려가는 장면이 있다. 네르발은 이 장면을 제시하면서, 분신을 보면 죽음에 가까워진다는 독일 전통을 빌려 죽음에 대한 강박관념을 드러내고 있다. 1부 5장에는 무기를 들고 '나'를 위협하면서 신비로운 도시로의 진입을 금지하는 적대적인 분신이 등장하는데, 그는 3장에 처음 등장했던 '나'의 분신과 동일시된다. 그리고 그는 1부 9장에서 동방의 왕자 차림으로 다시 나타난다. 내 모습 그대로의 그는 '나'로부터 오렐리아를 빼앗아간다.

> 그는 조용히 내 쪽을 돌아보았다. 오 두렵게도! 오 분하게도! 그것은 내 얼굴, 이상화되고 확대된 내 모습 그대로였다. [……] 그러자 나는 나와 같

> 은 날 밤에 체포되었다가, 두 친구가 나를 찾으러 왔을 때 내 이름으로 수비대에서 나간 것으로 생각되었던 인물이 떠올랐다. 그는 손에 형태를 잘 분간할 수 없는 무기를 들고 있었고, [……] (146)

그 분신은 다시 1부 10장에서 오렐리아와의 결혼식장에 도착하는 신랑으로 등장하여 "불에 달군 철퇴 같은 것이 달려 있는 긴 막대기"를 들고 나를 위협한다. 앞서 언급했듯이 이 불에 달군 막대기는 발기한 남성을 상징한다. 즉 스스로 남성이기를 포기하고 아이로 남아 있고자 하는 '나'는 상상 속에서 자기복제를 통해 남근을 소유한 또 하나의 '나'를 만든 후 그 타자에게 성적 행위를 양도함으로써 자신은 불능의 상태로 남고자 한다(Jeanneret, 1978: 187). 그러나 그런 무능력에 대해 조롱받지 않기 위해서 '나'는 다음과 같이 다른 무기를 내보여야 한다.

> 주의에서는 내 무력함을 비웃는 듯했다. [……] 그래서 나는 말할 수 없는 자만으로 가득 찬 마음으로 보좌 있는 데까지 물러서서, 나에게는 마법적인 권능을 지닌 것처럼 보이는 신호를 하기 위해 팔을 쳐들었다. (154)

그러나 한 여인의 고통이 담긴 비명 소리에 '나'는 소스라치게 놀라 꿈에서 깨어난다. '나'의 죄를 일깨워주는 듯한 여인의 비명 소리 이후 침대에서 내려와 뜨거운 눈물을 흘리면서 열렬히 기도하는 '나'는 아버지의 법을 위반한 죄에 대해 용서를 구하는 아들의 모습에 다름 아니다.

이제 '나'의 분신은 2부에서 "사랑받는 신랑, 영광의 왕"으로, 동시에 "나를 심판하고 나를 저주하는" 법의 집행자로, 그리고 오렐리아를 하늘로 데려가 버린 아버지-신으로 번갈아 나타나면서 기독교 신의 은유가 된다. 1부 마지막에 자신이 "신적 법칙을 범했음"을 고백하고 있거니와, 2부 4장에서는 기독교 신에 복종하지 않고, 철학이라는 학문, 그리고 다양한 종교들의 교리에서 진리를 찾으려는 '오만'을 범했던 것에 대한 죄의식을 표명한다. 이처럼 「오렐리아」 2부는 기독교 신을 거부한 것에 대한 죄의식과 그에 대한 용서를 구하는 '나'의 기록이다.

> 이제야 알겠다, 하고 나는 생각했다. 나는 창조주보다 피조물을 더 사랑했던 것이다. 나는 내 사랑의 대상을 신격화했고 그리스도의 품 안에서 숨을 거둔 여인을 이교도들의 예식에 따라 숭배했던 것이다. 그러나 [……] 신은 아직도 나를 용서할 수 있을 것이다. (164)

신의 용서를 구하기 위해 그는 소홀히했던 친구에게 사과하기도 하고, 성모의 제단 아래 몸을 던지기도 한다. 그는 또한 교회 성가대석 맨 뒷줄에 가서 무릎을 꿇고 반지 알에 "알라! 모하메드! 알리"라는 세 마디의 아랍 말이 새겨진 은반지를 빼내는 속죄의식을 통해 신의 용서를 구하기도 한다.

그러나 신의 용서는 사튀르냉이라는 인물을 통해 이루어진다. 그는 '나'에게 신의 은총을 부여하는 또 하나의 분신이다. 그는 항상 '나'와 가까이에 있는 지상의 속박들로부터 해방된, 푸른 눈을 가진 영혼이다. 그런데 '나'의 분신 사튀르냉은 병원에서 만난 홍미로운 한 청년과 동일시된다. 전에 아프리카 병사이던 그는 먹지 않을 뿐더러 보지도 말하지도 못하는 존재이다. 그런 그가 말을 하기 시작한다. '나'의 간절한 소원 때문에 그가 말을 하기 시작했다고 느낀 '나'는 처음으로 감미로운 꿈을 꾼다. 꿈속에서 '나'는 한 영이 나타나 자신과 형제임을 알리는 소리를 듣는데, 그 영은 다름 아닌 이지적인 모습으로 변한 그 청년이다. '나'는 그에게 사튀르냉이라는 이름을 부여한다. 그는 여신과 함께 나타나 속박의 시련이 끝났음을 알리는 구원의 메시지를 보낸다. 그런데 또 다른 꿈에서 그 여신은 내가 사랑하는 여인과 동일시된다. 그 여인은 "은갑을 입힌 하얀 암말을 타고" '나'의 누이로 나타나 용기를 준다.

> 오 죽음이여! 네 이김이 어디 있느냐, 승리의 메시아가 우리 둘 사이를 말 달리시거늘? [……] 우리 셋은 모두 빛에 휩싸였다. 그리고서 나는 다시 사람들 사이로 내려와 기쁜 소식을 전하게 되었다. (210-211)

이 감미로운 꿈에서 깨어난 '나'는 하늘의 영광과 함께 "예수 그리스도의 피로 쓴 용서라는 말"을 읽는다. 이처럼 네르발은 가장 아름다운 분신을 통해 신으로부터 용서를 받고 구원을 얻는다.

많은 비평가들은 「오렐리아」를 속죄에 의해 신의 용서를 받고 구원에 이르는 텍스트로 분석한다. 그러나 메시아의 도래에도 불구하고 네르발은 세계의 비밀, 즉 새로운 창조의 비밀을 탐구하고자 하는 지적 호기심을 억누르지 못한다. 네르발에게 있어 우주 창조의 비밀은 전지전능한 신의 말씀에 있지 않다. 이 세상은 하나님이 창조한 것이 아니라 음계의 조화로부터 탄생한 것이다.

> 묵묵한 어둠 속으로부터, 두 개의 음이, 하나는 낮게 다른 하나는 높게, 울려 퍼졌고,—그러자 영원한 궤도가 곧 돌기 시작했다. [……] 대기가 진동하고, 빛은 피어나는 꽃들을 조화롭게 부순다. 대지의 부푼 가슴으로부터 탄식하는 소리, 사랑의 전율이 새어나오며, 천체들의 합창대는 무한 속

에 펼쳐진다. (211)

조화에 의한 우주 창조의 개념은 「오렐리아」에 끈질기게 등장하는 천계론 사상에서 연유한다(Dayan, 1992: 152). 그리고 그것은 기독교가 아닌 게르만 신화의 세계로 독자들을 안내한다. 곧 이어 사르담, 빈, 노르웨이, 러시아, 폴란드, 프랑스 등에 대한 조각나고 파편적인 꿈들이 등장한다. 마침내 '나'는 태초의 조화를 되찾는 임무를 완성하기 위해 꿈의 비밀을 "알아내고자" 한다. 알고자 하는 욕망, 지식에 대한 욕망을 추구하는 것은 겸손하고 복종적인 기독교인의 태도와 대립된다. 앞서 보았듯이 '나'는 아버지-신에 반항하고 거부한 것에 대한 죄의식으로부터 벗어나 아버지-신의 지배를 받음으로써 아버지-신의 용서를 구하고자 하지만, 알고자 하는 욕망, 보고자 하는 욕망을 포기할 수 없다. 그러나 구원받고 싶은 소망과 아버지-신에 저항하고자 하는 두 가지 욕망은 공존할 수 없는 대립된 욕망이다. 「오렐리아」의 마지막에 등장한 '나'의 분신 사튀르냉이 상징하는 죽음은 양립할 수 없는 두 욕망으로 인해 찢겨져, 자기 스스로 죽음을 택할 수밖에 없었던 네르발의 심적 상태를 상징적으로 표현한 것이리라.

죽음의 이미지

이 글의 서두에서 나는 「오렐리아」를 비롯한 대부분의 작품들이 작가가 광기 상태에 있던 시기에 집필되었음을 언급한 바 있거니와, 네르발에게 광기의 체험은 글쓰기의 원동력이었다고 해도 과언이 아니다. 그런데 정신착란의 경험을 묘사하는 그의 언어는 결코 광인의 언어가 아니다. 네르발은 자신의 꿈이 가지는 병적 특성을 인정한다. 그러나 곧이어 그는 자신의 병을 부인하기도 한다.

> 나는 [……] 전적으로 내 정신의 신비들 가운데 일어났던 오랜 병의 인상들을 옮겨 적어보려 한다. 하지만 나는 내가 왜 병이라는 말을 쓰는지 모르겠다. 내 자신으로 말할 것 같으면, 나는 일찍이 이렇게 건강해본 적이 없으니 말이다. (96)

네르발의 이 말은 모순적이지만 결코 틀린 말은 아니다. 실제로 그가 사용하는 언어는 불완전하고 불연속적인 광인의 횡설수설과는 거리가 멀다. 그는 명철한 통제력을 가지고 자신의 착란과 환각의 증세를 탐색하고 있으며, 명확한 논리를 가지고 서술하고, 적확한 어휘를 사용하는 등 표현에 있어서 어떠한 정신병적 징후도 보이지 않는다. 알렉상드르 뒤마에게 보낸 편지에서도 네르발은 자신의 이야기에 "이성이 결여되어 있을지라도 논리가 없지는 않다"는 것을 강조하고 있다.

꿈에 대한 성찰로 시작한 「오렐리아」는 꿈에 대한 성찰로 끝난다. 네르발은 꿈을 탐색함으로써 신비의 문을 열고 초월적 세계로 독자들을 인도하겠다는 포부를 드러낸다. 명철한 의식과 논리를 가지고 자신의 꿈과 환각을 탐색하여 자신의 착란을 스스로 주도하고 그 비밀을 찾아냄으로써 병리학적인 징후에 긍정성을 부여하고 구원의 가능성을 모색하고자 하는 것이다. 그리고 그가 추구하던 구원은 이루어진 듯이 보인다. '나'의 분신 사튀르냉과 동일시되었던 가련한 청년이 마비 상태에서 벗어나 노래도 부르고 말도 하게 됨으로써 작가는 구원의 가능성을 암시하기 때문이다. 그러나 그는 과연 영원히 구원받은 것일까? 그에 대한 답은 회의적이다. 희망을 주는 것처럼 보이던 담화의 어조는 갑자기 변화하여 죽음의 이미지로 이동하기 때문이다.

> 그는 여전히 먹으려 하지 않았다. [……] "왜 다른 사람들처럼 먹고 마시려 하지 않는 거야? ― 왜냐하면 나는 죽었거든. 나는 어디어디 있는 어떤 묘지에 묻혔었어…… ―그럼 지금은 어디 있다고 생각하는데? ― 연옥에 있지. 나는 속죄를 하고 있는 중이야." (218-219)

가족과 친구들의 애정 속에서 자신이 얻은 신념들로 인해 행복하다는 작가의 마지막 마무리 글에도 불구하고 나는 죽음을 상징하는 사튀르냉의 이미지에서 죽음의 그림자를 본다. 결국 네르발은 스스로 목을 매어 자신의 삶을 마감하지 않았던가! 그는 죽음 너머의 삶이 소위 그가 말하는 새로운 삶이라 생각했던 것이 아닐까? 어쩌면 그는 자신이 끈질기게 추구했던 구원은 그 초월적 세계에서나 가능할 것이라고 믿었는지도 모른다.

제라르 드 네르발

(Gérard de Nerval, 1808~1855)

제라르 드 네르발, 본명 제라르 라브뤼니Gérard Labrunie는 1808년 5월 22일 파리의 생-마르탱가 96번지에서 출생했다. 프랑스 남부 지방 출신인 아버지 에티엔 라브뤼니는 나폴레옹의 군대에서 군의관을 지낸 의사이며 어머니 마리 앙투아네트 마르그리트 로랑은 발루아 지방 출신의 내의류 판매업자의 딸이었다. 출생 직후 어린 제라르는 모르트 퐁텐 근처의 루아지에 거주하는 한 유모에게 맡겨진다. 그의 어머니는 돌이 갓 지난 어린 아들을 유모에게 맡겨둔 채 남편을 따라 독일의 전지까지 따라갔다가 열병에 걸려 25세의 젊은 나이로 그곳에서 사망한다. 얼굴조차 보지 못했던 어머니에 대한 그리움은 그의 작품 전체를 관통하는 하나의 핵으로 기능한다. 아버지 라브뤼니 박사는 전쟁이 끝날 때까지 독일에서 군의관으로 근무하다가 1814년이 되어서야 프랑스로 돌아온다.

어머니의 죽음과 더불어 아버지의 소식도 끊긴 채 고아나 다름없는 제라르를 거둔 이는 어머니의 외삼촌인 앙투안 부셰이다. 그는 유모로부터 아이를 데려와 모르트 퐁텐의 자신의 집에서 양육한다. 어머니의 고향인 발루아 지방의 외가에서 보낸 그의 유년기는 잊을 수 없는 행복한 기억들을 그에게 제공한다. 비록 부모의 사랑을 받지는 못했지만 외증조부 앙투안 부셰는 부모 이상의 사랑을 그에게 베풀었고 그에게 이상적인 아버지의 이미지로 존재했다. 그가 유년기를 보낸 발루아 지방은 이후 작가의 시적 상상력의 원천이 된다.

네르발이 여섯 살이 되던 해인 1814년 아버지의 귀국과 함께 그의 행복한 유년기는 막을 내리고 그는 아버지를 따라 파리의 생-마르탱가 72번지에 정착하게 된다. 그곳에서 그의 아버지는 산부인과 병원을 개업한다. 군인 정신이 투철하고 엄격했던 아버지는 아들의 감성적이고 나약한 성격을 이해하지 못했고, 그런 아들에게 "사람들이 의무라고 부르는 것"을 가르치려 했다. 열두 살이 된 제라르는 샤를르마뉴고등학교의 외부 통학생으로 입학을 하고, 그곳에서 테오필 고티에와 친구가 된다. 그는 이미 열세 살 때부터 시를 쓰기 시작했고 고등학교 시절 「국민비가Elégie nationale」와 풍자적 희곡 『아카데미 또는 만날 수 없는 회원Académie ou les membres introuvables』 등을 발표한다. 1826년 고등학교를 졸업한 그는 괴테의 『파우스트Faust』를 번역하여 그 이듬해인 1827년 발표한다. 이 번역은 그를 일약 유명 인사로 만들었다. 대문호 괴테가 그의 번역본을 읽고 "내가 나를 이렇게 잘 이해하기는 처음"이라는 편지를 보냈을 정도로 그의 번역은 명번역으로 꼽힌다. 명성을 얻게 된 네르발은 빅토르 위고의 소설 『아이슬란드의 한Han d'Islande』을 희곡으로 각색하기도 하고, 독일 시인들의 시를 번역하기도 하면서 문학 청년들과 어울리게 된다. 위고의 친구들과 함께 『에르나니Hernani』 투쟁에 참여하기도 한다. 그가 네르발이라는 필명을 쓰기 시작한 것도 바로 그 무렵이다. 로랑Laurent이라는 어머니 성의 알파벳 중 't'자를 지운 후 거꾸로 읽은 네르발Nerval은 파리에서 북쪽으로 40km쯤 떨어진 옛 발루아 지방에 있는 외가 소유의 작은 영지의 이름을 딴 것으로, 작가는 그 이름이 로마 황제 네르바에서 유래한 것이라 추정했다고 한다.

안정된 직업을 갖기를 바라는 아버지의 뜻에 따라 의과대학에 입학하지만, 그는 곧 의사가 되기를 거부하고 시인이 되고자 함으로써 아버지와 심한 갈등을 겪게 된다. 1834년 외조부의 타계로 인해 3만 프랑이라는 큰 재산을 상속받은 네르발은 부친의 집을 나와 바야흐로 진정한 보헤미안의 생활로 접어들게 된다. 그는 유산의 일부를 현금화한 후 남프랑스와 이탈리아를 여행하는 한편, 고티에 등의 예술가 친구들과 공동 생활을 하면서 예술지상주의를 꿈꾸기도 한다. 평생 동안 사랑하게 될 여배우 제니 콜롱을 만난 것도 그 무렵이다. 1835년 그는 그녀를 출세시키겠다는 일념으로 호화판 연극 잡지 『드라마의 세계Le Monde dramatique』를 창간하지만 첫 권이 실패함으로써 네르발은 상속받은 재산의 대부분을 잃고 파산한다. 이후 그는 생계 유지를 위해 『르 피가로Le Figaro』, 『라 프레스La Presse』, 『1830년의 헌장La Charte de 1830』, 『아티스트L'Artiste』 등에 기고하는 동시에 극작에 몰두하면서 큰돈을 벌 기회를 노리지만 성공하지 못한다. 1837년 오페라-코믹극장에서 알렉상드르 뒤마와 합작하고 뒤마의 이름으로 발표된 「피키요Piquillo」를 공연하고, 그 주연을 제니 콜롱에게 맡긴다. 그러나 제니는 그로부터 일 년 뒤인 1838년 오페라-코믹극장의 플루트 주자인 르플뤼스와 결혼함으로써 네르발에게 큰 상처를 남긴다. 1839년에는 역시 뒤마와 합작하고 뒤마의 이름으로 서명한 「연금술사L'Alchimiste」가 르네상스극장에서 공연된다. 뒤마와의 또 하나의 합작품인 「레오 뷔르카르Léo Burckart」는 네르발의 이름으로 서명되어 발표된다. 그러나 두 작품 모두 실패함으로써 그는 극작가로 인정받지 못한다.

독일, 스위스, 오스트리아, 벨기에 등을 여행하고 파리로 돌아온 후 1841년 2월 20일경 그는 첫 정신병 발작을 일으켜 픽퓌스가 6번지 생-마르셀 부인의 병원에 입원한다. 3월 16일에 퇴원하지만 3월 21일 정신병의 재발로 11월까지 몽마르트르의 에스프리 블랑슈 박사의 정신병원에 입원한다. 그 이듬해인 1842년 그는 제니 콜롱의 사망 소식을 듣게 된다. 그 충격에서 벗어나고자 그는 동방 여행을 떠나 알렉산드리아, 시리아, 베이루트, 키프로스, 로도스, 콘스탄티노플 등지를 여행하고 1843년 10월 프랑스로 돌아온다. 그 후 곧바로 또다시 여행을 떠나 말트, 나폴리 등에서 체류하고 12월에 귀국한다. 이 여행에 관한 기록은 1851년 출판된 그의 『동방 여행기』에 고스란히 담겨 있다. 여행에서 돌아온 후 여전히 고되고 불안정한 방랑 생활을 계속하던 그는 1851년 9월 24일 몽마르트르의 인쇄업자의 집에서 쓰러져 심한 상처를 입고 11월까지 에밀 블랑슈 박사의 병원에 입원한다. 그 후 1852년 심한 열병으로 생-드니의 시립병원 메종 뒤부아에 약 20일간 입원하는가 하면, 1853년 2월 6일부터 3월 27일까지 그 병원에 다시 입원하기도 한다. 같은 해 8월 26일 정신병이 재발하여 자선병원에 입원한 그는 그다음 날인 27일 파시의 에밀 블랑슈 박사의 병원으로 옮겨 9월 말 조기 퇴원 후 10월 7일 재입원하여 1854년 5월 27일까지 그곳에 머문다. 퇴원한 지 채 3개월도 되지 않아 8월 8일 다시 블랑슈 박사의 요양원으로 들어가지만, 10월 19일 친구들과 문인협회의 개입으로 퇴원한 뒤 네르발은 거처도 없이 방랑 생활을 계속한다. 그에게는 한 푼의 돈도 없었지만 그는 친구들의 도움을 거절했다. 숙모는 매일 밤 그의 잠자리를 준

비하고 기다렸고 친구들도 그의 숙소를 마련하는 우정을 보였지만 그는 누구의 제안도 받아들이지 않았던 것이다. 그러나 그는 마치 자신의 죽음을 예견하기라도 한 듯 친구들을 하나하나 방문한 후 1855년 1월 26일 새벽 파리의 라 베이유 랑테른가의 초라한 골목에서 스스로 목숨을 끊는다. 영하 18도의 추운 날씨에 목매달아 자살한 그의 시체는 꽁꽁 얼어 있었고 그의 호주머니 속에는 「오렐리아」 2부의 교정본이 들어 있었다.

이렇듯 네르발의 삶은 고통의 연속이었다. 그러나 그는 정신병에 걸려 병원을 들락거리던 바로 그 시기에 수많은 걸작들을 남겼다. 꿈과 현실이 구분되지 않는 것처럼 보이는 그의 작품들은 동시대인들에게는 잘 이해되지 못했다. 그러나 20세기에 들어와 그의 작품은 새로운 관심의 대상이 되었다. 프루스트는 네르발을 제대로 평가하지 못한 생트-뵈브의 비평의 오류를 지적했고, 앙드레 브르통을 비롯한 초현실주의자들은 무의식의 세계를 표현한 네르발을 그들 예술의 선구자로 내세우기도 했다. 그 후 네르발에 대한 연구가 활발해지고 그의 작품들이 재조명됨으로써 오늘날 네르발은 '가장 프랑스적인 서정시인의 한 사람'으로 평가되고 있다.

4 염상섭의 「표본실의 청개구리」와 시대적 우울

한국 근대 문학의 태동기였던 1920년 당시, 문단을 대표하던 작가는 이광수와 김동인이었다. 이광수는 계몽주의적 소설을 통해 민중을 교화하고자 했고, 김동인은 예술지상주의를 표방했다. 두 작가로 대표되는 대립 관계 속에서 염상섭은 그들을 넘어서는 새로운 소설을 모색하고자 했던 것으로 보인다. 1921년 8월에서 10월까지 3회에 걸쳐 『개벽』지에 연재된 염상섭의 대표작 「표본실의 청개구리」는 그러한 야심의 소산이라 할 수 있다.

그렇다면 염상섭이 추구한 새로움은 무엇인가? 그것은 우선 「표본실의 청개구리」의 서두에 표현된 내적 심리 상태의 묘사에 있다. 김동인(1984: 72)이 그 글을 읽으면서 "새로운 하믈렛트의 출현을 보는 듯하다"거나 "강적을 만났다"는 등의 반응을 보인 것은 이제까지의 소설들에서 찾아볼 수 없었던 새로운 방식으로 소설이 시작되기 때문이었을 것이다. 이광수나 김동인의 소설이 주인공의 신분이나 직업, 혹은 환경 등을 제시함으로써 시작된다면, 「표본실의 청개구리」는 아무런 외적 정보도 주지 않은 채 첫 페이지부터 식민지 치하 지식인 청년의 불안과 공포, 그리고 번민과 고뇌를 표현하고 있다. 그러나 「표본실의 청개구리」의 글쓰기에 대한 비평가들의 평가가 긍정적인 것만은 아니다. 새로움을 표방하며 선언적으로 시작한 이 소설에 김창억에 대한 서사가 삽입됨으로써 진부한 소설로 전락해버렸다는 비판의 목소리가 작지 않기 때문이다. 그러나 「표본실의 청개구리」는 한국 근대 문학에서 처음으로 광기가 등장한 소설이라는 점에서 내게는 중요한 의미를 지니는 작품이다.

이 작품은 해부된 청개구리처럼 외부의 힘에 의해 의지를 빼앗긴 주인공의 불안하고 우울한 정신 상태를 나타내고 있다. 동시에 김창억이라는 광인을 등장시켜 나라를 빼앗긴 당대 현실 앞에서 아무것도 할 수 없는 지식인의 고뇌와 그로 인한 허무주의적 아픔을 비유적으로 표현한다.

시대적 우울과 현실 도피

이 소설은 "무거운 기분의 침체와 한없이 늘어진 생의 권태는 나가지 않는 나의 발길을 남포까지 끌어왔다"라는 우울한 분위기의 글로 시작한다. 그러나 침체와 권태의 이유는 제시하지 않은 채 다음 문장이 이어진다.

> 귀성한 후 칠팔 개삭 간의 불규칙한 생활은 나의 전신을 해면같이 짓두들겨 놓았을 뿐 아니라 나의 혼백까지 두식蠹蝕하였다. 나의 몸을 어디를 두드리든지 알콜과 니코틴의 독취를 내뿜지 않는 곳이 없을 만큼 피로하였었다. [……] 몸을 추스르기가 겨워서 동네 산보에도 식은땀을 줄줄 흘리고 친구와 이야기하려면 두세 마디째부터는 목침을 찾았다. (12)[13]

이처럼 화자는 집에 돌아온 후 칠팔 개월이 지나는 동안 불규칙한 생활을 하면서 피로와 불면에 시달리는가 하면 술과 담배에 찌들어 몸이 쇠약해지고 신경은 날카로워진 자신의 상태를 언급한다. 그런데 '귀성한 후'라고만 했을 뿐 어디를 갔었는지, 왜 떠났었는지에 대한 구체적 언급은

13 텍스트의 인용을 위해서는 지학사에서 1985년 출간된 김치수 편저 『염상섭: 대표작품 · 작품해설 · 작가평전 · 연구자료』를 참고했다.

없다. 김윤식(1987: 142)은 그의 귀성이 일본으로부터의 귀국을 의미한다고 주장한다. 그러나 소설의 집필 시기가 3·1운동이 일어난 직후였음을 고려할 때, 그리고 작가 자신이 독립만세운동을 전개하다 체포되어 투옥된 바 있음을 생각할 때, 그의 귀성이 감옥으로부터의 출소일 가능성도 배제할 수 없다. 귀성의 의미가 무엇이든 화자의 우울과 침체는 3·1운동이 실패로 돌아가고 세상은 온통 세기말적 절망적 분위기에 휩싸여 있던 당시의 허무주의를 표현하고 있다. 그러한 화자에게 강박적으로 떠오르는 영상은 "해부된 개구리가 사지에 핀을 박고 칠성판 위에 자빠진 형상"이다.

> 내가 중학교 이년 시대에 박물 실험실에서 수염 덥석부리 선생이 청개구리를 해부하여 가지고 김이 모락모락 나는 오장을 차례차례로 끌어내서 자는 아기 누이듯이 주정병酒精甁에 채운 후에 [……] 뾰족한 바늘 끝으로 여기저기를 콕콕 찌르는 대로 오장을 빼앗긴 개구리는 진저리를 치며 사지에 못 박힌 채 벌떡벌떡 고민하는 모양이었다. (12-13)

인용된 문장은 염상섭을 한국의 대표적 자연주의 작가로 인정하게 만든 문장이다. 많은 비평가들은 이 실험실 장면의 묘사에서 졸라의 실험소설론과 관련된 자연주의적 요소를 보았던 것이다. 그러나 나는 이 문장에서 나라 잃은 슬픔과 좌절에 빠져 미칠 지경에 이른 당대 지식인의 고뇌를 읽는다. 아무 힘도 발휘하지 못한 채 거대한 힘에 짓눌려 살아야 하는 삶의 고뇌는 화자로 하여금 실험실 바닥에 자빠져 있는 해부된 개구리의 육체를 떠올리게 한다. 그와 동시에 그는 자신을 개구리와 동일시하기에 이른다.

소설은 곧 이어서 개구리 해부 장면을 연상시키는 "메스, 닭의 똥만한 오물오물하는 심장과 폐, 바늘 끝" 같은 단어들을 열거한다. 그중에서도 메스는 화자에게 강렬한 인상을 불러일으키면서 이미지의 연상을 통해 책상 서랍 속 면도칼로 그를 이끌고, 그는 자살 충동에 사로잡힌다. 자살 충동에 대한 유혹과 공포를 견디지 못한 화자는 면도칼을 창밖으로 내던지고는 여행을 떠나기로 결심한다. 답답한 현실을 벗어나기 위해 어디든 멀리 가야겠다는 생각을 하는 것이다. 이렇게 소설은 연상 작용에 의해 개구리에서 해부실 메스로, 메스에서 책상 서랍 속 면도칼로, 면도칼에서 자살 충동과 현실 도피 욕망으로 이어진다.

떠나고 싶은 욕망에도 불구하고 좀처럼 출발을 결행하지 못하고 있던 화자를 남포로 이끈 이는 친구 H이다. 그러나 그가 평양으로 여행을 떠나는 목적은 뚜렷하게 제시되지 않는다. 그는 그저 지긋지긋한 경성을 떠나고자 하는 욕구와 기차를 탄다는 것에 대한 호기심에 이끌려 H와 동행하게 되었음을 고백할 뿐이다. 그들은 평양을 거쳐 남포에 이르고, 그곳에서 친구 Y와 A를 만나 시대의 광인 김창억의 이야기를 듣는다. 남포로 가기 전, 평양의 대동강가에서 만났던 장발의 사내는 또 하나의 광인이다. 기괴한 머리와 때 묻은 옷차림을 하고 타인의 존재는 아랑곳하지 않은 채 강물에서 세수하고 양치질한 후 장단에 맞추어 유유히 사라지는 그를 바라보며 사람들은 조소하지만 화자는 그에게서 진정한 자유와 행복을 본다.

김창억의 광기와 정체성

남포에서 만난 친구 Y는 김창억을 삼원 오십 전으로 삼층집을 지은 대건축가로 소개한다. 김창억은 동서친목회를 조직하여 한 달 열사흘에 걸쳐 지은 그의 삼층집에서 톨스토이즘에다 윌슨이즘을 가미한 설교를 하면서 세계 평화를 부르짖는 위인이다. 사람들은 그를 광인 취급하면서 조롱한다. 그러나 그를 조롱하는 친구들과 달리 화자 X는 그가 "미쳤다고 하여야 좋을지 모든 것을 대오大悟하고 모든 것에서 해탈한 대철인이라고 하여야 좋을지 몰랐다." 친구 P에게 보낸 편지에서 화자는 김창억을 자유민으로 인정한다. 광인 김창억을 신념을 가지고 최대의 행복을 누리는 자로 묘사하는 것이다.

> 무엇이라고 했으면 지금 나의 이 심정을 가장 천명히 형에게 전할 수 있을까? [……] 삼원 오십 전으로 삼층집을 짓고 유유자적하는 실신자失神者를…… 아니오, 아니오, 자유민을 이 눈앞에 놓고 볼 제 나는 놀라지 않을 수가 없었소. 현대의 모든 병적 다아크사이드를 기름 가마니에 몰아넣고 전축(煎縮)하여 최후에 가마 밑에 졸아붙은 오뇌의 환약이 바지적바지적 타는 것 같기도 하고 우리의 욕구를 홀로 구현한 승리자 같기도 하여 보입니다…… (37)

이처럼 화자는 김창억의 광기를 현대의 모든 병적인 우울을 응축시켜 놓은 하나의 표상으로 제시한다. 그런데 김창억은 그 광기 속에서 행복을 누린다. 화자와 그의 친구들이 비통한 현실을 견디지 못해 알코올에 의지하며 무기력한 삶을 영위하고 있다면, 그는 신념을 가진 자유인이요 승리자이다.

작가는 소설 인물들의 이름을 통해 신념을 가진 자와 그렇지 못한 자를 구분한다. 작가가 인물들을 명명함은 그 인물들에게 정체성을 부여함을 의미한다. 그런데 김도경(2009: 252)이 지적하듯 염상섭의 초기 소설에서 인물들은 대부분 고유명이 아닌 알파벳 기호로 표시된다. 「표본실의 청개구리」의 인물들 역시 화자 X를 비롯하여 H, Y, A, P 등으로 표기된다. 물론 김동인 역시 주인공을 알파벳으로 표기하는 경우가 종종 있다. 『마음이 옅은 자여』의 K와 Y, 「광염 소나타」의 K 등이 그러하다. 그러나 김동인의 경우 인물들의 이름을 전제한 후 그 이름의 이니셜을 선택하는 것이라면, 염상섭 소설의 인물들은 처음부터 임의적으로 기호화되어 있다. 단지 각 인물들 간의 차이를 부여하기 위한 기호에 불과한 그 이름들은 본질적인 정체성을 부여받지 못한다. 자아 정체성을 상실한 그들은 허무주의에 빠진 채 무의미한 삶을 술에 의지하여 살고 있는 인생의 패배자들이다.

이름 없는 그들 가운데 김창억은 고유명을 가진 유일한 인물이다. 신념과 의지를 가지지 못한 채 부유하는 화자나 그의 친구들과 달리 김창억은 굳건한 신념을 가진 자이다. 전체 10장 중 처음 부분과 끝 부분의 시점이 1인칭인 데 반해 소설의 6장부터 8장까지는 김창억에 대한 서술로 이루어진 3인칭 소설이다. 많은 비평가들은 이러한 이중적 시점의 형식이 소설의 완성도를 떨어뜨리고 있음을 지적한다. 강현국(2006: 148)은 서정적 주체의 확장에 한계를 느낀 작가가 서사성을 획득하여 소설다운 면모를 갖추기 위해 김창억의 서사를 끌어들였으며, 이는 내면의 심리 상태에 대한 한계를 나타내는 것인 동시에 염상섭의 새로운 소설 쓰기 의지가 파탄을 맞는 지점이라고 주장한다. 권영민(1994: 232)도 소설 플롯의 엉성함을 지적한 바 있으며, 이재선(2004: 298) 역시 「표본실의 청개구리」가 구조적으로 미숙한 문제성 있는 작품임을 피력한다. 일인칭 시점에서 삼인칭 시점으로 옮겨감에 있어 액자 소설이 필연적으로 지녀야 하는 전환의 자연스러움이 전혀 없다는 것이다. 그러나 이보영(2003: 145)은 삼인칭 서술이 일인칭 서술 사이에 끼임으로써 플롯의 일관성이 결여된다는 지적은 관습적인 플롯의 관점에서 볼 경우에 국한되며, 그런 관습적인 플롯으로부터의 자유로움이야말로 「표본실의 청개구리」의 파격적 특징임을 주장한다. 「표본실의 청개구리」가 소설에 대한 개념이 확립되기 이전, 근대 소설이 겨우 태동하기 시작한 과도기의 소설임을 감안할 때 이 소설의 작품성에 대해 지금의 잣대를 가지고 평가할 수는 없다. 소설 형식의 차원에서 그 문학적 가치가 어떠하든, 나는 3인칭 서사로 소설에 삽입된 김창억의 광기와 그 의미에 주목하고자 한다.

우선 간략하게 김창억을 소개해보자. 남포 객주의 아들로 태어나 신동소리를 들을 만큼 총명했던 김창억은 부모를 잃고 난 후 실의에 빠져 자살을 생각하기도 하지만 백부의 도움으로 소학교 교원이 된다. 아내의 죽음 이후 방황을 하다가 다른 여자와 새로이 가정을 꾸린 그는 재취로 맞은 여자와 금실 좋게 지낸다. 그러나 그는 불의의 사건으로 감옥에 갇히는 신세가 되고 만다. 4개월이 지난 후 출옥했지만 아내는 도망가고 딸 영희는 백부가 보살핀다. 아내가 도망간 것을 안 김창억은 두문불출하며 광기의 조짐을 보이더니 가출하고 만다. 가출한 지 한 달 사흘이 지난 후 귀가한 김창억은 집 근처 언덕에 원두막 형태의 삼층집을 짓고 동서친목회를 결성하여 회장을 자임하면서 세계 평화와 인류애에 대한 강연을 한다. 그리고 사람들은 광기 어린 그의 행동을 조롱한다.

그렇다면 김창억을 광기로 몰아간 것은 무엇일까? 그로 하여금 "피로, 양분, 분노, 낙심, 비탄, 미가지未可知의 운명에 대한 공포, 불안"에 사로잡히게 한 것은 과연 무엇일까? 작가는 아내의 가출로 인해 실의에 빠진 김창억을 길게 묘사하고 있지만, 그것은 김창억 광기의 근원적인 이유가 아니다. 여기서 중요한 핵심어는 "어떤 불의의 사건"이다. 염상섭이 구체적 언급 없이 그저 "불의의 사건"이라고 말한 것은 아마도 일제의 검열을 피하기 위한 것이리라. 그러나 독자들은 문맥상 — 앞서 언급한 화자의 경우가 그러하듯이 — 그것이 3·1운동을 암시하는 것임을 알 수 있다. 김창억의 설교가 톨스토이즘에다 윌슨이즘을 가미한 것이라는 설명 역시 김창억의 정치 성향을 드러내고 있다. 김창억의 투옥이 3·1운동 때문이었음은 훗날 작가 자신이 술회하고 있거니와[14] 「표본실의 청개구리」의 정치적 성향은 의심의 여지가 없다. 그렇다면 김창억의 광기는 나라를 빼앗긴 젊은 지식인의 울분과 한으로 인한 일종의 현실 도피라고 볼 수 있을 것이다. 그러나 김창억의 신념이란 몽상의 세계에서나 가능한 것이었기에 그에게서 자유와 신념을 보고자 했던 화자에게 구원을 주지 못한다.

김창억의 최후는 9장에 등장하는 Y의 편지를 통해 전달된다. 평양을 떠난 화자 X는 그 후 북국의 어느 진흙 방에서 친구 Y의 편지를 받는다. 그 편지에 의하면 김창억은 자신이 지은 삼층 원두막을 불사른 후 금강산으로 사라졌다고 한다. 화자는 신의 의지에 따라 신념을 확고히 하고 금강산으로 들어간 그의 행위를 영웅시한다.

> 그러나 불은 왜 놓았나? [……] 추위에 못 견디어서……. 라고 세상 사람들은 웃고 말 것이오. [……] 신의에 따라서만 살 수 있다는 신념을 확집確執한 그는 인제는 금강산으로 들어갈 때가 되었다고 삼층 위에서 뛰어 내

---

14 기미운동에 붙들려 들어가서 매를 몹시 맞고 징역살이를 하고 나와 보니 아내는 바람이 났다. 여기에서 정신이 뒤집힌 것인데, 집을 뛰어 나와서 교외에 원두막같은 것을 지어 놓고 세계평화운동을 한다는 것이었다, 엄연히 설교를 하는 것을 들으면 민족주의에 '코스모폴리탄' 비슷한 이상론을 가미한 것이었다. (「나의 초기작품시대」, 평화일보, 1954. 5. 24; 이보영, 2003: 142에서 재인용)

려온 것이오. 그리고 그 건축물은 신에게 돌린 것이오…… [……] 아아, 그 위대한 건물이 홍염의 광란 속에서 구름 탄 선인같이 찬란히 떠오를 제 그의 환희는 어떠했을까. [……] 아아, 그는 얼마나 위대한 철인이며 얼마나 행복스러운가…… (54)

그러나 소설은 김창억이 걸인이 되어 짚더미 속에서 잠을 자거나 강가를 돌아다닌다는 사실을 전하면서 어정쩡한 결말을 맺는다. 그는 이제 3장에 등장했던 대동강가를 유랑하는 장발 걸인과 다르지 않다. 김창억은 행복한 광기의 세계에 머물지 못하고 현실로 되돌아옴으로써 비극적인 주인공이 된다. 그러나 암울한 현실 극복의 의지는 역설적으로 화자 X의 죽음에 대한 욕망을 통해 표현된다.

죽음 충동과 현실 극복 의지

「표본실의 청개구리」에는 죽음에 대한 강박이 존재한다. 소설은 죽음을 상징하는 이미지들로 점철되어 있을 뿐 아니라 처음부터 끝까지 화자는 자살 충동에 시달린다. 김창억의 방화에 의한 삼층집의 소실과 김창억의 실종 또한 죽음을 상징한다.

해부대 위에 누운 청개구리의 이미지는 죽음을 상징하는 첫 번째 기호이다. 그것은 피로와 권태와 무기력증에 빠진 화자에게 강박적으로 떠올라 그를 괴롭힌다. 칼에 의해 난도질당하고 내장까지 꺼내어졌음에도 불구하고 아직도 살아 펄떡이는 개구리의 모습은 망국의 한과 절망 속에서 죽음과 다름없는 삶을 영위하고 있는 화자 자신에 대한 메타포이다.

한편 해부용 메스 칼의 이미지는 책상 서랍 속에 있는 면도칼을 연상시키면서 화자에게 자살 충동을 유발한다. 그런데 그 충동은 이상하게도 알 수 없는 쾌락의 감정을 동반한다.

> 스스로 서랍이 열리는 소리가 나서 소스라쳐 눈을 뜨면 덧문 안 닫은 창이 부옇게 보일 뿐이요, 방 속은 여전히 암흑에 침적했다. 비상한 공포가 전신에 압도하여 손끝 하나 까딱거릴 수 없으면서도 이상한 매력과 유혹은 절정에 달했다. (13)

이것이 바로 프로이트가 「쾌락 원칙을 넘어서」에서 언급한 죽음의 욕동이 아니고 무엇이겠는가! 프로이트는 인간에게 죽음을 지향하는 경향이 있으며, 쾌락은 죽음에 종사함을 지적했다. 그의 논리를 따라가보자.

인간이 생명을 유지하기 위해서는 어떤 욕구를 충족시켜야 하는데 그 욕구는 내적 자극의 형태로 나타난다. 예를 들어 생명 유지의 본능을 충족시키기 위해서는 배고픔이라는 자극이 나타나고, 종족 번식의 본능을 충족시키기 위해서는 사랑 혹은 성욕이라는 자극이 나타나는 것이다. 내적 자극이 상승할수록 긴장은 고조되고 이는 우리에게 불쾌감을 안겨준다. 이때 내적 자극이 전달되면 심리를 거쳐 의식적 판단에 의해 밥을 먹으라거나 성행위를 하라는 등의 운동을 명령한다. 그리고 그 운동을 통해 자극이 감소되고 긴장이 이완되며 포만감과 함께 쾌락을 느낀다. 따라서 쾌락은 자극 감소와 긴장 이완과 일치한다. 결국 인간은 쾌락을 지향하고 쾌락은 본능의 해결에 뒤따르는 자연적인 것이며, 따라서 쾌락의 원칙은 본능의 원칙이기도 하다. 이처럼 쾌락의 원칙이 자극을 최소화시키는 것이라면, 자극의 최소화를 계속 연장시켜 끝까지 밀고 나갈 경우 자극의 제로점에 이르게 된다. 자극이 전혀 없는 상태, 그것은 바로 죽음이다. 그렇다면 결국 쾌락은 죽음으로 귀결된다. 여기에서 "쾌락은 죽음에 종사한다"는 프로이트의 놀라운 명제가 탄생한다.

한편 프로이트는 생물학적 지식을 바탕으로 한 논리로도 죽음의 욕동을 설명한다. 그에 따르면 본능은 이전 상태를 복원하려는 유기적 생명체에 내재한 어떤 충동이다. 따라서 본능은 보수적이고 과거 회귀적이다. 그렇다면 유기체가 무기체로부터 나왔으므로 유기체는 본능적으로 그 이전의 무생물의 상태, 즉 정지의 상태를 지향한다는 것이다. 이 논리에 의하면 모든 생명체의 결말은 죽음이다.

자극의 제로를 지향하는 죽음의 욕동은 절대적 안정, 절대적 평안으로 가려는 경향이다. 그런데 그것은 생물을 파괴하는 것으로 나타난다. 생물을 분해, 파괴함으로써 원래의 상태, 즉 무생물로 돌아가고자 하기 때문이다. 따라서 죽음의 욕동은 파괴 욕동으로도 나타난다. 그렇다면 인간의 육체 내부, 그리고 심리 내부에는 자기 파괴적인 요소가 있다는 것을 인정해야 한다. 프로이트의 많은 제자들이 그를 떠난 것은 바로 그 사실을 인정할 수 없었기 때문이다. 프로이트는 그것을 증명할 수 없었다. 그러나 그는 죽음의 욕동이 다른 것과 결합되어 나타남을, 혼자서는 절대 모습을 드러내지 않음을 지적했다. 가령, 성욕과 결합되어, 즉 에로스와의 결합을 통해 죽음의 욕동은 자기 모습을 나타내기도 하고 혹은 그 뒤에 숨기도 한다. 위의 인용문은 인간의 심리 내부에 존재하는 자기 파괴적인 속성과 그것에 결부되는 쾌락의 감정을 잘 드러내 보여주고 있다. 게다가 곧이어 등장하는 화자의 꿈은 집요하게 그를 따라다니는 죽음의 욕망을 드러낸다.

현실을 견딜 수 없는 화자는 친구 H의 권유에 못 이기는 척하며 남포로 향하고, 그 중간에 평양에서 몇 시간을 보내며 대동강 부벽루를 산책하다가 잠시 잠이 든다. 그리고 그는 자신이 죽는 꿈을 꾼다. 스스로 자살할 용기도 없다고 자책하던 그가 여인의 손에 목을 졸리어 죽는 꿈을 꾼 것이다.

> 하여간 흰 가루가 뒤발은 한 손을 들고 마구 끝에서 어정어정하다가 인제는 죽을 때가 되었다는 것처럼 손에 들었던 수건으로 목을 매고 덧문을 첩첩이 닫은 방 앞 툇마루 위에 반듯이 드러누우니까, 어떤 바싹 말라서 뼈만 남은 흰 손이 머리맡에서 슬그머니 넘어와서 목에 매인 수건의 두 자락을 좌우로 슬금슬금 졸라대었다. 그때에 나는 이것이 당연히 당할 약조가 있었다는 것처럼 어떠한 만족과 안심을 가지고 눈을 감은 채 조용히 드러누웠었다. 그때에…… 차차 목이 메어 올 때의 이상한 자극은 낙지落地 이후에 처음 경험하는 쾌감이었다. (19-20)

여인에 의해 목 졸림 당하는 이 꿈의 내용은 여인과의 정사 장면을 연상시킨다. 생의 욕동과 죽음의 욕동, 즉 에로스와 타나토스의 만남을 이보다 더 적절하게 묘사할 수 있을까? 그러나 죽음에 대한 묘사는 여기서 끝나지 않는다. 「표본실의 청개구리」의 마지막 장 역시 죽음의 기호에 대한 암시로 끝을 맺고 있으니 말이다. 소설이 죽은 개구리의 묘사로 시작하여, 그것이 연상시키는 해부용 메스 칼의 이미지로, 다시 그것이 촉발하는 자살 충동으로 이어지는가 하면, 평양에서의 여인에 의한 살해의 꿈을 거쳐 상엿집 죽음의 이미지로 끝난다는 것은 이 작품에 죽음의 욕망이 얼마나 강박적으로 존재하는지를 여실히 보여준다. 이제 마지막 장을 살펴보자.

남포에서 김창억을 만난 후 평양을 떠나 친구들과 헤어져 여기저기 방랑하던 화자는 북국의 한 촌 진흙 방에 기거하게 된다. 이보영(2003: 146)은 북국을 작가가 읽었을 도스토예프스키의 『죄와 벌』 에필로그의 배경인 시베리아와 연관을 짓는다. 인간은 죽으면 흙으로 돌아간다는 점을 상기할 때 북국의 음산한 진흙 방은 죽음을 상징하는 기호이다. 일상적인 절벽으로의 산책 역시 자살 충동을 암시한다. 수많은 죽음의 이미지들 중에서 가장 의미심장한 것은 언덕 위에 있는 상엿집이다.

> [……] 짚으로 에워싼 한 간 집이 있고 그 아래에는 비스듬하게 짓다가 둔 헛간 같은 것이 있다. [……] 광선 한 줄기 들어오지 않는 속에서는 쌀쌀한 바람이 휙 끼칠 뿐이요, 아무것도 보이지 않았다. [……] 저녁 밥상을 받고 앉아서 주인더러 동너머의 일간두옥一間斗屋이 무엇이냐고 물으니까, "그것이 이 촌에서 천당에 올라가는 정거장이라우." 하고 웃으며 [……] 설명했다. [……] 그 내력을 설명하는 젊은 주인의 생기 있는 얼굴을 물끄러미 쳐다보고 앉았었다. 그 순간에 나는 일생의 전 국면을 평면적으로 부감한 것 같은 생각이 머리에 떠오르는 동시에 무거운 공포가 머리를 누르는 것 같았다. (55-56)

그 집은 그곳에서 난 사람이라면 반드시 거쳐 가야 하는 죽음의 문이다. 그런데 죽음의 공포를 야기하는 그 상징 기호 앞에서 화자는 자신의 일생이 파노라마처럼 빠른 속도로 펼쳐지는 순간을 경험한다. 이는 죽음의 문턱에서 아주 짧은 시간 동안 순간적으로 나타나는 환각적 영상이다. 상엿집이라는 공간은 죽음과 생이 만나는 경계이다. 상엿집의 음산한 분위기가 죽음을 상징하는 반면 상엿집의 내력을 설명하는 젊은 주인의 '생기 있는' 얼굴은 생명을 상징하지 않는가! 삶과 죽음의 이미지가 교차

하는 그 순간에 환각을 경험한 날 밤, 가만히 드러누운 화자 앞에 과거의 기억들이 떠오른다. 기억 속에서 그에게 떠오르는 인물은 자신이 지은 삼층집에 불을 지르고 사라져버린 김창억과 대동강가의 장발객이다. 자신의 몽환적 세계에서 승리자를 자처하던 김창억은 그 환상의 세계를 떠나 평양의 대동강가의 걸인이 되었으니, 더 이상 상상이나 환상 속에서 행복을 추구하는 광인이 아니라 현실 속에 살면서 부유하는 걸인이다. 이처럼 비현실적인 환상과 광기를 청산하고 현실 속에 걸인으로 부유하는 김창억은 비극적인 주인공으로 전락한다. 그러나 김창억의 비극 뒤에는 힘든 세상이라 할지라도 이 현실 세계에 머물고자 하는 화자의 재생 의지가 숨어 있다고 볼 수 있을 것이다.

염상섭

(廉想涉, 1897~1963)

횡보橫步 염상섭은 한국의 근대 문학 형성에 지대한 역할을 한 작가이다. 40여 년에 이르는 창작 생활을 통해 그는 무려 17편의 장편 소설과 160편의 중·단편 소설을 발표하는 등 방대한 분량의 글을 남겼다. 그의 작품들은 그 양에 있어서는 물론이거니와 작품의 수준에 있어서도 문학적 가치가 높은 것들이어서 그가 우리 문학사에 남긴 업적은 의심의 여지가 없다. 특히 그는 일제 강점기와 해방, 그리고 민족의 비극인 6·25전쟁과 그 이후의 이념 갈등, 그 시련과 아픔을 문학을 통해 증언하고 있다. 따라서 그의 작품에는 대한민국 격동의 역사가 고스란히 담겨 있다고 해도 과언이 아니다. 뿐만 아니라 전후 사회가 안정됨에 따라 그는 관심의 폭을 넓혀 일상적인 삶의 현실로 그 시선을 돌리기도 한다.

염상섭은 1897년 8월 30일 서울 필운동 야조현 고가에서 전주, 의성, 가평 등지에서 군수를 지낸 바 있는 염규항의 8남매 중 넷째로 태어났다. 그런데 그가 자란 곳은 소격동의 종친부에 속한 고가였다. 그곳에서 그는 조부로부터 한문을 배우면서 『천자문千字文』과 『동몽선습童蒙先習』 등을 읽었다. 11세가 되던 1907년 그는 관립학교인 수송국민학교에 입학했으나, 관립학교여서 일본어를 가르치고 조선의 역사를 가르치지 않는 것이 싫었을 뿐 아니라, 이토 히로부미가 오는 날에 전체 학생을 참가시키고 황제의 행차 시에는 반 대표들만 보낸 것에 항의하여 3학년 겨울에 자퇴한 후, 보성소학교로 전학을 간다. 15세가 된 1911년 보성중학에 입학했으나 그 이듬해인 1912년 부모 몰래 일본으로 유학을 가, 1913년 동경의 아자부중학에 편입한 후 어떤 독지가의 도움으로 1914년 가톨릭 계통의 성학원으로 전학한다. 그러나 그의 학비를 대주던 독지가로부터 상업학교로 진학하라는 권고를 받고 그를 거절한 후 형이 있는 교토로 가, 교토 부립제2중학교에 편입하여 1918년 졸업한다. 그는 곧 게이오대학 문학부 사학과에 입학했으나 한 학기만 마치고 경제적 문제를 해결하기 위해 기자가 된다. 그러나 타협할 줄 모르는 그의 성격 때문에 그는 2개월 만에 기자직을 그만두고 나고야, 오사카 등을 떠돈다. 그러던 중 오사카에서 3·1운동 소식을 들은 그는 유학생들과 함께 거사를 도모하고 격문과 전단을 만들어 뿌리다가 피검되어 5~6개월 동안 옥고를 치른다. 옥중에서 「어째서 조선은 독립하지 않으면 안 되는가」라는 글을 써 아사히신문사로 보내기도 했다고 한다. 옥중에서의 암담한 심정을 소설로 쓴 것이 그의 첫 작품인 「암야闇夜」이다.

1920년 동아일보 창간 당시 정경부 기자가 되어 당시 일본의 거물 정치인들과 인터뷰를 한 후 2월에 귀국하여 총독부 출입기자로서 활발한 활동을 벌인다. 동시에 그는 김동인과의 논쟁을 계기로 남궁벽, 황석우, 김찬영, 김억, 오상순 등과 함께 『창조』에 대응할 만한 동인지 『폐허』를 창간하면서 문학운동에 뛰어든다. 그러나 자존심이 강하고 굽힐 줄 모르는 성격 때문에 7개월 만에 동아일보를 그만두고 평북 정주에 있는 오산학교에서 일본어와 작문을 가르치는 교사가 된다. 그 시절에 쓴 소설이 그의 대표작 「표본실의 청개구리」이며, 이후 그는 본격적으로 작가의 길을 걷게 된다. 「개성과 예술」, 「지상선을 위하여」, 『묘지』 등을 발표한 것은 바로 그때이다. 1922년 육당 최남선이 『동명』을 창간할 때부터 『동명』이 시대일보로 바뀐 후 1925년 폐간될 때까지 기자로 활동한다. 시대일보 재직 시절 그는 비교적 많은 작품을 발표한다.

1925년 시대일보가 폐간되자 다시 실업자가 된 염상섭은 그 이듬해인 1926년 다시 일본으로 가 일본 문단 진출을 꾀하며 창작에 전념한다. 당시 그와 가까이 지낸 문인으로는 나도향, 현진건, 양주동 등이 있는데, 그들의 증언을 통해 술을 아주 많이 마셨던, 그러나 주정은 하지 않았던 염상섭의 모습과 더불어 호방했던 그의 성격을 엿볼 수 있다.

1929년 5월, 32세의 염상섭은 숙명여고를 졸업한 김용옥과 결혼한다. 그해 9월에 조선일보의 기자로 취직한 그는 동 신문에 장편 소설 『광분狂奔』, 『삼대』 등을 연재하다 『삼대』의 연재가 끝나자 조선일보를 사직하고 11월부터 『삼대』의 속편인 『무화과』를 매일신보에 연재한다. 그 후 1934년부터 매일신보에 재직하다가 1937년 3월 만선일보 편집국장으로 초빙되어 가족을 데리고 서울을 떠나 만주로 가게 된다. 그런데 만선일보가 내세운 조건 중 하나는 일체 창작 활동을 하지 말라는 것이었다. 이러한 불리한 조건임에도 불구하고 그가 그 직을 수락한 것은 생계를 위한 어쩔 수 없는 선택이었을 것이다. 국내의 대부분의 신문들이 정간되어 있어 기자로서의 취직이 어려웠을 뿐 아니라 한글로 작품을 발표할 지면도 없는 상황이었기 때문이다. 그러나 그는 1939년 9월 만선일보를 그만두게 된다. 굽히지 않는 그의 성격 탓에 당시 일본의 감독기관에서 보낸 일본인 주간과 대립이 잦았던 것이다. 1945년 해방을 맞이한 염상섭은 재만거류민단에서 교포들을 위해 활동을 하다가 귀국한다.

작품 활동을 중단했던 염상섭이 다시 작품 활동을 재개한 것은 해방 이후이다. 해방과 더불어 창작을 다시 시작한 염상섭의 첫 작품은 「해방의 아들」이다. 식민지 시대에 고국에서 쫓겨나 살던 조선인들의 귀국담을 소재로 한 이 작품에서 그는 해방 이후 급변한 현실을 객관적인 필치로 담아내고 있다. 그는 또한 해방 이후 미군과 소련군에 의해 남북의 분단이 가시화된 시기의 혼란을 「두 파산」을 통해 생생하게 보여주기도 한다.

1946년 8월 그는 경향신문의 초대 편집국장이 된다. 좌우 이데올로기의 대립 상황에서 중립을 지키려 노력하던 그는 결국 편집국장 직을 그만두고 성균관대학에 출강하면서 창작에 전념한다. 1950년 6·25전쟁이 발발하자 이무영, 윤백남과 함께 해군에 입대하여 휴전이 되는 1953년까지 해군본부 정훈감실에서 편집과장으로 근무하기도 한다. 1952년부터 1953년까지 전쟁 당시 공산 치하에서의 어둡고 무서운 세월을 소재로 한 소설 『취우驟雨』를 조선일보에 연재하는데, 그 작품으로 1954년 서울시 문화상을 수상한다. 예술원이 생기자 그는 종신회원이 되었고, 서라벌예술대학 학장으로 취임하기도 한다. 1956년 그는 「부부」, 「짖지 않는 개」로 아시아재단에서 수여하는 자유문학상을 수상했고, 1957년에는 예술원 공로상을 수상했다.

이렇게 받은 상금 덕으로 그는 비로소 상도동에 전셋집을 마련할 수 있었다. 그

동안 그는 조카의 집에서 방 한 칸 얻어 살만큼 평생을 가난하게 살았던 것이다. 그러나 그 무렵 염상섭은 위장병과 더불어 신경 계통의 여러 가지 병에 시달려 건강이 많이 악화된 상태였다. 1961년 그는 가톨릭으로 개종했고, 그해 11월에는 상도동에서 삼양동으로 이사를 한다. 1962년 3월에는 3·1문학상을 수상했으나 몸이 불편하여 시상식에는 참석하지 못한다. 그해 4월에 삼양동에서 성북동으로 이사한다. 몸이 극도로 쇠약해진 상태에서 1963년 3월 11일 메디컬센터에 입원했다 퇴원한 그는 3월 14일 성북동 자택에서 별세했고 방학동 천주교 묘지에 안장되었다.

그의 대표작으로는 『광분』, 『삼대』, 『효풍曉風』, 『취우』, 『미망인』 등의 장편 소설과 「표본실의 청개구리」, 「암야」, 「제야除夜」, 「E 선생」, 「숙박기」, 「유서」, 「두파산」 등의 중·단편 소설이 있으며, 그밖에도 수많은 평론을 남겼다. 그는 66년이란 그리 길지 않은 삶을 살았지만, 그가 남긴 문학의 업적은 실로 지대하다.

3장 폭력과 살해

1 발자크의 초기 소설에 나타난 폭력

오노레 드 발자크Honoré de Balzac는 19세기라는 프랑스 대전환기를 살았던 작가이다. 그는 정치 · 사회적으로 혼란했던 19세기 중엽의 프랑스 사회를 가장 적나라하게 묘사한 사실주의 작가로 평가된다. 엥겔스나 루카치를 들먹이지 않더라도 그가 예견한 귀족의 몰락과 부르주아지의 승리는 작가로서의 놀라운 통찰력의 소산이 아닐 수 없다. 그러나 발자크는 사실주의적인 작품 못지않게 철학적이고 사변적이며, 신비적이고 환상적인 작품에도 관심을 가지고 있었다. 특히 〈철학 연구Etudes philosophiques〉에 속하는 다수의 초기 작품들은 환상과 꿈을 그리고 있다.

발자크가 글을 쓰기 시작한 것은 1818년 무렵부터이다. 그의 첫 문학 작업은 「철학과 종교에 관한 소고Note sur la philosophie et la religion」, 그리고 「영혼의 불멸성에 관한 소고Note sur l'immortalité de l'âme」 등이었는데,

비록 미완에 그치긴 했으나 이 두 작품은 향후 발자크 문학의 주요한 주제인 철학적 사변의 시발점이 된 저작들이다. 그러나 발자크는 그 후로도 10년 동안 가명이나 익명으로 글을 쓸 뿐 자신의 이름으로 책을 출판하지 않는다. 정작 그가 본명을 사용하기 시작한 것은 1929년 『마지막 올빼미 당원 혹은 1800년의 브르타뉴Le Dernier Chouan ou la Bretagne en 1800』를 출판하면서부터이다. 그 이후 발자크는 활발한 저술 활동을 펼친다. 특히 1830년대 초는 발자크에게 있어서 다작의 시기이다. 그런데 놀랍게도 발자크의 초기 소설에는 폭력과 살해의 주제가 대단히 중요한 자리를 차지하고 있다. 물론 대혁명 이후 사회가 혼란하고 폭력이 난무했던 만큼, 당시의 문학에 폭력이 자주 등장함은 어쩌면 당연한 현상일지도 모른다. 그러나 발자크의 경우처럼 그 폭력이 가족이라는 좁은 범위 내에서의 갈등과 투쟁의 결과라면, 그것을 단순히 혼란했던 시기의 한 징후로만 볼 수 없다. 그런데 초기 소설에 강박적으로 존재하던 가족 내 폭력의 테마는 발자크가 '인물 재등장 기법'을 고안하고 『인간 희극La Comédie humaine』의 큰 틀을 확립한 1834년 이후부터 서서히 사라져 간다. 발자크는 왜 글쓰기를 시작하고 10년이 지나서야 자신의 본명으로 세상에 모습을 드러냈는가? 초기 소설 속에 존재하는 가족 내의 폭력이라는 작가의 강박적 사고는 무엇으로부터 연유하는가? 또한 그는 어떻게 해서 그 강박적 사고로부터 벗어날 수 있었는가? 나는 이러한 질문을 던지면서 이 글을 시작하려 한다.

프로이트는 「신경증 환자의 가족 소설」이라는 논문에서 어린아이들이 자신의 오이디푸스 콤플렉스를 극복하기 위해 가족의 이야기를 꾸며내는 현상에 주목한다. 부모들의 사랑에 실망하여, 혹은 동생의 탄생으로 인해 버림받았다고 느끼기에, 어린아이는 자신의 이야기를 꾸며내어 그 이야기 속에서 숨은 욕망을 실현하는 것이다. 『루이 랑베르Louis Lambert』나 『골짜기의 백합Le Lys dans la vallée』 등 발자크의 자전적 요소가 담긴 작품들은 작가가 불행한 유년기를 보냈음을 보여준다. 어머니로부터 버림받았다는 느낌은 발자크를 일생 동안 지배했던 생각이다. 특히 발자크가 받은 큰 상처는 어머니의 불륜이었으며, 그것에 대해 눈을 감으면서 무관심했던 아버지의 태도는 그를 몹시 실망시켰을 것이다. 한편 부모로부터 버림받았던 자신과 달리 불륜의 결과인 동생 앙리는 만인의 사랑을 받는 존재였다는 사실은 발자크에게 또 하나의 상처를 주었을 것이다. 발자크가 글쓰기를 통해 문학적 성공과 부의 축적, 그리고 사회에서의 출세라는 야망을 이루고자 했던 것은 틀림없는 사실이다. 그러나 글을 쓰기 시작했을 때 그에게 무엇보다도 중요했던 것은 가족 소설의 완수였다. 즉 그는 스스로의 탄생을 통해 부모를 부정함으로써 자신을 버린 어머니와 자신에게 무관심했던 아버지에 대해 복수하고자 했던 것이다.

발자크의 초기 소설에는 두 가지 강박관념이 존재한다. 하나는 부재하는 아버지의 이마고이고, 다른 하나는 나쁜 어머니의 이마고이다. 따라서 본 장에서는 아버지와 어머니 두 축을 중심으로 가족 내의 폭력이 자주 등장하는 몇몇 초기 소설들을 읽어볼 것이다.

가족 소설과 친부 살해

발자크의 누이 로르의 증언에 따르면 발자크의 부모는 아이가 태어났을 때 이름을 정하기 위한 그 어떤 노력도 하지 않은 채 탄생 당일의 성인 이름에 따라 그에게 오노레라는 이름을 붙였다고 한다(Baron, 1993: 69에서 재인용). 이러한 무성의한 작명은 그에 대한 부모의 사랑이 결핍되었음을 증명한다. 뿐만 아니라 그는 출생 직후 유모에게 맡겨져 그곳에서 만 네 살이 될 때까지 살았다. 그는 부모의 사랑을 받지 못한 아이였으며, 발자크는 자신이 부모로부터 버림받은 존재라는 사실을 일생 동안 잊지 못한다.

글을 쓰기 시작하면서 발자크는 부모가 자신에게 준 이름을 거부한다. 창작 초기에 사용했던 수많은 가명들은 자신의 이름을 거부하고 다른 이름을 새로 만들어 사용함으로써 스스로 탄생하고자 하는 작가의 의지를 보여준다. 1818년 글쓰기를 시작하여 1829년 자신의 이름으로 서명하기 전까지 발자크는 드 빌레르글레, 룬 경,[1] 오라스 드 생 토뱅 등 여러 가명, 혹은 익명으로 소설과 신문 기사를 쓴다. 발자크에게 가명 사용은 어떤 의미를 지닐까? 왜 그는 아버지가 준 이름을 버리고 스스로 만든 이름을 사용했을까? 1829년 아버지의 이름을 되찾은 것은 또 무엇을 의미할까?

가명 사용은 이중의 효과를 가져다줄 수 있다. 우선 가명을 사용함으로써 작가는 아버지의 이름이 부여하는 모든 억압으로부터 해방되어 완전한 자유 속에서 글을 쓸 수 있다. 또한 스타로뱅스키(1961: 192)의 지적대로 가명을 사용하는 것은 아버지가 준 이름의 부정을 의미하며 그것은 일종의 '반항 행위'일 뿐 아니라 '친부 살해'의 가장 덜 잔인한 형태이다. 발자크에게 있어 가명 사용은 부모가 아무렇게나 붙인 이름 대신 스스로 만든 이름을 사용함으로써 새로운 자아로 다시 태어나고자 하는 의지의 표현이다. 『잃어버린 환상Illusions perdues』의 뤼시앙이 '샤르동'이라는 아버지의 이름을 버리고 드 뤼방프레로 다시 태어나 자신의 가족 소설을 완수하듯이, 발자크는 자신의 이름을 만들어 스스로 탄생함으로써 문학

---

1 룬R'hoone은 그의 이름 오노레Honoré의 애너그램이다.

을 통해 새로운 삶을 시작한다. 그런데 나는 여기서 발자크의 가명이 늘 귀족 이름이었다는 사실에 주목한다. 그는 귀족을 의미하는 소사 '드de', 영국식 귀족 이름인 '경' 등을 붙임으로써 스스로를 귀족화하고자 했던 것이다. 그러나 막상 자신의 이름으로 서명한 첫 소설에는 귀족을 상징하는 소사 '드'를 첨부하지 않는다. 그것이 아버지에 의해 위조된 귀족 칭호임을 잘 알기 때문이다. 하지만 그것은 아버지가 취한 행동의 결과이므로 설사 그가 '드'를 사용할지라도 발자크는 사실상 무죄이다. 그럼에도 불구하고 발자크는 첫 소설에서 '드'를 삭제한다. 그리고 아버지가 사망한 후, 두 번째 소설부터 그는 '드 발자크'로 서명하기 시작한다.

발자크가 처음으로 본명을 내세운 1929년 3월은 아버지의 죽음 3개월 전이다. 그런데 발자크라는 이름 자체도 '발사Balssa'라는 이름을 아버지 베르나르 프랑수아가 변형시킨 것이다. 뿐만 아니라 아버지는 대담하게도 발자크라는 이름에 소사 '드'를 붙여 여러 행정 서류에 서명하기까지 한다. 발자크는 아버지의 죽음 이후 아버지가 만든 아버지의 이름을 받아들인다. 아버지의 죽음이 자신을 해방시키고 아버지의 자리를 차지할 수 있게 해주었던 것일까? 병석에 누워 있더라도 아버지가 생존하는 한 그로부터 완전히 자유로울 수 없었기에 귀족의 '드'를 붙이지 않은 채 발자크라고 조심스레 서명하던 발자크는 아버지의 죽음 이후 과감히 '드'를 붙여 서명하기 시작했으니 말이다. 자신의 이름으로 서명한 작품이 성공하자 발자크는 더 이상 가짜 정체성 뒤에 숨지 않는다. 이제 그는 자신의 정체성을 확립하면서 작가로서의 자신을 확인하고자 한다.

아버지의 죽음 후 아들은 자연스레 아버지의 자리를 차지한다. 그러나 죽은 아버지는 아들이 모델로 삼아 동일시할 만한 이상적 아버지가 아니다. 베르나르 프랑수아는 위선적이고 이중적인 인격의 소유자이다. 아들의 탄생에도 무관심하여 아무렇게나 이름을 지어주었던 아버지, 남편을 배신하는 어머니에 대해 눈을 감았던 무관심한 아버지, 오로지 자신의 건강과 영생에만 관심이 있었던 아버지, 발자크는 그런 아버지와의 동일시를 거부하고 아버지를 부정한다. 아버지에 대한 부인은 무의식적인 친부 살해를 야기한다.

한편 죽은 아버지에 대한 수치심은 발자크로 하여금 실추된 이름에 명성과 영광을 부여하고자 하는 욕망을 불러일으킨다. 『나귀 가죽La Peau de chagrin』의 라파엘처럼 발자크는 사회에서의 성공을 통해 추락한 아버지의 이름에 과거의 명예를 되돌려주려 한다. 작품 창작은 그로 하여금 '이상적 자아'를 찾게 해줄 것이다. 『인간 희극』의 「서문」에서 밝혔듯이 발자크의 야심은 자신의 이름에 세계적 명성을 부여하고 자신의 시대를 지배하는 것이다. 『인간 희극』을 통해 하나의 사회를 창조하고, 그럼으로써 스스로에게 신적 전능을 부여하고자 하는 그의 야망은 이처럼 아버지의 죽음 이후에야 가능했던 것이다. 그렇다면 발자크 작품 속에서 친부 살해의 테마는 어떻게 나타나는가?

아버지의 죽음 후 그가 처음으로 오노레 드 발자크로 서명한 소설 중 하나인 「엘 베르뒤고El Verdugo」가 친부 살해의 테마를 다룬 작품이라는 사실은 대단히 의미심장하다. 「엘 베르뒤고」는 아들의 손에 의해 온 가족이 참수형을 당하는 끔찍한 이야기이다. 가문의 계승을 위해 아들 주아니토 레가네스는 자신의 손으로 가족을 모두 처형하는 사형집행인의 임무를 받아들여야만 한다. 〈철학 연구〉 속에 포함된 이 소설의 주제는 여타의 철학 소설들과 마찬가지로 하나의 사고에 의한 인간의 파멸이며, 이 작품에서 그 사고는 가문의 계승이다. 그러나 나는 이 작품을 읽으면서 사고에 의한 인간의 파멸이라는 외관상의 주제 못지않게 친부 살해의 테마가 중요한 자리를 차지하고 있음을 간과할 수 없다. 비록 아버지 자신에 의해 영웅적 행위로 포장되었다 할지라도 그것은 분명 아들에 의한 아버지 살해라는 사실을 부정할 수 없기 때문이다. 발자크는 애써 이 살해 행위를 훌륭하고 명예로운 행위로 만든다. 아버지의 명령에 의한 살해, 그리고 죽으면서 내린 아버지의 축복, 이 모든 것들은 살해 행위에 부여한 숭고한 정신을 보여준다. 따라서 살해 행위에도 불구하고 아들은 무죄이다. 그러나 아들 주아니토는 평생 죄의식에서 벗어나지 못한 채 외롭게 죽어간다.

「불로장생의 묘약L'Elixir de longue vie」은 호프만의 『악마의 묘약Die Elixiere des Teufels』을 연상시키는 환상 소설로 장수에 대한 헛된 집념이 그 주제이다. 그리고 독자들은 이 작품에서 또다시 친부 살해의 욕망을 읽는다. 바르톨로메오 벨비데로는 죽기 전, 아들 동 주앙에게 영생의 묘약을 맡기고는 그것을 시체 위에 뿌려달라고 부탁한다. 그러나 아버지의 죽음을 소망하는 아들은 약의 효험을 보기 위해 묘약의 액체를 솜에 묻힌 후 오른쪽 눈꺼풀을 적셔본다. 그러자 아버지는 눈을 뜨고, 생명 가득한 그 눈에 비난의 시선을 담은 채 아들을 응시한다. 그 눈은 "생각하고, 비난하고, 단죄하고, 위협하고, 비판하고, 소리치며, 물어뜯는다."

> 한 조각의 생명에 불과한 그 눈은 찬란한 생명의 빛을 발하고 있었다. 동 주앙은 움찔하여 뒤로 물러섰다. 감히 그 눈을 쳐다보지 못한 채 그는 방 안을 서성거렸다. 그러나 마룻바닥에도 카펫 위에도 눈동자는 살아 있었다. [……] 도처에서 눈들이 번쩍이는 것이었다. (257)[2]

자신의 행위가 분명한 친부 살해임을 인식하고 잠시 두려움에 떨던 동

주앙은 용기를 내어 그 눈을 짓이겨 마지막 남은 생명을 끊어버림으로써 아버지 살해를 완수한다. 그리고 그는 아무런 죄의식도 느끼지 않은 채 자신의 삶을 마음껏 향유한다. 그리고 죽기 전날 그는 아들에게 아버지가 자신에게 부과했던 것과 동일한 임무를 수행할 것을 명령한다. 아버지를 거역했던 그와 달리 아들 필립은 아버지의 명령에 복종한다. 그러나 죽은 팔이 살아나 자신의 목을 감싸는 것에 놀란 아들은 실수로 약병을 떨어뜨리고 그 약병은 깨지고 만다. 아버지의 명령에 복종하고자 하는 의지에도 불구하고 아들은 이처럼 본의 아니게 아버지를 살해하게 된다. 한편 동 주앙은 죽었음에도 불구하고 머리는 살아남아, 자신의 장례식을 주관하는 신부에게 저주의 말을 퍼부으며 그를 물어 죽인다. 이것은 또 하나의 친부 살해이다. 신부는 하나님 아버지를 상징하기 때문이다.

한편 아들에 의한 아버지 살해와 더불어 이 작품에는 아버지에 의한 아들 살해의 욕망도 존재한다. 죽은 아버지의 팔이 살아나 아들의 목을 감음으로써 아들을 기절하게 만드는 것은 아버지의 아이 살해 욕망에 다름 아니다. 아버지 살해에 대한 기억은 자신이 아버지로부터 처벌받을 수 있다는 두려움을 불러일으킬 뿐 아니라, 자신의 아들 역시 자기에게 공격을 가할 수 있을 것이라는 위협을 느끼게 한다. 따라서 이제 그는 자신의 존재를 위협하는 아들을 벌함으로써 아들의 공격으로부터 벗어나고자 한다. 이처럼 아버지 살해와 아이 살해는 밀접하게 연관되어 있으며 그 근원에는 거세 공포가 존재한다.

여기에서 발자크가 '눈'에 부여한 중요성에 대해 논의할 필요가 있다.

---

2 「불로장생의 묘약」은 국내에서 번역되지 않아서 원서를 번역하여 인용한다. 참조한 텍스트는 세이유 출판사에서 간행한 『발자크 전집』(1965) 제7권에 수록된 것이다.

주지하다시피 오이디푸스가 자신의 눈을 파는 행위는 친부 살해에 대한 죄의식에서 연유한 일종의 자기처벌, 혹은 자기거세에 다름 아니다. 프로이트는 「이상한 낯설음」에서 호프만의 『모래인간Der Sandmann』을 분석하면서 실명 공포는 거세 공포의 한 변형임을 지적한 바 있다. 스팔란짜니 교수와 코폴라는 무서운 아버지의 전형이며 나쁜 아버지에 의한 살해의 두려움과 거세 공포는 눈이라는 신체로 응축되어 실명 공포로 나타난다. 한편 안 마리 바롱(1993: 102)은 이 작품에 나타난 눈의 테마에서 어머니의 불륜을 보고도 눈 감았던 아버지를 조심스럽게 암시하기도 한다.

프로이트가 『토템과 타부』, 그리고 「도스토예프스키와 친부 살해」에서 보여주듯이 아버지에 대한 사랑과 증오의 양가적 감정은 아들로 하여금 아버지와 동일시하는 동시에 아버지를 제거하고 그의 자리를 차지하려는 욕망을 갖게 한다. 그러나 이 친부 살해 욕망은 거세로 처벌받을 수 있다는 두려움을 수반한다. 아버지는 초자아로 자아의 내부에 존재하면서 끊임없이 자아를 억압한다. 「불로장생의 묘약」은 아버지의 죽음과 거세 공포를 밀접하게 연관시킨다. 아들에게 약을 주면서 "신은 바로 나다"라고 말하는 아버지는 아들의 초자아에 다름 아니다. 한편 동 주앙이 죽은 후 살아나 아들의 목을 죄는 팔은 아들을 벌하는, 즉 아들을 거세하는 아버지의 남근을 상징한다.

아버지와 아들 사이의 공격성은 1834년에 씌어진 「바닷가의 비극Un drame au bord de la mer」에서 다른 형태로 나타난다. 부모의 지나친 사랑으로 인해 부랑아가 된 아들을 벌하는 아버지는 정당하다. 어부 피에르 캉브르메르는 아들이 부모에게조차 위험한 존재임을 깨닫는다. 결국 그는 어머니의 돈을 훔치고 부모에게 행패를 부리는 아들을 물에 빠뜨려 죽인다. 그러나 그 후 그는 바위 위에 앉아 한없이 대서양을 바라보면서 고행 속에서 여생을 보낸다. 아들을 죽인 아버지의 회한은 아버지를 죽인 아들의 죄의식과 다르지 않다.

아버지에 의한 아들 살해의 테마는 「저주받은 아이L'Enfant maudit」에서도 찾아볼 수 있다. 이 소설 역시 「엘 베르뒤고」와 마찬가지로 가문의 계승이라는 사고에 의한 인간의 파멸이 주제이다. 그러나 이 작품에서 폭력은 아들에게 가해진다. 에티엔 데루빌은 탄생부터 저주받은 존재이다. 아버지 데루빌 공작의 상상 속에서 그는 불륜의 아이이기 때문이다. 결국 그는 아버지에 의해 간접적인 살해를 당하고, 아버지 데루빌 공작은 가문의 계승을 위해 아들과 결혼시키려 했던 그랑들리외 가문의 딸과 결혼함으로써 아들이 아닌 자신이 직접 대를 잇는 임무를 수행하고자 한다. 그런데 독자들은 이 소설 곳곳에 발자크 가족의 흔적이 숨어 있음을 느낄 수 있다. 우선 에티엔 부모의 결혼이 그러하다. 사촌 조르주 드 샤베르니를 사랑했던 쟌 드 생 사뱅은 애인의 목숨을 구하기 위해 노르망디 최고의 귀족인 늙은 백작 데루빌과 결혼한다. 백작의 나이는 50세, 쟌의 나이는 18세이다. 발자크 부모가 결혼할 당시 아버지는 51세요, 어머니는 19세였다는 점, 그리고 그들의 나이 차이 역시 데루빌 부부의 나이 차이와 동일한 32세라는 점은 과연 우연일까? 에티엔이 상상의 불륜의 아이였다는 사실, 그리고 어머니의 지극한 사랑을 받았다는 사실 역시 발자크의 동생인 불륜의 아이 앙리를 떠올리게 한다. 병약한 채 태어났던 에티엔이 어머니의 지나친 보살핌으로 인해 더욱 나약한 아이가 되었듯이 발자크의 동생 앙리 역시 어머니로부터 지나친 사랑을 받아 무능력한 아이가 되어버리지 않았던가. 한편 에티엔과 가브리엘, 그리고 조르주와 쟌의 근친상간적 사랑은 누이 로르에 대한 발자크의 특별한 사랑을 떠올리게 한다. 이 작품이 1822년부터 발자크가 구상했던 작품이라는 사실을 고려할 때,

작가의 글쓰기에 있어 가족 관계가 중요한 역할을 했음을 새삼 느끼게 된다.

『나귀 가죽』과 거세

아버지에 대한 살해 욕망은 거세로 처벌받을 수 있다는 두려움을 야기한다. 발자크 소설 중 거세 공포가 가장 두드러지게 나타나는 작품은 『나귀 가죽』이다. 「저주받은 아이」와 같은 해인 1831년에 출판된 『나귀 가죽』은 발자크에게 작가로서의 명성을 가져다준 작품인 동시에 그의 글쓰기에 있어 하나의 전환점이 되는 소설이다. 가족 소설 그리고 환상 소설의 글쓰기로부터 사실주의 글쓰기로 가는 길목에 있는 작품이기 때문이다. 『나귀 가죽』에는 7월 왕조 당시, 희망을 잃고 아무것도 할 수 없으면서 오로지 돈과 쾌락만을 추구하는 무기력한 젊은이들의 모습이 사실적으로 잘 표현되고 있다. 그러나 이 작품에서 나의 관심을 끄는 것은 거세의 테마이다. 왜냐하면 피에르 당제(1989: 161)의 주장처럼 1830년대 사회에 나타나는 소비와 쾌락만을 추구하는 젊은이들의 무능은 근원적인 거세와 관련된 현상이기 때문이다.

『나귀 가죽』에 직접적인 폭력은 존재하지 않는다. 그러나 주인공 라파엘 드 발랑탱은 아버지에 의해서, 그리고 골동품상과 여인들에 의해서 끊임없이 거세당하는 존재이다. 라파엘의 젊은 시절은 엄격하게 아들을 억압하고 금지하는 아버지에 의해 지배받는다. 여기에서 아버지와 아들의 관계를 구성하는 것은 거세이다. "부활절 촛대처럼 똑바로 서 있는" 아버지, "칼날 같은 얼굴"을 가진 아버지는 남성성을 소유하고 있는 자, 그리고 아들을 거세하는 자이다. 그러한 아버지에게 아들은 항상 "여덟 살 난 어린이", 다시 말해서 성적 정체성이 존재하지 않는 무성의 어린이일 뿐이다. 아버지는 아들에게 돈을 주지 않고 금욕과 절제를 강요한다. 아무것도 소유할 수 없게 만드는 아버지는 상징적으로 아들을 거세하는 존재이다. 따라서 아버지의 돈을 훔치는 행위는 아버지에 대한 반항의 몸짓이다. 라파엘은 훔친 돈으로 도박장에서 승리함으로써 자신의 남성성을 확인하고 아버지에게 복수하고자 한다. 그러나 예상과 달리 아버지는 아들의 범죄를 용서할 뿐 아니라 아들의 해방에 동의한다.

> 이제 넌 어른이다, 얘야. [……] 앞으로 우리 둘은 친구 사이가 될 것이다. (146)[3]

그는 이제 돈을 소유할 수 있는 권리를, 다시 말해서 남성성에 이를 수 있는 권리를 획득함으로써 비로소 정체성의 확립 단계에 이를 수 있다. 그러나 아버지로부터 해방된 날, 그는 "더 끔찍한 멍에를 짊어지게 된다." 아버지의 엄격함에 의해 강요되었던 거세로부터 이제 그는 자유의사에 의해 스스로 거세된 자가 되어 자신에게 금욕과 절제, 그리고 희생을 요구해야 한다. 왜냐하면 완전히 몰락해버린 그의 아버지[4]는 아들에게 아무것도 물려줄 것이 없기 때문이다. 따라서 곧게 서 있는 부활절 촛대로 비유되는 상징적 형상에도 불구하고 아버지의 남근은 무기력한 남근이다. 라파엘은 아버지의 재산 회복을 통해 아버지의 힘을 되찾고자 사교

3 『나귀 가죽』의 인용을 위해서는 2009년 문학동네에서 출간된 이철의의 번역본을 참조했다.

4 라파엘의 아버지는 혁명으로 인해 몰락한 후 제정 시대 때 부유한 여인과의 결혼으로 인해 과거의 부와 영광을 되찾았으나 왕정복고기에 부동산 투기의 실패로 인해 완전히 몰락한다. 『나귀 가죽』, pp. 146-147 참조.

계를 뛰어다니지만, 결국 아버지의 추락을 받아들이고 재산을 팔아 빚을 청산한다. 아버지는 아들의 파산을 알고는 슬픔에 젖어 죽는다. 그러나 아버지의 죽음은 추락의 끝이 아니었다. 아버지의 육체적 죽음에 이어 가구 경매인의 말 한마디로 인해 아버지의 이미지는 완전히 추락하고 아들은 아버지의 이중적 죽음에 충격을 받는다.

> 어려서부터 내 주위의 호사품들에 큰 가치를 부여하는 데 익숙해 있던 나는 매각 잔금이 이처럼 변변치 않은 것을 보고 경악에 가까운 기분을 드러내지 않을 수 없었다네. '오우!' 공매인이 내게 말했지. '여기 있던 것들은 모두 구닥다리였다고요.' 그건 내 어린 시절의 모든 종교를 일거에 휴짓조각으로 만들어버린, 내 모든 환상 중에서 가장 소중한 첫 환상을 앗아가버린 아주 무서운 말이었다네. (150)

그러나 아버지의 파멸, 추락, 죽음 앞에서 아들은 아버지 살해에 대한 자신의 숨은 욕망이 실현되었음을 보고는 죄의식을 느낀다. 그리고 그 죄의식은 아들로 하여금 죽은 아버지의 명예를 되찾겠다는 보상의 욕망을 낳게 한다. 프로이트가 지적했듯이 아들은 아버지에게 양가적 감정을 지니기 때문이다. 라파엘 역시 아버지의 엄격함을 두려워하고 아버지를 증오하는 동시에 아버지를 사랑했음을 고백하고 있다.

아버지의 죽음 후 라파엘은 두 가지 욕망 사이에서 갈등한다. 하나는 여인에 대한 갈망, 즉 성적 욕망이요, 다른 하나는 연구에 몰두하겠다는 지적 욕망이다. 그러나 이 두 가지 욕망은 결국은 하나이다. 즉 연구를 통해 돈과 명예를 얻고자 하는 그의 욕망은 성적 욕망을 승화시킨 것에 불과하기 때문이다. 자신의 고백처럼 그의 유일한 소망은 여인에 대한 사랑이다. 그러나 여인들은 그를 인정하지 않는다. 왜냐하면 그에게는 남성성이 결여되었으며 여인들은 그를 "사랑할 능력이 없는 인간"으로 판단하기 때문이다.

남성성의 결핍으로 인해 여인들로부터 거부당한 그의 유일한 소망은 자신을 단죄한 사회에 복수하는 것이다. 그리고 그것을 위해 그에게 허락된 유일한 출구는 지적 승화이다. 왜냐하면 그것은 대상에 대한 욕망 없이 혼자서 이룰 수 있는 것인 동시에 그것을 통해 상처 입은 자신의 나르시시즘을 만족시켜줄 수 있기 때문이다.

> 나는 이 사회에 복수하기로 마음먹었지. 나는 지식 세계의 지존으로 군림함으로써 세상 모든 여자들의 마음을 사로잡고자 했지. 살롱의 문 앞에서 시종이 내 이름을 호칭하면 모든 시선이 내게 쏠리도록 하고 싶었다네. (156)

『의지론Traité de la Volonté』과 희곡 작품의 집필은 그에게 명성과 부를 가져다줄 것이다. 그러나 라파엘의 금욕 생활은 오래가지 못한다. 쾌락과 소비의 시대인 1830년 당시 사회는 청년 라파엘에게 그것을 허락하지 않기 때문이다. 그는 라스티냐크의 충고에 따라 페도라를 소유함으로써 돈과 이름, 즉 남성성을 획득하려 한다. 그러나 그의 시도는 헛된 꿈에 불과하다. 돈과 아름다움을 소유한 그녀는 어떤 남성도 소유할 수 없는, 즉 남성에게서 남성성을 박탈해버리는 거세하는 여인이기 때문이다.

골동품상은 또 하나의 나쁜 아버지-거세자이다. 그는 라파엘이 도박장에서 마지막으로 남은 금화 한 닢을 잃고 난 후에 자살을 결심하고 센 강가를 배회하다가 우연히 들어간 골동품 가게 주인이다. "영원한 하나님 아버지"의 얼굴을 가진 그는 "숭고한 힘"과 "이상한 능력"을 소유한 상징적 아버지이다. 그는 죽음 앞에 선 라파엘에게 나귀 가죽이라는 부적을 줌으로써 새로운 생명을 부여한다. 표면이 오톨도톨한 그 가죽에는 불가사의한 말들이 다음과 같이 배열되어 있다.

만일 그대가 나를 소유하면 그대는 모든 것을 소유하게 될 것이다.
하지만 그 대신 그대의 목숨은 나에게 달려 있게 될 것이다. 신이
그렇게 원하셨느니라. 원하라. 그러면 그대의 소원은
이루어질 것이다. 하지만 그대의 소망은
그대의 목숨으로 대가를 치러야 한다.
그대의 목숨이 여기 들어 있다. 매번
그대가 원할 때마다 나도 줄어들고
그대의 살날도 줄어들 것이다.
나를 가지길 원하는가?
가져라. 신이 그대의
소원을 들어주실
것이다.
아멘! (70)

생명, 권력, 힘을 나타내는 가죽은 남근을 상징한다. 그러나 자신의 욕망이 완성됨에 따라 줄어드는 가죽은 거세에 대한 구체적인 표현에 다름 아니다. 왜냐하면 줄어드는 가죽은 소모되는 에너지와 사라지는 생명을 의미하기 때문이다. 아버지, 골동품상, 페도라에 의해 차례차례 거세당한 라파엘은 결국 폴린이라는 여인에 대한 욕망으로 인해 죽음을 맞이한다.

매정한 어머니-거세하는 여인

지금까지 친부 살해와 아이 살해, 그리고 거세의 테마를 살펴보면서 아버지의 이마고를 살펴보았다. 그러나 발자크에게 있어서 더욱 근원적인 상처는 어머니의 불륜, 그리고 어머니로부터 받지 못한 사랑에 대한 목마름이다. 따라서 나는 "모든 아버지들 뒤에는 남성성을 가진 어머니의 역전된 영상이 존재한다"는 안 마리 바롱(1993: 106)의 의견에 동의한다. 그녀의 주장대로 친부 살해를 그린 발자크의 모든 소설에서 아버지 살해는 어머니 살해를 감추고 있으며, 아버지에 대한 갈등적 상황은 어머니에 대한 원한과 살해 욕망의 위장된 형태일 뿐이다. 발자크의 근원적인 갈등은 어머니와의 갈등이기 때문이다. 한스카 부인에게 보낸 편지를 읽어보자.

> [……] 나의 어머니! 괴물인 동시에 잔인했던 여자!…… 어머니는 여러 가지 이유로 나를 증오했습니다. 어머니는 내가 태어나기도 전에 벌써 나를 증오했지요…… 어머니는 자신의 과오에 의한 결과인 우리를 용서하지 않았습니다…… 나의 어머니는 나의 모든 불행의 원인입니다. (한스카 부인에게 보낸 편지, 안 마리 바롱, 1993: 37에서 재인용)

위에 인용한 편지는 발자크와 어머니의 관계를 단적으로 보여준다. 그의 어머니는 불행한 결혼을 한, 그리고 그 결혼의 결과인 자식들을 결코 사랑한 적이 없는 매정한 어머니, 아들을 엄격하게 다루는 거세하는 어머니이다. 뿐만 아니라 발자크 부인은 남편에게 충실하지 않았으며, 아들에게 인색했다. 발자크는 아들에게 항상 빚을 독촉하는 거머리 같은 존재로 어머니를 묘사한다. 그런데 발자크가 자신의 모든 불행의 원인을 어머니에게 돌릴 만큼 어머니에 대해 부정적이었던 것에 반해 『인간 희극』 속에는 매정한 어머니의 형상은 드물게 나타난다. 아마도 자기검열 때문이었으리라. 그러나 몇몇 전형적인 나쁜 어머니의 형상은 잔인한 형태로 존재한다.

『나귀 가죽』에 등장하는 두 여인 아킬리나와 페도라는 냉혹한 여인, 나쁜 어머니, 거세하는 어머니의 전형이다. "성 불구자마저 눈뜨게 할 놀랄 만한 아름다움", "귀머거리도 유혹할 만한 목소리", "해골마저 살아나게 할 시선"을 소유한 "쾌락의 여왕", 그러나 "젊은이를 노인으로 또 노인은 젊은이로 변화시키는" 아킬리나는 매혹자인 동시에 거세자이다. 라 로셸의 중사였던 그녀의 애인은 참수형을 당한다. 그녀는 애인을 파멸시키는 여인이다.

8만 리브르의 연금을 가진 아름다운 여인 페도라 역시 모든 남자를 유혹하지만 모든 남자로부터 남성성을 박탈해버리는 거세하는 여인이다. 그녀는 "모든 남자를 소유하기 위해서 어떤 남자에게도 몸을 허락하지 않는다." 라파엘은 자신의 가장 소중한 학문마저 매춘화시킴으로써 페도라의 환심을 사고자 한다. 그러나 그는 그저 "그녀를 즐겁게 하는 영광을 누렸을 뿐"이다. 그녀는 남자를 죽이는 여자, 사랑에 빠진 남자들을 가학적으로 유희하는 여자, 즉 거세하는 여인이다. 이는 생명이 아닌 죽음을 주는 어머니의 이미지이다. 라파엘이 페도라에게 느낀 살해 욕구는 죽음을 주는 나쁜 어머니를 처벌하고 싶은 욕망에 다름 아니다.

「레 마라나Les Marana」의 주아나는 매정한 여인의 이미지는 아니다. 그러나 그녀 역시 본인의 의지와는 무관하게 죽음을 가져오는 여인, 즉 또 하나의 거세하는 여인이다. 그녀의 애인이었던 몽트피오르나 그녀의 남편인 디아르는 모두 파멸한다. 그들은 남성성을 상징하는 군인들이다. 그러나 디아르는 주아나와의 결혼 이후 완전한 무능력자가 되어 아무 일에도 성공하지 못한다. 결국 놀음으로 전 재산을 잃은 그는 잃어버린 돈을 되찾기 위해 자신의 돈을 앗아간 몽트피오르를 살해하기에 이른다. 살해범으로 쫓기던 디아르는 아내에게 도움을 요청하지만 매정한 여인 주아나는 자식들의 명예를 지키고자 남편에게 자살을 종용한다. 그러나 자살을 거부하던 디아르는 결국 아내에 의해 죽임을 당한다.

아킬리나와 페도라가 남자를 거세하는 여인의 전형이라면 『골짜기의 백합』의 펠릭스의 어머니, 「서른 살의 여인La Femme de trente ans」의 줄리 데글르망은 매정한 어머니의 전형이다. 그러나 이러한 매정한 여인의 이미지는 점차 사라지고 어머니의 사랑은 이상화된다. 일반적으로 『인간희극』 속의 어머니들은 모두 사랑에 넘치는, 헌신적이고 희생적인 어머니의 모습이다. 발자크는 상상 속에서 창조를 통해 자신에게 결핍된 어머니의 사랑을 이상화하고자 했던 것일까? 「레 마라나」의 마라나는 딸이 자기처럼 창녀의 운명을 밟지 않도록 정직한 상인 프레즈 부부에게 그녀를 위탁한다. 그러나 딸에게 위기가 닥치면 언제나 직감으로 알고 딸을 찾는다. 「징용군Le Réquisitionnaire」의 드 데이 부인도 자식과 교감을 가지는 어머니이다. 그녀는 아들이 공화국에 의해 총살을 당하는 바로 그 순간 아들과 함께 죽는다. 다시 말해서 그녀는 아들과의 텔레파시에 의한 숭고한 죽음을 통해 사랑하는 아들과 함께 운명적 고통을 나눈다.

그런데 발자크 소설에 나타나는 이상적 어머니는 많은 경우 자신의 의지와는 반대로 결국 남편과 애인과 아들을 죽이고 파멸시킨다. 「저주받은 아이」의 쟌 데루빌은 발자크가 바라던 이상적 어머니의 전형이다. 그러나 지나친 사랑으로 인해 아들을 나약한 존재로 만들어 결국 죽음에 이르게 한다. 가브리엘의 사랑 역시 모성적 사랑이다. 어머니를 닮은 가브리엘은 에티엔에게 새로운 생명과 남성성을 부여하지만, 결국 그녀로 인해 그는 죽음에 이르게 된다. 즉 가브리엘은 에티엔에게 생명을 주는 동시에 생명을 앗아가는 모성적 존재이다.

『나귀 가죽』의 폴린 역시 라파엘을 진심으로 사랑하며 오누이 같은 사랑으로 그를 보살피는 이상적 어머니를 구현한다. 페도라를 포기한 후 연구에만 몰두하기로 결심하고 자기거세와 승화의 길을 택한 라파엘은 작은 방에서의 칩거를 통해 '모태로의 역행' (Danger, 1982: 241)을 추구한다. 그리고 그 중심에는 이상적 어머니의 영상인 폴린이 존재한다. 라파엘은 가죽의 소유로 인해 모든 것을 욕망할 수 있게 되었다. 그러나 그는 아무것도 욕망할 수 없다. 그의 욕망은 그의 생명을 파괴시키기 때문이다. 즉 남성성을 획득한 바로 그 순간부터 그는 거세된 자가 된다. 왜냐하면 그에게 주어진 가죽이 상징하는 남근은 스스로를 소진시키는 존재이기 때문이다. 아무것도 욕망할 수 없는, 거세된 자에 불과한 라파엘은 살기 위해 아무것도 욕망하지 않아야 한다는 생각과 폴린에 대한 욕망 사이에서 분열된다. 결국 라파엘은 파멸적 욕망에 굴복하여 갓난아이의 형용할 수 없는 황홀경 속에서 정신을 잃고 죽는다. 그는 폴린의 젖가슴을 물고 죽음으로써 어린아이가 되어 어머니와의 합일은 완성된다. 이처럼 천사적 여인 폴린 역시 애인을 죽음으로 몰아가는 '죽음을 가져오는 어머니'이다. 폴린 자신도 그것을 인식하고는 "그는 나의 남자예요. 내가 그를 죽였어요"라고 절규한다.

동일한 이름을 가진 『루이 랑베르』의 폴린도 천사적인 존재, 루이를 어머니 같은 사랑으로 보살피는 이상적 어머니이다. 그러나 루이의 광기는 폴린과의 사랑으로부터 연유하지 않았던가! 그녀와의 결혼을 며칠 앞두고 미쳐버렸으니 말이다. 그밖에도 『잃어버린 환상』과 『창녀들의 비참과 영광Splendeur et misère des courtisanes』에 등장하는 뤼시앙의 애인들인 코랄리와 에스테르 역시 자신을 희생하면서 헌신적으로 애인을 보살피는 이상적 여인들이다. 그러나 코랄리는 뤼시앙을 타락시킨 장본인이며, 에스테르는 뤼시앙 파멸의 직접적인 원인이 된다.

이처럼 발자크에게 여성은 아들을 죽이는, 애인을 파멸시키는 나쁜 어머니-거세하는 어머니의 형상을 벗어나지 못한다. 다시 말해서 발자크에게 외관상 매정한 어머니와 이상적이고 헌신전인 어머니는 하나이다. 모두 자식을, 애인을, 남편을 파멸시키는 존재이기 때문이다. 발자크가 어린 시절 어머니에게 가졌던 원한의 골이 그만큼 깊었던 것일까?

이제까지 발자크의 초기 소설에 나타나는 폭력의 문제를 살펴보았다. 그런데 앞서 잠시 언급한 것처럼 폭력의 테마는 1834년경부터 서서히 사라진다. 1834-1835년은 발자크에게 가장 파란만장했던(사교계 출입, 사치스런 생활, 많은 빚, 골동품 수집, 복잡한 여자 관계 등) 시기이다. 그러나 동시에 작품 활동이 가장 활발했던 시기이기도 하다. 그는 『절대 탐구La Recherche de l'Absolu』, 『시골 의사Le Médecin de campagne』, 『의제니 그랑데Eugénie Grandet』, 「명사 고디사르L'Illustre Gaudissart」, 「레 마라나」, 「페라귀스Ferragus」, 「도끼에 손대지 마시오Ne touchez pas la hache」, 「바닷가의 비극」, 「서른 살의 여인」을 발표했으며, 『고리오 영감Père Goriot』을 구상하기도 한다. 「회개한 멜모스Mélmothe réconcilié」, 「저주받은 아이」, 『고리오 영감』을 동시에 작업하면서 『루이 랑베르』를 다시 쓰고 『황금 눈의 여인La Fille aux yeux d'or』을 보완하며, 『골짜기의 백합』을 구상한다. 그러면서 양성체의 구현을 주제로 하는 『세라피타Séraphîta』에 대한 생각에 몰두하기도 한다. 바로 이 시기부터 발자크의 작품에는 가족 소설과 폭력이 사라진다. 글쓰기를 통해 유년기의 상처가 준 고통을 극복했기 때문일까? 그리고 『세라피타』에서의 양성성의 완수는 그가 바야흐로 자신감을 획득했음을 의미하는 것일까? 이제 그의 무대는 사회 전체가 된다. 글쓰기를 통해 가족 내의 갈등을 극복하고 스스로 소설 속 사회를 창조함으로써 신적인 능력을 획득한 발자크에게 가족은 이제 더 이상 『인간 희극』의 무대가 되지 않는다. 그런 의미에서 『고리오 영감』은 의미 있는 작품이다. 파리를 향해 던진 "이제 너와 나의 대결이다"라는 라스티냐크의 외침은 바로 발자크 자신의 사회에 대한 도전을 상징하기 때문이다.

오노레 드 발자크

(Honoré de Balzac, 1799~1850)

오노레 드 발자크는 1799년 프랑스 투르에서 태어났다. 랑그독 지방 출신인 그의 아버지 베르나르 프랑수아는 원래 발사라는 이름의 평범한 농부의 아들이었다. 그러나 수완이 좋고 사업 재능이 있었던 그는 군대의 경리국과 조달국에서 근무하는 동시에 고리대금업자와 은행가들과도 거래를 하면서 돈을 모은 후 파리의 은행가 집안인 다니엘 두메르크의 1등 비서관이 되기도 한다. 재산과 안정된 지위를 가지게 된 베르나르 프랑수아는 은행 상사의 딸인 32세 연하의 안 샤를로트 살랑비에와 결혼한다. 당시 그는 51세였고 그녀는 19세였다. 발자크의 어머니 안 샤를로트 로르 살랑비에는 신경이 예민하고 히스테릭한 여자였으며 나이 많은 남편에게 애정이 없었던 것으로 보인다.

발자크가 출생하던 1799년 무렵 베르나르 프랑수아는 군량 공급업자가 되어 투르로 이사했고, 그곳에서 그의 가족은 상류 부르주아에 속할 만큼 부자가 되어 있었다. 오노레의 출생 이전 첫아들 다니엘이 태어나 어머니가 직접 키웠으나 얼마 살지 못하고 죽는다. 그런 이유로 오노레는 출생 직후 한 근위병의 아내인 유모에게 맡겨져 네 살이 될 때까지 그 집에서 양육된다. 그 후에도 그는 가족에게 돌아가지 못하고 기숙학교에 들어가 일주일에 단 한 번 가족을 방문할 수 있을 뿐이었다. 여덟 살이 된 오노레는 오라토리오 교단이 운영하는 방돔기숙학교의 학생이 되어 그곳에서 6년을 머문다. 엄격한 교육, 권태로운 수업, 고독, 사랑의 결핍 등 방돔기숙학교에서의 생활은 그의 자전적 소설인 『루이 랑베르』를 통해 간접적으로나마 엿볼 수 있으며, 『골짜기의 백합』은 발자크가 불행한 유년기를 보냈음을 암시한다. 일찍이 어머니로부터 버림받았다는 생각, 어머니의 사랑을 받지 못했다는 생각은 일생 동안 발자크를 지배했던 생각이다. 발자크는 여덟 살경에 어머니의 불륜을 알았던 것으로 보인다. 어머니는 가족의 친구였던 사세의 성주 장 드 마르곤의 애인이었으며, 1807년에 출생한 발자크의 동생 앙리는 그들의 아이였다.

어머니의 사랑을 받지 못했던 발자크는 베르니 부인에게서 모성애적 사랑을 찾는다. 파리의 이웃이었던 베르니 부인과의 만남은 그에게 있어 은총이자 구원이었다. 22세나 연상이었던 그녀는 발자크에게 용기를 불어넣어 주었고 정신적 · 물질적 도움을 아끼지 않았다. 베르니 부인은 『골짜기의 백합』의 모르소프 백작 부인 등 여러 인물들에 투영되어 있다.

1816년 법과대학생이 된 그는 변호사와 공증인의 집에서 서기로 일한다. 당시의 경험은 훗날 그가 소설을 쓰는 데 많은 실제적 도움을 주게 된다. 그러나 1819년 그는 미래가 보장된 법과대학의 공부를 포기하고 작가가 되기로 결심한다. 어머니의 강한 반대에도 불구하고 그는 자신의 결심을 포기하지 않았다. 결국 문학에서 성공하지 못할 경우 더 이상 부모의 도움 없이 살든가, 아니면 다시 공증인 사무소로 돌아간다는 약속 하에 어머니는 아들에게 파리의 한 다락방을 얻어주었고 그곳에서 발자크는 2년간 문학 수업을 하게 된다. 그동안 그는 「영혼의 불멸성에 관한 소고」, 「철학과 종교에 관한 소고」 등의 철학적 단상을 써보다가 마침내 비극 『크롬웰Cromwell』의 집필에 혼신의 힘을 기울인다. 그러나 그 결과는 별로 신통한 것이 못 되었다. 발자크는 다시 월터 스코트 풍의 역사 소설을 쓰기로 결심하고 『팔튀른Falthurne』, 『스테니 혹은 철학적 오류Sténie ou les erreurs philosophiques』 등을 집필하지만 그 역시 실패로 끝나고 만다. 가족과 약속한 2년이 다 지나고 경제적으로 독립해야 할 때가 될 즈음 그는 쉽고 재미있는 엉터리 대중 소설을 양산하는 소설 공장을 운영하는 오귀스트 르 푸아트뱅 드 레그르빌을 만나 그와 동업하면서 여러 가지 가명 혹은 익명으로 싸구려 소설을 쓴다.

삼류 소설을 양산하던 발자크는 25세가 되던 1824년 새로운 결정을 내리고 출판업을 시작하지만 곧 파산하고 만다. 발자크는 이 출판업의 실패를 다른 사업, 즉 인쇄업을 통해 만회하려 했다. 그는 어머니와 베르니 부인을 투자자로 끌어들이고 사업에 몰두했으나, 1년도 되지 않아 또다시 파산한다. 두 번에 걸친 실패에도 불구하고 활자주조 공장을 운영하지만 1828년 그는 또 한 번 파산 선고를 해야만 했다. 이렇게 3년 사이에 발자크는 출판업, 인쇄업, 그리고 활자주조 사업에서 실패함으로써 그를 일생 동안 허덕이게 한 빚더미 위에 올라앉는다. 그동안의 실패를 통해 그는 돈의 위력을 뼈저리게 느끼게 된다.

마침내 발자크는 엉터리 소설과 작별하고 진정한 글을 쓸 것을 결심한다. 그가 처음 시도한 소설은 방데 지방의 반란에 관한 이야기로서 월터 스코트 풍의 역사소설이다. 1829년 그는 이 작품에 『마지막 올빼미 당원 혹은 1800년의 브르타뉴』라는 제목을 붙이고 오노레 발자크라는 이름으로 출판한다. 글쓰기를 시작한 지 10년 후에야 자신의 이름으로 소설을 출간한 것이다. 이 작품이 큰 성공을 거둔 것은 아니지만 발자크라는 이름을 알리는 계기가 된 것은 사실이다. 사교계에 그의 이름이 알려진 것은 같은 해인 1829년에 출판한 『결혼생리학Physiologie du mariage』 덕분이다. 여성을 옹호하는 것 같기도 하고 비난하는 것 같기도 한 이 글이 여성들, 특히 파리 사교계 여성들의 관심을 끌게 되었던 것이다. 1830년 이후 발자크는 방대한 양의 글을 발표한다. 1830년과 1831년 사이 그는 소설, 에세이, 기사 등 75편의 글을 쓴다. 마치 잠자고 있던 화산이 폭발하듯이 그는 쉬지 않고 글을 쓴다. 그는 금세 인기 작가가 되었고 고액의 원고료를 받기에 이른다.

골동품 수집이나 고급 가구에 대한 발자크의 취향은 유명하다. 그러나 그는 뼛속까지 부르주아였고 속물이었다. 고급 의상으로 치장을 하고 고급 가구와 골동품으로 집안을 장식했지만 그 모습은 우스꽝스럽기 그지없었다. 큰 소리로 웃고 떠드는 그의 모습이나 식사 중의 세련되지 못한 예법은 주위 사람들의 눈살을 찌푸리게 하기도 했다. 성격도 급하고 참을성이 없었다. 그러나 그는 귀족이 되고 싶었다. 고급 카펫과 비싼 골동품에 대한 그의 남다른 집착은 귀족을 상징하는 '푸른 피'에 대한 그의 열등감을 드러낸다. 그가 사랑했던 여인들은 모두 귀족 부인이었고, 그는 돈 많은 과부, 특히 돈 많은 귀족 과부를 원했다. 그러던 중 카스트리 공작부인은 발자크에게 커다란 희망을 주었다. 그녀와 몇 통의 편지를 주고받은 후 그는 그녀와 함께 엑스레뱅, 제네바 등지에 체류하고 구애를 하지만 그녀는 우정 이상을 허락하지 않는다.

카스트리 공작부인과의 만남이 실패로 돌아간 후, 창작에 전념하던 발자크는 한스카 부인을 만나면서 새로운 희망을 본다. 우크라이나의 대부호인 그녀는 발자크의 애독자 중 하나였다. 스물다섯 살이나 연상인 한스키 백작과 결혼한 그녀에게 유일한 즐거움은 소설을 읽는 것이었다. 그녀는 발자크의 작품을 재미있게 읽었고, 특히 『결혼생리학』의 섬세한 여성 심리 묘사에 흥미를 느꼈다. 1832년 3월, 발자크는 고급스런 종이에 "이국의 여인으로부터"라고 쓴 익명의 편지를 받는다. 몇 통의 편지가 오간 후 발자크는 그녀를 사랑하기로 마음먹었고 그녀를 보기도 전에 사랑을 고백하기에 이른다.

1833년 한스카 부인은 남편을 졸라 스위스에서 여름을 보내기 위해 유럽 여행길에 오른다. 이 여행은 물론 발자크를 만나기 위해 은밀히 계획된 것이었다. 그녀를 만나기 위해 뇌샤텔로 달려가 그곳에서 한 달을 보내면서 발자크는 돈과 명예와 계급 상승이라는 세 마리의 토끼를 잡기 위해 모든 정열을 바치기로 결심한다. 일찍이 발자크가 그때만큼 사랑에 빠져본 적은 없었다. 같은 해 12월 다시 제네바로 간 발자크는 그 이듬해인 1834년 1월 26일 드디어 백작부인을 정복한다. 1835년 5월 빈에서의 재회 이후 8년이 지난 1843년에야 발자크는 부인을 다시 만나게 된다. 그동안 발자크는 『크로니크 드 파리Chronique de Paris』의 인수와 실패, 세브르의 부동산 투기의 실패, 사르데뉴 은광 사업의 실패 등 모든 사업에서 실패를 거듭하고 산더미처럼 쌓여가는 빚을 갚기 위해 글쓰기라는 노동에서 헤어날 수 없었다. 그러는 동안에도 그는 비스콩티 공작부인과 사랑을 나누기도 했다.

1841년 한스키 백작의 사망 소식을 접한 발자크는 오로지 한스카 부인과의 결혼만을 목표로 세우고 그것을 위해 모든 인생을 건다. 그녀와의 결혼은 그를 귀족으로 만들어줄 것이며 빚으로부터의 해방도 가능케 해줄 것이기 때문이다. 그러나 그것이 그리 쉬운 일은 아니었다. 우선 한스카 부인은 그를 믿을 수 없었다. 소문에 따르면 그는 성실하지도 않았을 뿐 아니라 빚이 너무 많았다. 평민과의 결혼을 수치스럽게 생각하는 집안의 반대도 무시할 수 없었다. 그러나 발자크에게는 선택의 여지가 없었다. 심신이 지친데다가 이제는 문학적 상상력도 고갈된 그에게 오로지 결혼만이 구원이 될 수 있었던 것이다. 1850년 3월 드디어 한스카 부인과 결혼한 발자크는 부인과 함께 파리로 돌아와 신혼 살림을 차리지만 와병 중의 발자크는 그녀를 위해 마련한 파리의 저택에서 불과 석 달도 살지 못한 채 여러 날 의식불명 상태에 처해 있다가 1850년 8월 18일 세상을 뜬다.

발자크는 무명 시절 자신의 방에 놓아둔 나폴레옹의 석고상 받침대에 "나폴레옹이 검으로 이룬 것을 나는 펜으로 이룰 것이다"라고 써놓았다고 한다. 과연 그는 자신의 좌우명을 실현한 것처럼 보인다. 그러나 사실상 발자크에게 글쓰기는 빚을 갚기 위한 수단이었다. 특히 계속되는 사업 실패로 인해 눈덩이처럼 늘어만 가는 부채를 갚기 위한 유일한 해결책이 문학이었기에 그에게 글쓰기는 고행이었고 노동이었다. 발자크에게는 평생 동안 휴식이 없었다. 빚쟁이들과 출판업자들의 독촉 때문에 그는 하루 열다섯 시간 내지 열일곱 시간 동안 일을 해야 했다. 하지만 발자크에게 글쓰기는 단순한 돈벌이 수단에 그치지 않는다. 신이 인간을 창조했듯이 발자크는 19세기라는 한 시대를 사는 모든 종류의 인간들을 창조하여 『인간 희극』이라는 거대한 사회 안에서 살게 했던 것이다.

『인간 희극』은 1834년 발자크가 인물 재등장 기법을 고안한 후 그때까지 산발적으로 발표했던 작품들에 체계를 부여함으로써 세계와 인간을 총체적으로 이해하고자 자신의 작품 총서에 붙인 이름으로서, 단테의 『신곡』에서 영감을 받은 것이다. 『인간 희극』은 〈풍속 연구Etudes de moeurs〉, 〈철학 연구〉, 그리고 〈분석 연구Etudes analytiques〉로 구성되어 있으며, 〈풍속 연구〉는 다시 '사생활', '파리 생활', '지방 생활', '정치 생활', '군대 생활', '농촌 생활' 등 여섯 개의 장면으로 이루어진다. 〈풍속 연구〉에는 주변에서 일어나는 여러 현상들을 다룬 작품들이 담겨 있다. 독자들에게 익숙한 『고리오 영감』, 『골자기의 백합』, 『잃어버린 환상』 등은 모두 〈풍속 연구〉에 속한다. 그리고 〈철학 연구〉는 그 이면에 숨겨진 원인을 찾는 것을 목적으로 한다. 『나귀 가죽』, 『루이 랑베르』 등이 이에 속한다. 〈분석 연구〉에는 그 현상과 원인에 대한 원리를 살피고 분석하기 위한 작품들이 있다. 그 예로는 『결혼생리학』을 들 수 있다.

2 모파상과 범죄의 세계

폭력과 범죄

연쇄 살인사건이 발생하고 그에 따른 공포감이 확산되면서 사이코패스라는 용어가 화두가 된 적이 있었다. 사이코패스란 사이코패시라는 일종의 정신병에 걸린 사람을 말하며 그들은 반사회적 인격 장애를 가진 자들이다. 그들은 매우 충동적으로 행동한다. 그들에게는 폭력적인 성향이 강한 반면 책임감은 결여되어 있다. 특히 그들은 자신의 범죄 행위에 대해 죄의식을 느끼지 않는다. 사이코패시의 중심에는 나르시스적 리비도가 존재한다. 사이코패스들은 타자의 가치를 인정하지 않으며 과대망상적 자아의 보존을 위해 타자에 대한 공격적 방어를 취하는 것이다. 그들의 공격적 성향은 그들로 하여금 범죄를 저지르게 하지만 그들에게는 법과 규칙에 대한 개념이 없기 때문에 범죄 사실에 대한 죄의식 또한 부재한다.

모파상의 작품에는 폭력과 범죄가 난무하며, 사이코패스라고 볼 수 있을 만한 범죄자들이 우글거린다. 소설 속 인물들은 부모를 죽이고, 자식을 죽이는가 하면, 무고한 사람을 죽이기도 한다. 질투 때문에 죽이고, 복수하려고 죽인다. 그런가 하면 아무 이유도 없이 순간적 충동에 의해 죽이기도 한다. 그러나 모파상 작품 속의 범죄자들은 자신의 범죄 행위에 대해 아무런 죄의식도 느끼지 못한다는 점에서 사이코패스들이다. 그런데 그들은 법적으로도 처벌받지 않는다. 존경받는 유명 인사라서 아무도 의심할 수 없었기에 처벌받지 않는가 하면, 사회적 편견의 희생자들이기에 무죄 석방된다.

살해의 쾌락을 위해 무고한 인간들을 살해한, 그러나 생전에 모든 사람들로부터 존경받았던 한 판사의 이야기인 「광인」을 살펴보자. 죽이고 싶은 유혹을 견디지 못한 그는 우선 작은 새 한 마리를 죽이는 것으로부터 살해 행위를 시작한다. 새의 숨이 넘어가는 모습을 감미롭게 바라보던 그는 피를 볼 수 없다는 아쉬움으로 가위를 들어 새의 목을 자른다. 빨간 피가 흐르는 것을 바라보면서 혀로 피의 맛을 보기까지 한다. 그러나 그는 인간을 죽이고 싶다는 욕망을 뿌리칠 수 없다. 숲을 산책하던 그는 어린 소년을 만나 그를 목 졸라 죽인다. 죽어가는 소년의 "동그랗고, 깊고, 투명하고, 끔찍한" 눈을 바라보면서 그는 강한 쾌감을 느낀다. 그러나 그 소년은 피를 흘리지 않았다. 피를 봐야만 한다. 졸고 있는 낚시꾼을 삽으로 쳐서 죽게 하고는 그의 피가 강으로 흘러 들어가는 것을 보면서 판사는 편안한 마음으로 집으로 돌아간다. 낚시꾼의 조카가 범인으로 체포되었고, 그 자신이 재판관이 되어 그를 사형에 처하기까지 한다. 무력한 법정을 비웃으면서! 단두대에서 사형수의 목이 피 흘리며 잘려나가는 것을 보면서 그는 또 한 번의 감각적인 쾌락을 맛본다. 아무런 처벌도 받지 않은 채 천수를 다하고 82세에 죽은 판사의 일기를 읽어보자. 그 일기는 그가 죽고 난 후 우연히 발견된 것이다.

> 죽이는 것이 왜 죄가 된단 말인가? 왜? 그것은 반대로 자연법칙에 따르는 것이다. 모든 존재하는 것은 죽이는 임무를 띠고 있다. 살기 위해 죽이고, 죽이기 위해 죽인다. 죽이는 것은 우리의 기질이다. 죽여야만 한다. [……] 죽이는 것은 법이다. (541-542)[5]

---

5 「광인」은 국내에서 번역되지 않았기에 원서를 번역하여 인용한다. 참조한 텍스트는 갈리마르 출판사에서 발간한 플레이아드판 제II권(1979)에 수록된 것이다.

이처럼 그에게 있어서 살해는 자연법칙이다. 아무도 죽음을 피할 수 없을 뿐 아니라, 파괴는 생성을 가져오고 생성은 또 파괴를 야기하기 때문이다.

죽이는 것은 또한 신의 법칙이기도 하다. 「무아롱」을 보자. 학생들을 끔찍이 사랑했던 교사 무아롱은 자신의 세 아이를 앗아간 신에게 복수하기 위해 사탕 속에 잘게 부순 유리조각과 바늘조각을 넣어 학생들을 하나하나 살해한다. 그러나 그에게 있어 이러한 살해 행위는 "죽이기 위해 생명을 주는" 학살자 신을 모방한 것에 불과하다. 신의 법칙을 따랐을 뿐인 그에게 죄의식은 없다. 그는 영리하고, 신중하고, 종교적인, 대단히 좋은 평판을 가진 훌륭한 교사였다. 따라서 그의 행동은 이해되기 힘든 것이었고, 광기의 결과라고 결론지을 수밖에 없었다. 그러나 그는 얼마나 이성적이고, 명철한 의식을 가진 자였던가! 이처럼 광기와 이성은 서로 그다지 멀리 있지 않으며 그 둘 간의 경계는 모호해진다.

「귀여운 로크 양」의 르나르데 씨는 한 마을의 시장으로서 사람들의 존경을 받는 유명 인사이다. 아내를 잃은 후 허전한 몸과 마음을 달래지 못하던 그는 어느 날 숲을 산책하다가 연못에서 목욕하고 나오는 어린 로크 양을 훔쳐보게 된다. 벌거벗은 채 아무것도 모르고 자신에게 다가오는 그녀를 보자 그는 자신도 모르게 "저항할 수 없는 어떤 힘"과 "동물적 충동"에 이끌려 그녀를 강간한 후, 살해하고 만다. 죽일 생각은 없었다. 다만 그녀의 울음을 멈추게 하려고 손으로 목을 잡았을 뿐이다. 그러나 위험을 느낀 그녀는 점점 더 세게 울었고, 이에 따라 그도 점점 더 세게 목을 조여 그녀를 죽이는 결과를 가져오게 된 것이다. 범행 후 집으로 돌아온 그는 아무런 죄책감을 느끼지 않는다. 범행에 대한 조사가 진행되는 동안에도 그는 후회나 도덕적 죄의식을 느끼지 않는다. 신에 대한 두려움도 없다.

그에게 있어서 종교의 규율은 법적 규제와 마찬가지로 인간이 사회를 유지하기 위해 만든 것에 불과하다. 따라서 신으로부터의 처벌이 두려울 리 없다. 죽이는 행위는 오히려 즐겁고 용감한 행위처럼 여겨지기까지 했다. 따라서 그를 괴롭힌 것은 죄의식이 아니다. 다만 어린 소녀를 죽일 때의 묘한 감정과 그 소녀의 모습이 그를 떠나지 않고 계속 그의 주위를 맴돌고 있다는 느낌을 떨쳐버릴 수가 없다. 그녀의 벗은 모습과 피 흘리는 영상은 밤마다 나타나 그를 괴롭힌다. 소녀의 환각적 영상을 견디지 못한 그는 자살을 택할 수밖에 없다. 친구인 판사에게 편지로 자신의 범행을 고백한 후 그는 바위 위로 떨어져 머리가 깨진 채 죽는다.

파괴하는 어머니

모파상의 범죄 소설 중에는 어머니에 의한 아이 살해의 테마가 큰 자리를 차지한다. 「로잘리 프뤼당Rosalie Prudent」을 읽어보자. 주인집 조카의 아이를 임신한 하녀 로잘리는 사회적 편견을 극복하면서 자신의 아이를 잘 키워보려 하나 쌍둥이를 해산하자 자신의 손으로 모두 죽이고 만다. 혼자의 힘으로 두 아이를 양육하는 것은 절대로 불가능하기 때문이다. 그렇다고 둘 중 하나를 선택할 수도 없는 것 아닌가! 그녀를 단죄하고자 법정에 모인 청중들과 판사들은 그녀의 증언을 듣자 오히려 눈시울을 적시고 그녀는 무죄 석방된다.

「어린아이L'Enfant」의 주인공 엘렌은 육체적으로 과도한 욕망을 타고난 여인이다. 그녀의 넘치는 정욕 때문에 그녀와 결혼한 남자들은 모두 죽고 만다. 세 번째로 과부가 된 그녀는 정숙한 여인이 되고자 노력한다. 그녀의 병이 욕망 때문에 생긴 것이라고 판단한 의사는 그녀에게 애인을 만들라고 충고하지만 정숙한 여인인 그녀는 의사의 그러한 충고를 받아들일 수 없다. 그러나 육체적 감각의 위력은 거부할 수 없는 것이었고, 마침내 그녀는 정원사의 아이를 임신하기에 이른다. 임신한 사실을 안 그녀는 자신의 육체 안에 있는 아이를 없애려고 몸부림친다. 그러나 아무리 애를 써도 아이가 죽지 않자 자기 스스로 아이를 끄집어내어 벽난로에 던지려 한다. 하지만 아이는 탯줄로 어머니 육체와 연결되어 있고, 그녀는 그 줄을 끊기 전에 핏덩어리 위로 쓰러지고 만다. 이 이야기를 끝마친 후 의사는 정숙을 자랑하는 부인에게 질문한다. "과연 그녀는 유죄인가요?" 이 글에서 작가는 도덕이라는 사회적 편견과 거짓된 명예가 얼마나 인간을 파멸시키는지를 고발한다.

> 인생이란 얼마나 추악하고 비참한지요! 그렇습니다, 부인. 고약한 편견과 명예에 대한 거짓된 관념이 범죄보다 더 혐오스럽지요. 억지로 꾸며낸 온갖 감정들, 가증스러운 명예심, 가여운 아가씨들을 살인으로, 영아 살해로 몰고 가는, 무조건 정숙하라는 말도 안 되는 요구는 절대적인 삶의 법칙을 그녀들에게 강요합니다. 그런 윤리의식을 만들어냈다는 것은, 두 존재의 자유로운 동침을 무조건 죄로 몰고 간다는 것은 인류에게 얼마나 부끄러운 일인가요! (196)[6]

위의 두 소설이 사회적 편견에 의해 희생당한 두 여인을 그리고 있다면 「괴물들의 어머니La Mère aux monstres」나 「에르메 부인」은 모성애가 결핍된 나쁜 어머니를 그린다. 「괴물들의 어머니」의 주인공은 처녀 시절에는

6 「어린아이」의 인용을 위해서는 2007년 생각의 나무에서 출간된 최정수 역의 『오를라』에 수록된 텍스트를 참조했다.

"착실하고 얌전하며 절약하는 하녀"였다. 그러나 그녀는 "다른 모든 여자들과 마찬가지로" 실수를 저질렀고, 곧 임신한 사실을 알게 되었다. 수치심으로 괴로워하던 그녀는 자신의 불행을 감추려고 자신이 손수 고안한 장치로 배를 세게 졸라맨 결과 끔찍하게 생긴 괴물 같은 아이를 출산한다. 그 후 우연한 기회에 기형 동물을 구경시키는 흥행사들에게 아이를 팔면 돈이 된다는 사실을 알게 된 그녀는 계속적으로 괴물들을 생산하여 열한 명의 기형아의 어머니가 되어 연 오천에서 육천 프랑의 수입을 올린다.

「에르메 부인」의 주인공은 자신의 아름다운 얼굴이 아들의 천연두에 감염될까 두려워 죽어가는 아들의 간절한 소망에도 불구하고 그를 만나기를 거부한 매정한 여인이다. 아들이 죽은 후 그녀는 미쳐버린다. 한편 「소바주 부인La Mère Sauvage」이나, 「복수Une vendetta」는 죽은 아들의 복수를 위해 다른 아이들을 죽이는 어머니의 모습을 그리고 있다.

내용이 조금씩 다르기는 하지만 위의 작품들은 모두 어머니의 아이 죽이기라는 공통된 테마를 가진다. 피에르 당제(1993: 145)에 의하면 모파상 작품은 두 가지 상반된 어머니의 모습, 즉 찬란한 아름다움을 지닌 여인으로서의 어머니와 노쇠와 죽음에 의해 파괴된 육체를 가진 흉측한 형상의 어머니 이미지 사이에서 갈등하는 듯 보이지만, 사실상 이 두 얼굴은 서로 겹쳐져서 하나로 존재한다.

범죄와 폭력의 세계에서 어머니의 모습은 파괴하는 어머니, 삼켜버리는 어머니이다. 그것은 모파상의 초기 소설인 「물 위에서」에 등장하는 늙은 여자의 시체로 형상화된 어머니이다. 「물 위에서」는 대단히 상징성을 지닌 작품으로 해석될 수 있다. 피에르 당제(1993: 145)는 물에 어머니라는 상징을 부여하면서 어머니의 추억은 죽음 충동을 유발한다고 주장한다. 한편 앙토니아 포니는 그것을 탄생과 죽음의 순환으로 해석한다. 포니에 따르면 탯줄을 상징하는 닻줄을 끌어당기는 것은 여인의 해산을 상징한다. 「물 위에서」의 화자는 힘들게 닻줄을 끌어당김으로써 어렵게나마 해산하기에 성공하지만, 닻에 끌려나온 것은 죽은 여인의 시체이다. 이처럼 탄생은 곧 죽음을 의미한다.

포니(1993: 145)는 원형적 어머니의 이미지가 모파상 작품 전체를 관통하는 하나의 핵심 주제임을 지적한다. 그에 따르면 모파상의 작품은 막힌 공간에 갇힘이라는 근원적 신화를 가진다. 막힌 공간 속에 갇힌 모파상의 인물들은 열린 공간으로 나오고자 노력하지만 절대로 그곳을 빠져나오지 못한다. 그들은 자신이 체류하는 공간의 포로들이다. 잠시 열렸던 공간이라 할지라도 그것은 함정에 불과하다. 그것은 곧 다시 닫히기 위해 잠시 열렸을 뿐이고, 그들은 다시 그곳으로 돌아가야 한다. 막힌 공간이란 어머니의 자궁이고 그곳에서 꺼내주는 것도, 또다시 그곳으로 존재를 밀어 넣는 것도 어머니이다. 이처럼 모파상의 작품에는 탄생시키는 동시에 다시 집어 삼키는 원형적 어머니의 이마고가 집요하게 존재한다. 또한 모파상의 작품에서 어머니의 이마고는 매우 강하고 폭력적으로 그려진다. 힘있는 어머니, 삼키는 어머니, 자연법칙에 따라 생성과 파괴를 계속하는 자식 죽이는 원형적 어머니의 이미지가 모파상 작품 전체를 지배한다고 해도 과언이 아닐 것이다.

무력한 아버지-법

무서운 어머니 곁에서 아버지의 모습은 무력하기만 하다. 앞서 나는 법의 무력함을 지적한 바 있다. 법은 그 누구도 단죄하지 못한다. 모두가 무죄 석방되고, 아무도 처벌받지 않는다. 모파상의 작품에서는 아버지를 상징하는 법이 아무런 힘을 가지지 못한다. 죄의식의 기준도 없다. 양심이나 후회는 더더욱 부재한다. 모파상의 작품에서 아버지는 처벌 능력을 가지지 못한 무능한 아버지요, 아들에게 거세 위협을 주지 못하는 추락한 아버지이다(Fonyi, 1993: 141). 따라서 자아는 아버지와 싸움도 하기 전에 소멸되어 버린다(Danger, 1993: 160).

「귀여운 로크 양」의 르나르데 시장은 소녀를 살해한 후 법에 의해 처벌받기를 시도하지만 실패한다. 결국 그는 절벽에서 떨어져 스스로 목숨을 끊는다. 바위에 부딪혀 얼굴의 형체가 뭉그러짐으로써 정체성이 상실된 채, 그는 물이라는 상징적 자궁 안으로 회귀한다. 그를 단죄하는 것은 법이 아니다. 그는 어머니라는 심연의 희생자인 것이다. 이처럼 거세는 아버지가 아닌 어머니에 의해 행해진다(Danger, 1993: 151). 그리고 모파상에게 거세는 오이디푸스적인 형벌이 아닌 원형적 어머니라는 테마 안에서 이루어진다(Fonyi, 1993: 145). 따라서 모파상에게 있어서 어머니-여인은 사랑의 대상이 아니라 파괴시켜야 하는 대상이다. 모파상의 작품에는 사랑이 부재한다. 사랑의 이야기가 존재한다면 그것은 사랑의 저주를 말하기 위해서 필요할 뿐이다. 모파상에 있어 리비도는 귀찮은 존재이다. 진정한 행복은 그것으로부터 벗어나는 것이다(Danger, 1993: 62).

「올리브 밭Le Champs d'Oliviers」은 욕망의 저주를 그린 작품이다. 끔찍이 사랑했던 여인이 다른 남자의 아이를 임신한 사실을 알고 난 후 신부가 되어버린 빌부아 앞에 어느 날 한 청년이 찾아온다. 신부를 꼭 닮은 그 청년은 자신이 그의 아들임을 선언한다. 그의 어머니는 배신이 탄로난 후 애인이 아이를 해칠까 두려워 다른 남자의 아이라고 거짓말을 했던 것이다. 욕망의 결과인 그 청년은 부랑아가 되어 아버지에게 돈을 요구하고,

두 사람은 밤새 술을 마신다. 그 다음날 아침 신부는 시체로 발견되었지만, 만취해 잠들었던 청년은 아무런 기억도 없다. 신부는 아들에 의해 살해된 것일까? 아니면 스스로 목숨을 끊은 것일까? 그러나 그것은 중요하지 않다. 이 작품에서 독자는 인간에게 파멸을 가져다주는 저주스러운 욕망을 볼 수 있을 뿐이다.

또 하나의 범죄 소설인 「고백La Confession」은 성욕이 부재하는 사랑을 그린다. 언니의 약혼녀를 사랑했던 12세의 소녀 마가레트는 병조각을 과자에 넣어 사랑했던 이를 죽인다. 경쟁자를 없앰으로써 사랑을 쟁취하는 오이디푸스적 이야기와 달리 그녀는 사랑의 대상을 죽임으로써 자기 자신의 성욕도 박탈한다.

모파상의 작품에 사랑이 부재한다면, 그것은 그가 오이디푸스 단계에 진입할 수도, 오이디푸스 콤플렉스를 극복할 수 없기 때문이다(Fonyi, 1993: 108, 157). 넘어야 할 아버지가 부재하는 반면 괴물적 어머니가 그의 성욕을 지배하면서 오이디푸스적 구조로의 접근을 금지하기 때문이다. 아버지의 부재는 금지하는 법의 부재를 의미한다. 아버지는 곧 법이고, 법은 허용과 금지의 차이를 규정한다. 그러나 법이 효력을 잃으면 그 차이의 경계선은 무너진다. 모파상의 세계는 법의 부재로 인해 모든 차이의 경계가 무너진 세계이다. 광기와 이성의 차이도, 정상과 비정상의 차이도, 남과 여의 성적 차이도 소멸되고, 그럼으로써 도덕도 규범도 편견도 금기조차도 사라진다. 그 세계를 지배하는 것은 오직 생성과 파괴를 거듭하는 자연의 법칙이다.

3 김동인의 소설에 나타난 폭력과 살해

김동인은 우리의 근대문학사에서 가장 중요한 자리를 차지하고 있는 작가 중 하나이다. 그는 한국 최초의 동인지 『창조』를 발행했고, 근대적 소설 형태인 단편 소설의 기틀을 마련했다. 그는 또한 전통적인 교훈주의와 계몽주의 문학관을 극복하면서 예술지상주의를 주장한 작가이기도 하다. 창조파의 순문예운동은 예술로서의 문학의 자율성 확보를 위한 운동이었다. 한편 그는 소설론과 작가론을 집필한 바 있는 우리나라 최초의 평론가이기도 했다. 그의 「춘원론」과 「조선근대소설고」는 한국의 비평사에서 중요한 자리를 차지한다. 뿐만 아니라 그는 언문일치를 주장했고, 처음으로 과거 시제를 도입했으며, '그'라는 3인칭을 사용하는 등, 소설 형식의 차원에서도 선구자적 역할을 했다. 지금 우리에게 익숙하고 당연해 보이는 이러한 소설적 형식을 처음으로 시도한 작가가 바로 김동인이란 사실만으로도 그의 문학사적 가치는 의심의 여지가 없을 것이다.

이처럼 근대 소설의 기틀을 마련한 김동인의 작품에는 소위 사이코패스라고 진단할 수 있는 범죄자들이 등장한다. 그들은 어머니를 죽이고 친구의 아내를 죽이고 정부를 죽이고 여인들을 죽인다. 자신의 아이를 죽이기도 하고, 이유 없이 시험 삼아 남편을 독살하기도 한다. 아내로 하여금 자살하도록 유도하는가 하면 복수를 위해 스스로 목숨을 끊기도 한다.

김동인의 초기 소설부터 폭력과 살해는 중요한 테마였다. 폭력과 살해를 주제로 한 대부분의 소설들은 1921년부터 1930년 사이 10년 동안에 씌어진 것들이다. 그리고 1935년 「광화사」를 끝으로 김동인의 작품 세계에서 폭력은 거의 사라진다. 「광염 소나타」와 「광화사」에 관해서는 뒤에서 살펴볼 예정이므로 그 외의 몇 작품의 예를 들어보자.

「배따라기」는 김동인의 다른 많은 소설들이 그러하듯이 액자 소설이다. 서술자 '나'는 구슬픈 노랫소리를 들으면서 노래하는 이로부터 그 사연을 듣는다. 바다를 향한 조그만 어촌 마을에 살던 사공 형제는 그 마을에서 고기잡이도 제일 잘하고, 제법 글도 읽을 줄 알며, 배따라기 노래도 가장 잘 부르는 사람들이었다. 그런데 이 사공 형제에게 뜻하지 않은 비극이 닥쳐오고, 아내와 동생을 잃은 사공은 배따라기 노래를 부르며 동생을 찾아 방황의 세월을 보내고 있는 것이다. 사공 형제의 비극적 이야기는 그 핵심이 사건의 오해에 있다.

사공 형의 아내는 "촌에는 드물도록 연연하고도 예쁘게" 생겼으며 내외의 사이는 좋았다. 그러나 부부의 사이가 좋은 만큼 "천진하고 쾌활한 성질로서 아무에게나 말 잘하고 애교를" 부리는 아내에게 그는 샘을 많이 했다. 명절 때면 동네 젊은이들이 모두 그의 집에 모였고 웃기 잘하는 그녀는 늘 웃음으로 그들을 맞이하곤 했던 것이다. 그런데 그의 아내는 "시골 사람에게는 쉽지 않도록 늠름한 위엄"이 있고, 얼굴도 흰 그의 아우에게 특별히 친절하게 대했다. 남편이 아끼는 음식을 아우에게 아낌없이 내주는가 하면, 아우의 외도에 지나친 관심을 보이며, 남편과 싸우고 남편에게 매 맞은 어느 날엔가는 아우 집에 가서 하룻밤을 묵고 오기도 했다. 그러던 어느 날 아내를 위해 거울을 사가지고 돌아온 그는 방 안에서 흐트러진 옷차림의 "어찌할 줄 모르는" 두 사람을 발견한다. 방 안에 들어온 쥐를 잡기 위해서라는 두 사람의 변명에도 불구하고 불륜의 현장을 목격했다고 오해한 형은 아내를 쫓아내버린다. 자신의 억울함을 호소할 데 없는 아내는 바다에 몸을 던지고 아우 역시 고향을 떠난다.

「유서」는 서술자 '나'가 천재적 화가인 친구를 온전한 예술가로 만들기 위해 그 화가의 부정한 아내를 벌하는 이야기이다. 화가 O가 그린 예수 상에 나타난 고뇌 뒤에는 아내에 대한 의처증이 있었고, '나'는 그의 의처증을 없애주어야만 O가 온전한 예술 활동을 할 수 있을 것이라고 생각한다. 그리하여 '나'는 친구를 배신한 부정한 여인인 친구의 아내에게 유서를 쓰게 함으로써 그녀의 자살을 위장한 후, 그녀를 목 졸라 살해한다. 그의 살해는 정당하다. 위대한 예술가를 위한 행동이기 때문이다.

1925년에 발표된 「감자」는 객관적이고 냉철한 문체, 생략과 압축을 통한 묘사의 간결성 등으로 인해 한국 근대문학사에서 대표적 단편 소설로서의 위치를 확보하고 있는 작품이다. 감자를 훔친 빈민굴의 한 여인이 소작인 왕서방과 얽히고 결국 그에게 살해되는 이 소설에서 비평가들은 계급의식을 읽는가 하면 주인공 복녀가 외국인에 의해 살해된 사실로부터 이 작품을 외세에 의한 주권 상실의 민족적 비극으로 해석하기도 한다. 또한 「감자」에서 가난이라는 물질적 조건이 한 여인의 삶에 미치는 위력을 강조하면서 자연주의 문학에서 주장하는 환경결정론을 소설의 핵심으로 지적하기도 한다.

복녀는 원래 정직한 농가에서 자라 막연하게나마 도덕에 대한 개념을 가지고 있던 처녀였다. 그러나 80원에 팔려 20세나 연상인 홀아비에게 시집을 간 후부터 그녀의 비극은 시작된다. 그녀의 남편은 극도로 게으르고 파렴치하며 도덕 관념은 애초부터 없는 인간이었다. 남편의 나태로 인해 복녀 부부는 소작인에서 막벌이꾼으로, 막벌이꾼에서 행랑살이로의 몰락의 과정을 거쳐 결국 칠성문 밖의 빈민굴에 들어가 그곳 주민이 된다. 그곳 사람들은 구걸과 도적질, 그리고 매음으로 생계를 유지한다. 그러나 복녀는 범죄나 매음 같은 일은 할 수가 없었기에 힘들고 어려운 길을 택하며 굶기를 밥 먹듯 하는 비참한 생활을 계속한다. 선비 출신이었으나 몰락한 농민의 집에서 자라 도덕에 대한 최소한의 개념을 가진 복녀로서는 매음이나 도둑질을 하면 "탁 죽어지는지도 모를 일"로 알았기 때문이다. 금기 위반에 대한 공포가 그녀를 옭아매고 있었던 것이다.

그러나 송충이잡이 사건을 계기로 복녀의 도덕관과 인생관은 완전히 바뀌게 된다. 송충이잡이 감독은 복녀를 범하고 그 대가로 휴식과 웃돈을 제공한다. 그런데 복녀가 정조 개념이라는 도덕적 가치와 교환한 것은 물질적 보상뿐 아니라 육체적 쾌락이다. 이제 매음은 "일 안 하고도 돈 더 받고, 긴장된 유쾌가 있고, 빌어먹는 것보다 점잖"은 "삼박자 같은 좋은 일"이 되고 복녀는 그것을 하나의 노동으로 생각하게 된다. 그에 따른 수치심도 사라진다. 매음은 그에게 물질적 안정을 가져다준다. 복녀는 점점 적극성을 띠며 동네의 거지들에게까지 몸을 팔아 돈을 챙긴다.

두 번째 전기는 감자 도둑질로부터 유래한다. 칠성문 밖의 중국인 채마밭에서 감자를 도둑질하다 그 밭의 소작인인 왕서방에게 들킨 이후 복녀는 그의 정부가 되고 복녀 부부는 이제 칠성문 밖 빈민굴의 부자로 행세하기에 이른다. 그러던 어느 날 왕서방이 100원에 처녀를 사와 혼사를 치른다는 소식을 듣고 질투심에 사로잡힌 복녀는 결혼식 날 신혼방으로 찾아가 왕서방을 죽이려다 오히려 자신이 죽임을 당한다. 그러나 그녀의 죽음은 남편과 왕서방의 거래에 의해 10원짜리 지폐 석 장으로 해결된다. 그리고 복녀의 시체는 왕서방으로부터 20원을 받은 한방 의사가 "뇌일혈"로 죽었다는 진단을 내림에 따라 공동묘지로 옮겨진다. 복녀를 죽인 왕서방에게도, 아내의 죽음의 대가로 30원을 받은 남편에게도, 20원을 받고 허위 진단을 내린 한방 의사에게도 살해에 대한 죄책감이나 회한은 존재하지 않는다.

「명문」의 경우를 보자. 완고한 양반집 아들 전 주사는 어느 날 예배당에서 설교를 듣고 매혹되어 독실한 예수교인이 된다. 그 이후 평화롭던 집안에 파란이 일면서 부자간의 갈등은 심화되고, 그는 결국 집에서 쫓겨난다. 그러나 그는 아버지를 원망하지 않고 아버지를 위해 기도하면서 아버지 몰래 아버지 이름으로 자선기금을 내곤 한다. 그가 서른이 되던 해 그의 아버지는 갑자기 병에 걸려 세상을 떠난다. 그리하여 집안의 가장이 된 그가 처음으로 한 일은 아버지의 유지라며 거금을 들여 큰 공회당을 지은 것이었다. 그 후로도 그는 검소하게 살면서 남은 돈은 모두 자선에 쓰곤 했다. 그런데 일흔이 넘은 그의 어머니는 며느리가 마흔이 가깝도록 아들을 보지 못하는 것을 안타까워하더니 치매 증세를 보이며 손주 타령을 하기 시작했다. 며느리며 종들을 타박하는가 하면 얼굴 반반한 계집종을 밤중에 전 주사 내외의 방에 들여보내기까지 했다. 급기야는 아들이 대를 잇지 못하니 자기라도 아들을 낳아야겠다며 영감을 구해달라고 야단을 하기도 했다. 그러던 어느 날 어머니의 뒷모습을 바라보던 전 주사는 종 하나가 지나가다 어머니에게 주먹질을 하는 것을 보며 "어떻게든 어머니를 처치해야겠다고" 생각하기에 이른다. 아무 가치도 없는 삶을 사는 어머니를 없애는 것은 모든 사람을 위하는 것이요, 따라서 어머니를 저 세상 하나님 앞으로 돌려보내는 것은 어머님께 효도하는 것이라고까지 생각하면서 그는 어머니를 살해한다.

어머니를 죽인 후 존속살해죄로 법정에 선 그는 어머니의 죽음에 대해 일말의 죄의식을 느끼지 않는다. 그는 어머니를 죽인 것이 아니라 "마음 편히 주무시게 한 것뿐"이며, "가련한 경우에서 건져낸 일이지 결코 못된 일"을 한 것이 아니라고 주장한다. 그의 말을 들어보자.

> 하나님이여, 당신은 이 세상에 죄악이 너무 퍼졌을 때에 큰 홍수로써 세상을 박멸한 하나님이외다. 지금 제 어머니 때문에, 저는 어머니를 미워하

> 는 대역의 죄를 지으며, 어머니께서도 맨날 고생으로 지내실 뿐 아니라, 집 안의 몇 식구가 잠시도 마음을 놓을 수가 없습니다. 제 이 어머니를 하나님 앞에 돌려보내는 것이, 가장 착하고 적당한 일인 줄 저는 생각합니다. (Ⅰ-184)[7]

이처럼 그에게 죄의식은 없다. 죄의식은커녕 어머니를 구원하기 위해 잠재운 것은 효도하라는 십계명에 따른 것이므로 오히려 상 받을 일이라 주장하기까지 한다. 그리고 사형 선고를 받고 집행을 당하는 순간까지 그는 하나님만이 아실 거라며 회개를 거부한다. 그러나 천당의 사자에 이끌려 재판석에 앉은 그의 혼은 재판관에 의해 지옥으로 보내진다. 어버이를 죽이고도 죄의식을 느끼지 못하는 전 주사는 결국 그가 믿었던 하나님에 의해 단죄되는 것이다.

「포플러」는 1930년 「아라삿버들」이라는 제목으로 발표되었던 작품이다. 어린 시절 부모를 여의고 안 해본 일 없이 고생스런 삶을 살다가 마흔이 넘어 김 장의네 집 머슴으로 들어온 최 서방은 정직하고 근면한 사내였다. 그는 잠시도 쉬지 않고 말없이 소처럼 일만 했다. 그가 정성스레 가꾸는 버드나무처럼 그는 마음이 곧은 이였다. 그러나 나이 마흔이 넘도록 여자라고는 몰랐던 그에게 무심코 던진 "장가가구 싶지 않나?"라는 주인의 말 한마디는 이제까지 숨어 있던 그의 성욕을 한꺼번에 솟아오르게 하는 계기가 되었다. 그는 낮이고 밤이고 여자만 보면 정신을 잃고 겁탈을 하고, 그가 겁탈한 여인은 반드시 죽인다. 그리하여 20여 건의 강간과 6건의 살인이 행해진다. 그러나 최 서방의 일상은 변함이 없다. 여전히 부

7 텍스트의 인용을 위해서는 2008년 가람기획에서 출간된 『김동인 단편 전집』을 참조했다.

지런히 일하는 최 서방을 의심하는 사람은 하나도 없었다. 그는 정직한 사람으로 소문이 난 사람이었기 때문이다. 그렇다면 최 서방은 자신의 행위에 대해 죄의식을 느꼈을까?

> 후회? 어젯밤의 몽롱한 기억이 이튿날 소문으로서 자기 귀에 들어올 때마다 가슴이 선뜻 내려앉으며 혼자서 혀라도 깨물고 죽고 싶은 생각이 끝이 없지만, 밤이 되면 마치 몽유병자와 같이 정신없이 일어나서 새로운 피해자를 구하러 나가고 했다. (I-317)

이렇듯 최 서방에게는 죄의식이 없다. 소문을 들을 때마다 두려움에 떨지만 자신의 행위 자체에 대한 성찰은 부재하기에 그는 다시 범죄 행위를 반복한다. 그는 결국 법의 심판을 받고 사형대의 이슬로 사라진다. 그러나 작가는 과도한 성욕을 해결할 수 없었던 최 서방의 행동을 변명하는 동시에 그를 방치한 사회를 비난한다.

김동인의 인물 중에는 자식을 죽이는 영아살해범도 존재한다. 「수녀」의 수녀 S는 성모 마리아의 '끝없는 사랑과 헤아림과 순결성'을 믿으면서 서른이 넘어서까지 이성을 모르는 순결한 처녀였다. 그런데 어느 날 어떤 사내에게 겁탈을 당하고 임신까지 하기에 이른다. 죄악의 씨앗이 이 세상에 나오게 됨에 그녀는 창피스러운 일을 감추어야 한다는 일념으로 아이를 죽인다. 그리고 그 증거물을 없애기 위해 아이의 시체를 기차의 차창 밖으로 던진다. 그녀는 유죄인가? 소설의 마지막에 서술자 '여'는 다음과 같이 말함으로써 자식을 죽인 수녀를 변호한다.

> 법률은 그를 죄하리라. 세상은 그를 웃으리라. 종교는 그를 책하리라.

> 그러나 이 뒤 하나님의 법정에 설 때에는 아무 더러움 없는 순결한 수녀로서 하나님의 오른편의 자리를 차지할 것을 우리는 의심하지 않고 믿는다. (I-388)

그런가 하면 「여인담」이라는 작품에서는 이유 없이 그냥 '죽여보자'는 생각만으로 남편을 살해하고자 한 어떤 여인의 일화를 그린다. 그녀의 이름은 서분이었다. 결혼한 지 3년 되는 그들 부부는 사이가 좋다는 평을 듣는 부부였다. 그러나 서분이에게 남편이란 그저 "시집의 아들이며 자기를 마음대로 부려먹는 사람이며, 밤에는 한자리에서 자야만 되는" '이상한 존재'일 뿐 부부에 대한 아무런 관념이 없었다. 그런데 근방의 마을에서 남편을 살해한 혹은 살해하려다 미수에 그친 몇 가지 사건들이 발생한다. 이 사건들은 서분이로 하여금 "남편은 죽여도 좋은 사람"이라는 생각을 가지게 했고, 그것은 "남편은 죽여야 할 사람"이라는 생각으로까지 발전하게 되었다. 급기야 남편을 죽여보고 싶다는 유혹을 견디지 못한 그녀는 남편의 밥에 바늘을 넣기도 하고 양잿물을 풀어넣기도 한다. 그러나 남편이 죽어가는 모습을 보자 공포의 감정과 더불어 남편에 대해 이제까지 가져보지 못한 사랑의 감정이 생겨남을 느낀다. 그리하여 어떻해든 구해야 한다는 일념으로 그를 극진히 간호한다. 그녀는 결국 법의 심판을 받는다.

이렇듯 김동인의 작품에는 범죄자들이 우글거린다. 그러나 그들에게는 자신의 행위에 대한 죄의식이 부재한다. 뿐만 아니라 작품에 등장하는 서술자는 그들의 행위에 동정을 표하고 그들의 행위를 변명한다. 물론 그들은 법의 심판을 받는다. 사형 선고를 받기도 하고 감옥이나 정신병원에서 일생을 마치기도 한다. 모파상의 작품과의 차이가 바로 여기에 있다. 앞서 살펴보았듯이 모파상 작품 속의 범죄자들은 죄의식이 없을 뿐 아니라 법이나 사회의 심판도 받지 않는다. 그들은 모두 무죄이며 법은 무력하기만 하다. 김동인 작품 속 인물들 역시 죄의식을 모른다. 그러나 그들은 법의 심판을 받는다. 초자아의 검열을 받는 작가의 의식은 그들에게 벌을 준다. 작가는 금기를 위반하는 그들에게 공감하면서도 여러 번에 걸쳐 죄를 지었으면 벌을 받아야 한다고 주장한다. 그의 무의식 속에서 초자아는 완전히 사라지지 못했기 때문이리라.

김동인
(金東仁, 1900~1951)

김동인은 1900년 10월 2일 평양부의 하수구리 6번지에서 태어났다. 평양에서 8대를 산 그의 집안은 농토를 많이 소유한 토호였다. 아버지 김대윤은 개화사상을 지닌 교회 장로였다. 일찍이 근대 사상에 눈떠 신민회新民會에 관련하고 대동서관大同書館을 경영했던 그의 부친은 아들에게 중국 혁명가와 월남망국사를 들려주었고, 안창호, 이승훈 등 당대의 지사들과 교분이 있던 인물이었다. 어머니 옥씨는 그의 후처였다. 형 동원은 동인보다 16세 연상으로 전처의 소생이었고, 아우 동평은 세 살 아래, 여동생 동선은 여섯 살 아래였다.

그가 출생한 평양이라는 공간은 동인 문학의 특성을 이해하는 데 하나의 열쇠를 제공한다. 평양은 다른 지역에 비해 유교 문화의 뿌리가 깊지 않은 편이다. 그런 이유에서 평양은 기독교 문화와 개화사상이 타 지역에 비해 쉽게 침투할 수 있었던 곳이다. 김동인의 아버지 김대윤이 기독교 장로였다는 사실은 따라서 결코 우연이 아니다. 시간적인 배경 역시 김동인을 이해하는 데 중요한 요소이다. 그가 출생한 1900년은 새로운 세기가 시작되는 과도기적 시기였다. 유교적 전통의 구시대 풍습은 새로운 가치를 요구하는 신문화 운동 앞에서 그 힘을 상실하고 있었다. 또한 일제의 침략으로 인해 우리의 근대 개화기는 사회적 좌절의 시기이기도 했다. 민족의 미래를 염려하면서 계몽주의를 주장하는 이광수를 비난하는가 하면, 애써 도덕주의를 거부하고 민족의식을 거부하면서 자기중심적인 삶을 살았다 할지라도, 김동인 역시 조선의 청년이었다. 청년기 때의 김동인에게 망국의 한은 일종의 트라우마로 작용했음은 의심의 여지가 없다. 그는 독립을 주장하는 지하신문의 격문을 기초하다가 감옥 신세를 지기도 했고, 끝까지 총독부에 협력하지 않은 탓에 고초를 겪기도 했던 것이다. 따라서 그의 방탕함과 무절제함 역시 나라 잃은 슬픔에 따른 사회적 좌절에 의한 아픔의 결과이며, 그의 탐미주의는 그것에 대한 예술적 표현이라고 보는 해석도 가능하다. 그러나 망국의 한에 대한 한풀이로서 김동인의 문학을 이해하는 것은 무리한 해석이다. 극소수의 작품을 제외하고는 동인의 작품에서 사회의식을 찾아볼 수 없기 때문이다.

김동인의 철저한 자기중심적 삶은 그의 개인적인 환경과 밀접한 관계를 가진다. 우선 그는 부잣집 아들로 태어났다. 부유함이야말로 김동인 문학에 결정적 영향을 끼친 요소 중 하나이다. 자신의 문학적 소신인 유미주의의 실천을 위해 밤마다 기생집을 드나들며 방탕한 생활을 하고, 동경과 만주를 산보삼아 넘나들며, 최고급의 옷만 입고 최고급의 물건만 쓰는 생활 태도는 재산이 없었더라면 불가능했을 것이다.

부모와의 관계 역시 김동인의 인격 형성에 중요한 역할을 한다. 그는 아버지 김대윤이 재혼 후 처음 얻은 아들이다. 그의 형 동원이 동인보다 16세 위였으니 그의 아버지로서는 동인이 만득자이다. 당시로는 젊지 않은 20대 후반에 출산을 한 어머니 옥씨 또한 동인을 무척 사랑해서, 그가 한번 울기 시작하면 좀처럼 그치지 않고 발버둥을 치는 통에 다칠까봐 요를 깔아주었다고 한다. 또한 곡식을 흩트려 놓는 동인을 사람들이 만류함에 동인이 울음을 터뜨리자 아버지는 그깟 곡식이 무엇이 중하기에 아이를 울리냐며 곡식을 쏟아주라 명했다고 하니 유아독존으로 존재했던 유년기 시절의 김동인을 가히 상상할 수 있을 것이다. 게다가 아버지는 동인의 나이 17세가 되던 해 그에게 막대한 재산을 남기고 죽는다.

김동인에게 아버지의 역할을 한 사람은 16세 연상의 형 동원이다. 그는 명치대학을 나온 지식인이요, 신민회의 중추적인 인물이었고, 평양을 대표하는 장로였으며, 수양동우회의 평양 대표였다. 뿐만 아니라 해방 후에는 국회부의장을 지내기도 했다. 그러나 김동인은 그러한 형과 반대의 길을 감으로써 그 권위에 도전한다. 도덕주의자인 형과 달리 김동인은 유미주의자였으며, 애국지사였던 형과 달리 그는 철저히 개인주의를 표방한다. 또한 장로인 형과 달리 그는 철저한 무신론자이다. 숭실학교 재학 중이던 13세 때, 성경 암송 시간에 성경책을 펼쳐 보다가 들켜 자퇴하게 된 사건은 널리 알려진 일화이다. 학교를 그만둔 김동인은 일본으로 건너가 1914년 동경학원에 입학하지만, 그 다음 해 동경학원이 폐쇄되는 바람에 명치학원 2학년으로 편입한다. 1917년 부친의 사망 소식을 듣고 귀국하여 1918년 4월 김혜인과 결혼 후 9월 홀로 다시 일본으로 가 가와바타 화숙에 입학하여 낭만주의자인 후지지마 다케지로부터 미학을 배운다. 1919년 2월 주요한과 함께 동인지 『창조』를 발간하는 등 활발한 활동을 했으나 1919년 3·1운동이 일어나자 귀국했으니 대학에는 들어가 보지도 못한 채 그의 일본 유학 생활은 끝이 난다. 『창조』는 1921년 9호를 마지막으로 폐간된다.

그러나 이 '집안의 귀공자'는 무절제하고 방탕한 생활에 따른 파산, 그리고 아내의 가출이라는 불행 앞에서 무너지고 만다. 1927년 아내의 가출 이후 그는 심한 불면증과 약물 중독에 시달린다. 1929년 재혼을 결심한 그는 결혼 비용을 마련하기 위해 스스로 훼절이라 비난했던 신문 연재 소설의 청탁을 수락하기도 한다. 1931년 그는 재혼을 하고 두 번째 부인 김경애로부터 네 명의 자녀를 얻는다. 가족 부양의 책임이 있는 그는 돈벌이를 위해 통속 소설도 마다하지 않으면서 『젊은 그들』을 동아일보에 연재하는가 하면 잡문을 써서 월부금을 갚고, 급기야는 야담 작가로 전락한다. 그러나 그의 몸과 마음은 망가지고 있었다. 심한 불면증, 신경쇠약, 약물 중독에 시달렸을 뿐 아니라 정신착란 증세를 보이기도 했으며, 1948년에는 글씨를 정상적으로 쓰지 못하고 가족도 분별하지 못할 만큼 건강이 악화되었다. 6·25전쟁이 일어났으나 뇌막염, 동맥경화증으로 병석에 누워 피난을 포기한 채 병석에서 인민군에게 심문을 받는 고초를 겪기도 했다. 그는 결국 1951년 1월 5일 가족들이 피난 간 하왕십리동의 빈 집에 홀로 남아 죽음을 맞이한다.

그는 1919년 발표한 첫 작품 『약한 자의 슬픔』을 시작으로 백여 편의 소설과 백오십 편에 달하는 수필, 그리고 70여 편의 평론을 썼으니 실로 다작을 한 작가라 할 수 있다. 그의 대표작으로는 「배따라기」, 「감자」, 「태형」, 「명문」, 「광염 소나타」, 「발가락이 닮았다」, 「붉은 산」, 『운현궁의 봄』, 「광화사」 등이 있다.

2부

긍정적 의미의 광기와 문학

4장 사회 비판 도구로서의 광기의 담화

5장 도피처로서의 광기

6장 예술과 광기

4장 사회 비판 도구로서의 광기의 담화

1 디드로의 『라모의 조카』에 나타난 광기

『백과전서』를 완성한 인물로 알려진 드니 디드로Denis Diderot는 볼테르, 루소 등과 함께 18세기 프랑스 계몽주의를 대표하는 철학자이다. 그는 인간도 자연의 일부이며, 정신도 물질의 한 특수 양상에 불과하다고 주장할 만큼 철저한 유물론자요 반교권주의자였다. 그리고 그러한 그의 사상은 동시대인들로부터 많은 비난을 받았다. 그의 무신론과 유물론적 사고는 윤리적 타락과 사회의 파괴를 가져오며, 죄악과 범죄가 넘쳐흐르게 하고, 풍속을 타락하게 할 뿐 아니라 이기주의가 팽배하게 함으로써 사회를 붕괴시킨다는 것이 그 이유였다. 그러나 디드로에 대한 평가는 19세기에 들어오면서 달라지기 시작한다. 19세기 문학 비평의 대가였던 생트-뵈브는 디드로의 유물론을 옹호한다. 그에 의하면 디드로의 유물론은 "질서정연하면서 메마른 기계론이 아니라 혼돈스럽지만 풍요롭고 힘이 있는 생동력이며, 끊임없이 발전하는 자발적 동요"(Potulicki, 1980: 173에서 재인용)이다. 역사학자 미슐레 역시 디드로를 옹호하면서 그를 "바닥없는 거대한 샘"(같은 책, 12에서 재인용)에 비유한다.

생전에 철학자로 널리 알려졌던 디드로는 극작가인 동시에 소설가였으며 미술 비평의 선구자이기도 했다. 특히 그는 비현실적이고 로마네스크한 소설을 비판함과 동시에, 주변에서 볼 수 있는 일상적 이야기의 중요성을 강조함으로써 19세기 사실주의의 초석을 마련한 작가라고 할 수 있다. 그러나 그의 작가적 재능은 뒤늦게서야 제대로 평가된 경향이 있다. 이는 우선 그의 대부분의 문학 작품이 사후에 출판되었기 때문이지만, 설사 그의 생전에 출판되었다 할지라도 통일성이 결여되고 모순으로 가득하여 혼돈스럽기만 한 그의 작품들이 동시대인들에게 이해되기는 쉽지 않았을 것이다.

디드로가 여러 차례에 걸쳐 수정해가면서 오랜 기간 동안 붙잡고 있었던 『라모의 조카Le Neuveu de Rameau』는 광기의 담화로 가득하다. 푸코(2003: 546)에 따르면 수백 년간 자유로운 상태로 경험되던 광기의 표현은 고전주의에 의해 억압당했고, 고전주의 시대에 침묵했던 광기의 언어는 『라모의 조카』에 이르러 처음으로 문학의 영역에 다시 나타난다.

광인과 철학자의 대화로 이루어진 이 소설은 우여곡절 끝에 태어난 작품이다. 디드로의 소설 가운데는 그가 죽은 이후에야 출판된 것들이 많다. 『라모의 조카』도 그중 하나이며, 『운명론자 자크Jacques le Fataliste』, 『수녀La Religieuse』 등의 소설도 이에 속한다. 특히 『라모의 조카』는 디드로의 사후 1789년 네종이 발간한 15권에 이르는 『디드로 작품집』 속에도 포함되지 않았던 작품이다. 『라모의 조카』는 1805년에 가서야 괴테의 독일어 번역본으로 이 세상 빛을 보게 된다. 그러니까 이 작품은 원작보다 독일어 번역본이 먼저 발간된 특별한 작품인 것이다. 괴테가 사용한 원고는 상트페테르부르크 도서관에서 유출된 것으로 알려져 있다. 도서관의 한 사서가 그 원고를 베껴 수고手稿를 만들어 팔았던 것이다.[1] 괴테는 출판사의 중개를 통해 복사본 원고를 입수한 쉴러의 권고로 이 작품을 번역했으나 애석하게도 그 원고는 분실되었다. 그로부터 16년이 지난 1821년 괴테의 번역본은 드 소르와 생즈니에스에 의해 프랑스어로 재번역되어 출간되었다. 1823년에 디드로의 딸인 방될 부인이 소장하고 있던 복사 원고를 브리에르 출판사에 전함에 따라 새로운 판본의 『라모의 조카』가 출간되었지만, 이는 편집자들이 마음대로 수정을 가한 것이었다. 그러다가 1875년에 아세자와 투르뇌는 괴테의 번역본을 참고하고, 또 다른 사본에 근거하여 브리에르의 텍스트에 수정을 가한 『라모의 조카』를 발간했다. 그 후 1884년, 고증학자 투르뇌는 상트페테르부르크 도서관의 복사 원고에 근거해 개선된 새로운 판본을 발간했다. 그런데 그로부터 7년의 세월이 지난 1891년 코메디 프랑세즈의 사서 조르주 몽발이 파리 센 강변의 한 고서점에서 디드로의 친필 원고를 발견함으로써 『라모의 조카』는 비로소 진정한 모습을 드러낸다. 라 로슈푸코 리앙쿠르 공작의 장서 속에 파묻혀 있던 이 텍스트는 디드로가 그림 남작에게 맡겼던 것으로, 그가 1792년 독일로 가져갔다가 죽은 후 고타에 보관되어 있던 원고로 추정된다. 그리하여 원고가 발견된 1891년 마침내 『라모의 조카』 최종본이 탄생

1 디드로가 죽은 후, 그의 딸 방될 부인은 아버지 생전의 계약대로 예카테리나 여제에게 아버지의 장서를 보냈는데 그 장서 중에 이 원고가 포함되어 있었다. 도서관의 한 사서가 그 원고를 베껴 수고를 만든 것을 독일 장교 클링거에게 팔았으며, 그 장교는 다시 그것을 팔았다. 원고는 출판사의 중개를 거쳐 시인 쉴러의 손에 넘어가게 되었고, 그가 괴테에게 번역을 권유한 것이다.

한다.

『라모의 조카』가 정확히 언제 씌어졌는지에 대해서는 알 수 없다. 그러나 연구가들에 따르면 디드로는 1761년경 초고를 만들었고, 그 후 1765년과 1772년, 그리고 러시아에서 돌아온 후인 1774년에도 이 작품에 손을 대고 있었으며, 1778년에서 1782년에 마지막으로 수정을 가하여 현재 상태에 이른 것으로 추정된다. 그러니까 『라모의 조카』는 작가가 거의 20년 가까이 손을 놓지 않았던 작품인 것이다. 그런데 왜 그는 살아 있는 동안 『라모의 조카』를 출판하지 않았을까? 작품 속에 등장하는 반-백과전서파들에 대한 노골적인 묘사에 대한 비난이 두려웠기 때문일까? 아니면 동시대인들의 몰이해를 예견했기 때문일까? 그렇다면 동시대인들로부터 사랑을 받지 못했던 디드로 문학에 대한 현대인들의 재평가는 무엇을 의미하는가?

디드로가 동시대인들로부터 이해받지 못했다면 그것은 무질서하고 혼돈스런 그의 언어가 당대인들의 이성적 언어와 달랐기 때문일 것이다. 디드로는 진부한 보편적 진리에는 관심이 없으며 자신으로 하여금 사유하게 하는 비이성을 좋아한다고 말하고 있다. 계몽주의 시대를 대표하는 철학자 디드로가 광기와 비이성에 관심을 가졌다는 사실은 그가 당시 팽배해 있던 이성적 사고, 즉 절대적 진리에 대한 믿음, 과학의 발전에 따른 진보에 대한 신뢰, 도덕에 대한 절대 가치 부여 등에 대해 비판적 성찰을 했던 철학자였음을 의미한다. 이렇게 볼 때 그의 작품은 지극히 현대적이며, 현대에 있어서의 그에 대한 재평가 역시 그러한 각도에서 이해될 수 있을 것이다.

『라모의 조카』는 어느 날 오후 파리의 레장스 카페에서 이성적인 철학자와 광인 라모가 만나 저녁 종이 칠 무렵까지 나눈 대화를 기록한 것이며, 책의 중간중간에 화자의 해설이 삽입되어 있다. 그런데 이들 간의 대화에서 주도권을 가진 사람은 광인 라모이며, 철학자는 라모가 자신의 논리를 펼칠 수 있도록 주제를 제시하는 역할밖에 하지 않는다. 끊임없이 광인에 비유되는 라모가 뱉어내는 비이성적 언어들의 의미는 무엇인가? 그 질문에 답하기 위해 우선 라모라는 사람이 어떤 인물인지 살펴보자.

모순적 인물 라모의 조카

라모의 조카는 디드로가 만난 적이 있는 실제 인물인 장 프랑수아 라모를 모델로 삼고 있다. 그는 당시의 유명한 작곡가이며 화성학의 대가인 장 필립 라모의 조카이다. 어머니를 잃은 후 그는 오르간 연주자였던 아버지의 엄격함을 견디지 못하고 집을 나와 떠돌이 생활을 한다. 군에 입대한 적도 있고, 성직자가 되고자 삭발을 하기도 했지만, 결국 그는 클라브생 교사로 이 집 저 집을 돌아다니면서 생계를 유지했다고 한다. 그에 대해서는 약간의 재능을 가졌으며, 몇 개의 클라브생 곡을 남긴 엉터리 작곡가, 부잣집의 비굴한 식객으로서 비참하게 살았던 사람, 그리고 성질이 독특하면서도 난폭한 편이었던 사람 정도로 알려져 있다. 라모의 이러한 행적은 소설 속 라모의 그것과 크게 다르지 않다. 그러나 디드로는 비교적 평범하고 보잘것없는 라모라는 인물을 파렴치하고 광적인 인물로 변형시켰다.

라모는 고귀함과 비열함, 상식과 몰상식 등의 대립된 성향을 공유하는 모순적 인물이다. 외관상으로도 종잡을 수 없을 만큼 다양한 모습들을 연출한다. 어떤 때는 굶어 죽어가는 병자의 모습으로 나타나는가 하면, 또 어떤 때는 기름진 모습을 드러낸다. 멋쟁이 신사인가 하면 누더기를 걸친 걸인이기도 하다. 이처럼 부와 빈, 상식과 비상식, 이성과 비이성을 넘나드는 라모는 모순적 인간이라는 점에서 독창적이다. 철학자 '나'가 그를 묘사한 글을 읽어보자.

> 그는 고매함과 비천함, 양식과 무분별의 혼합물이다. 성실과 불성실의 개념이 그의 머릿속에 이상하게 뒤범벅이 되어 있는 게 틀림없다. [……] 또한 이 사내만큼 모습이 달라지는 사람도 없다. 이따금 그는 폐병 말기의 환자처럼 여위고 핏기가 없다. 뺨을 통해 훤히 이를 셀 수도 있을 것 같다. 먹지 않고 며칠을 보냈거나, 라 트라프의 수도원에서 나오는 것이 아닌가 싶었다. 그런데 다음 달에는, 어느 징세관의 식탁을 떠난 적이 없었거나, 성 베르나르파의 수도원에 갇혔던 것처럼, 기름지고 포동포동하다. 오늘은, 더러운 속옷에, 찢어진 바지에, 누더기를 걸치고 거의 신도 신지 않은 채, 고개를 숙이고 가며 사람들의 눈을 피하는 꼴이 그를 불러 동냥을 주고 싶을 지경이다. 내일은, 머리에 분칠하고, 구두 신고, 머리를 컬하고, 옷을 잘 입고, 고개를 높이 들고 보란 듯이 걷는 것을 보면, 누구라도 그를 어김없는 신사로 여기게 되리라. 그는 그날그날 형편대로 산다. (9-10)[2]

라모의 모순은 외관상으로 드러나는 것에 그치지 않는다. 예를 들어 그는 천재를 비난하지만 천재에 대해 한없는 질투심은 느낀다. 철학자와 라모의 대화는 천재에 대한 논쟁으로부터 시작한다. 철학자 '나'는 당대의 몇몇 사람들에게 피해를 줄지라도 영원히 남아 인류에 감동을 줄 수 있는 천재를 옹호한다. 그러나 라모는 천재란 자기만 살기 위해 주위 사람들을

---

2 텍스트의 인용을 위해서는 2006년 고려대학교출판부에서 출간된 황현산 역 『라모의 조카』를 참고했다.

희생시키는 이기주의자들이라며 그들을 비난한다. 그는 악은 항상 천재로부터 오며, 따라서 천재성이 발견되면 그 아이들을 죽이든지 시궁창에 버리든지 해야 할 것이라고 말할 정도로 천재를 증오한다. 그런데 다음에 인용한 글에서 보듯 실상 천재에 대한 라모의 부정적 견해는 천재에 대한 질투심과 시기심, 그리고 천재가 되지 못한 것에 대한 그의 열등감에서 연유함을 알 수 있다.

> 그러니까 나는 내가 보잘것없는 놈이라는 것이 화가 났고, 지금도 그렇지요. 그래, 맞아요. 나는 보잘것없는 놈이고 그래서 화가 납니다. 누가 〈사랑의 인도〉의 서곡을 연주해도, 누가 〈테나론의 깊은 구렁텅이, 밤, 영원한 밤〉을 불러도 "봐라 너는 결코 이런 걸 만들지 못하리라" 이렇게 고통스럽게 혼잣말을 하지 않을 수 없었지요. 그래서 나는 내 삼촌이 부러웠으며 [……] (28)

그밖에도 여러 주제에 대해 자신의 의견을 제시하는 라모에게는 예리함과 천박함, 올바른 생각과 그릇된 생각들, 그리고 감정의 타락과 파렴치함이 찾아보기 힘들 정도의 솔직성과 함께 뒤섞여 있다. 이성주의자인 철학자의 눈에 이런 라모는 미치광이로 보일 수밖에 없다. 그러나 라모에게서 광기와 더불어 뛰어난 예지의 면모들을 발견한 그는 놀라움을 금치 못하면서 다음과 같이 외친다.

> 이런, 미치광이, 지독한 미치광이 같으니라구.(나는 소리 질렀다) 그 변변치도 않은 머릿속에, 어떻게 그런 올바른 생각들이 별별 어처구니없는 생각들과 뒤죽박죽으로 섞여 있을 수가 있어? (57-58)

라모의 모순성은 그가 나름대로 존엄성을 가진다는 사실에서도 확인된다. 식객들이 우글거리는 베르탱의 집, 일명 '동물원'에서 쫓겨난 후, 다음 날의 양식을 걱정하는 라모에게 철학자 '나'는 '동물원'으로 다시 들어가 구원을 청할 것을 충고하지만 그는 이를 거부한다. 왜냐하면 그에게 가장 중요한 것은 자유이며, 자유의지에 의해서라면 얼마든지 비열해질 수 있지만 타인에 의한 구속이나 경멸은 참을 수 없기 때문이다. 라모의 말을 들어보자.

> 그-나는 천하게 놀 준비가 되어 있지만, 그러라고 강요를 받는 것은 싫거든요. 나는 내 품위를 떨어뜨려도 좋아요…… 아니 웃으시는 거요?
>
> 나-그래, 자네의 품위라니 우습구만.
>
> 그-누구나 제 나름의 품위가 있는 거라구요. 나는 내 품위를 잊고 싶습니다. 그러나 내 뜻에 따라서지, 다른 사람의 명령에 따라서가 아닙니다. (79)

이런 라모의 모순성은 어떻게 설명될 수 있을까? 당시 상황을 살펴보자. 당시 파리에는 수많은 문인들과 예술인들이 아무런 지위도 얻지 못한 채 헐벗음과 굶주림 속에서 방랑자의 삶을 영위했고, 몇몇 소수만이 자신의 재능으로 생계를 유지할 수 있었다. 라모 역시 대부분의 예술가들처럼 사회에 적응하지 못하는 일종의 이방인이요, 주변인, 소외된 사람이다. 그러나 라모는 광기를 통해 사회에 저항한다.

광기의 담화

라모는 도덕과 악덕을 말한다. 라모의 윤리관은 지극히 부정적이라는 점에서 독창적이다. 그에 따르면 선악의 개념은 문화에 의해 습득된 것이기에 위선적이며, 진정으로 선한 것은 자연에 따르는 것이다. 악덕도 그것이 자연스러운 인간의 욕망에 따르는 것이라면 선이 될 수 있다. 따라서 라모에게는 철학자가 제시하는 최고의 가치들이 모두 허영일 뿐이다. 조국이란 말에서 그는 폭군의 지배와 노예의 굴종을 느낀다. 우정은 짐스러운 것일 뿐 아니라 언제고 배신을 부른다. 의무의 수행은 질투와 박해를 가져온다. 따라서 그에게 진정한 선이란 국가를 위한 의무의 수행이 아니라, 맛있는 음식과 좋은 술과 푹신한 침대, 그리고 여자들이다.

예를 들어 욕망에 불타는 한 여인이 정숙을 가장한 채, 감옥을 방문하고 모든 자선 모임에 참여하고 감각적 유혹을 피하기 위해 남자들을 멀리하면서 걸을 때에도 시선을 아래로 한다 치자. 그러나 그 모든 노력에도 불구하고 그녀가 욕정을 억누를 수 없어 밤마다 시름시름 앓다가 죽어간다면, 그녀에게 진정한 덕은 무엇이며 참된 선은 무엇일까? 마찬가지로 게으르고 비열한 라모가 돈과 여자와 맛있는 음식과 좋은 술에 대해 경멸을 표시한다면, 그것을 미덕이라 말할 수 있을까? 아니다. 그것은 위선일 뿐이다. 불행한 사람을 구하고 신분에 걸맞는 의무를 수행하는 데서 보람을 느낀다는 철학자의 주장 앞에서 라모는 그것은 굶주림을 체험하지 못한 사람들의 원리이며, 돈과 쾌락만이 이 세상의 진정한 진리라고 역설한다. 돈은 존경마저도 가져다준다.

이어서 라모는 자신이 받은 호의를 악행으로 갚는 팔리소, 가면을 쓰고 개에게 매질하면서 개를 길들이는 부레, 은혜를 베푼 유태인 친구를 배신한 아비농의 어떤 개종자 등을 열거하면서 악덕을 선행처럼 행하는 사람들을 옹호한다. 이 세상에는 각자의 삶이 있는 법이며, 따라서 자신에게 부여된 조건대로 살 뿐이라는 라모의 이상한 논리는 철학자로 하여금 반박할 여지를 주지 않는다. 그리하여 철학자는 "당신이 옳소"라며 그를 긍정하기에 이를 정도로 라모의 논리에 빠져든다. 라모의 논리를 한번 따라가보자. '왕을 위한 미치광이 광대'가 있다고 치자. 만일 왕이 현명한 사람이라면 광대는 필요 없을 것이다. 따라서 미치광이를 필요로 하는 왕은 현명하지 못하다. 그가 현명하지 못하다면 그는 미치광이 광대이다. 그리고 그가 아무리 왕이라 할지라도 그는 미치광이 광대의 광대가 되는 것이다. 이처럼 기존의 정상인/광인, 이성/비이성의 대립은 더 이상 존재하지 않게 된다. 작가는 이러한 모순적 논리를 통해 합리적 주체, 확신에 찬 이성의 당당함을 조롱한다(김용기, 2003: 281). 이제 철학자 '나'와 광인 라모의 관계는 역전되고 절대적 진리나 기존 질서는 전복된다.

라모의 비이성적 담화는 교육에 대한 이론을 피력할 때에도 힘을 발휘한다. 라모에 따르면 교육에 필요한 것은 문법도 신화도 역사도 지리도 미술도 아니요, 도덕은 더더욱 아니다. 그러한 모든 지식은 무용할 뿐이다. 예를 들어 한 야만인이 있다 치자. 철학자에 따르면 그 야만인을 그대로 놔둔다면 어른이 된 후 이성을 잃고 아버지를 죽인 후 어머니와 동침하게 될 것이므로, 그에게는 윤리 교육이 필요하다. 반면 라모는 야만인을 문명 사회에 와서 살게 할 경우, 아무런 교육을 받지 않아도 잘 입고, 잘 먹고, 사랑받고 싶어하면서 행복하게 살 것이라고 주장한다. 그러므로 라모가 볼 때 좋은 교육이란 "위험하지 않고 불편하지 않은 모든 종류의 쾌락으로 이끄는" 교육이다. 교육에서 황금의 가치를 알게 하는 것이 가장 중요한 이유는 바로 여기에 있다. 아들을 음악가로 만들라는 철학자의 조언을 거부하면서 그는 자신의 아들에게는 돈이 최고의 가치임을 알려 주고 돈을 쉽게 버는 법을 가르치겠다고 말한다. "황금, 황금, 황금이 전부이며, 황금이 없는 나머지 것들은 무가치한 것이다"라고 외치는 라모는 아무런 회의 없이 물질적 가치관을 수용하는 전형적인 인물이다. "좋은 술을 마시고, 맛있는 음식을 먹고, 예쁜 여자와 뒹굴고, 부드러운 침대 속에서 쉬는 것, 그것을 빼면 나머지는 오직 허영일 뿐"이라는 라모에게 행복의 조건은 관능적이고 물질적인 쾌락뿐이다. 덕성이나 선, 혹은 이상적 관념 같은 것은 배부른 사람들의 허영일 뿐, 그에게는 아무런 의미도 없다. 이동렬(1988: 147)의 지적대로 『라모의 조카』는 "적나라한 금전적 가치관에 짓눌려 있는 사회를 묘사하고 있는 작품"이며 디드로는 라모라는 한 파렴치하고 비도덕적인 인물을 통하여 황금만능의 사회 전체를 비판하고 있는 것이다.

라모는 시대의 광인이며, 바로 이러한 속성 때문에 '동물원'이라 불리던 베르탱의 집에 기거할 수 있었다. 당시 베르탱의 집에는 타락한 시인들, 비난받는 음악가들, 무명 작가들, 인기 없는 배우들 등 수많은 식객들이 우글거렸고 라모는 그들 중 우두머리 역할을 했다. 그들은 모두 명랑해 보였지만, 불만이 많았고, 또한 굶주림에 시달려 늑대와 같은 식욕을 가지고 있었다. 그곳에서의 라모의 역할은 권태로운 사람들을 광기와 비이성으로 즐겁게 해주는 것이었다. 즉 그의 존재 가치는 그의 광기와 비이성적인 존재 방식에 있는 것이다. 따라서 그에게는 오로지 광기의 담화만이 허락될 뿐 이성적 담화는 허락되지 않는다. 그러나 남을 즐겁게 해주는 의무를 가진 그는 자기 자신도 즐거워야 한다는 자존심을 가진다. 그들은 자기 없이 살 수 없을 것이며, 따라서 자신은 중요한 존재라고 생각하기 때문이다. 하지만 그런 자기 존엄성은 결국 그로 하여금 베르탱의

'동물원'에서 쫓겨나게 만든다. 그가 베르탱의 집에 기거할 수 있었던 것은 오직 그의 비이성적 태도 덕분이기 때문이다. 따라서 자신의 존재 가치를 잃고 이성적이 되자마자 그는 곧 추방되어 모든 것을 잃게 된다.

> 그-무척 편안했지요. 대접도 잘 받았지요. 한순간이라도 내가 없으면 아쉬워했다니까요. 나는 그들의 사랑스러운 라모, 귀여운 라모, 그들의 미치광이, 후레자식, 무식꾼, 게으름뱅이, 먹보, 어릿광대, 바보 라모였지요. [……] 사람들은 나를 가지고, 나와 함께, 내 앞에서, 자기들이 하고 싶은 대로 하고, 나는 그런 일을 기분 나쁘게 생각하지 않아요. 그러고 나면 비 오듯 쏟아지던 그 짭짤한 선물들 하며! 나는 정말 돼먹지 못한 놈이야! 몽땅 잃고 말다니! 한 번, 평생에 단 한 번 상식을 가졌던 탓에 몽땅 잃고 말다니! 아! 이런 일이 내게 일어나다니! [……]
>
> 라모여, 라모여, [……] 그자들이 자네 어깨를 붙들어 문밖으로 끌어냈지. 그자들이 말하지 않던가, 상놈의 자식, 꺼져, 다시는 얼씬거리지도 말아. 이게 글쎄 지각을, 분별을 가지려고 들어! 꺼져! 그따위 자질은 우리가 가진 것도 남아돈다. (33-34)

위의 인용문에서 보듯이 라모는 이성적인 사람들에 의해 소유되고 그들의 향유의 대상이 된다. 그리고 라모는 그 대가로 물질적 안락을 보장받는다. 그러나 이러한 소유 관계는 일방적인 것은 아니다. 라모가 그들을 필요로 하듯 그들 역시 그들에게 즐거움을 주는 라모를 필요로 하기 때문이다.

> 나-당신은 당신이 생각하는 것 이상으로 그들에게 필요한 사람이야.

그-그야, 틀림없이 그 사람들은 지금 내가 없어 웃겨주지를 못하니, 개처럼 따분하겠지요. (35)

푸코가 지적했듯이 이 문장에서 디드로는 이성이 광기를 소유하기를 그치는 순간 자신의 실체를 상실하고, 그럼으로써 자기 소외에 이르게 됨을 암시하고 있다. 광기는 이성의 자기 정립을 위한 필수적인 조건이 되며, 따라서 이성은 광기를 요구한다는 모순적이고도 역설적인 진리가 성립하게 되는 것이다(푸코, 2003: 548). 한편 김용기(2003: 280)는 이러한 푸코의 논리를 수긍하는 동시에 한 걸음 더 나아가 라모가 생존을 위해 가장 효율적인 방식으로 채택했던 시니즘, 즉 개처럼 파렴치한 속성을 "개처럼 따분해할" 주인들에게 부여함으로써 기존의 주종 관계가 역전되고 있음을 지적한다. 광대로서의 라모는 베르탱의 '동물원'에 모인 사람들을 즐겁게 해주는 개 같은 존재였다. 그러나 그 개를 상실한 '동물원' 사람들은 향유의 대상을 잃게 되어 이제 권태롭고 따분한 처지에 놓인 개와 동일시됨으로써 기존의 주종 관계가 역전된다는 것이다.

이렇게 가치가 역전된 사회에서 라모는 철저한 악의 신봉자가 되고자 한다. "어떤 분야에는 들어갔다 하면 탁월해야 하는데, 특히 악이 그렇다"고 주장하는 그의 인생관에 따라 그는 자기 자신에게 그 나름의 존엄성을 부여한다. 그는 자신의 비열함과 아첨술이 세련되었다고 자부하면서 아첨술을 은근히 즐기는 동시에, 아첨 받는 사람들에 대해 내심으로는 냉소적인 조소를 보내기도 한다.

그러나 음악이나 예술론을 펼칠 때의 라모는 지극히 이성적이고 현학적이다. 당시의 커다란 하나의 사건이었던 부퐁 논쟁[3]에 대해서도 라모는 예리한 지적을 한다. 그의 논리는 질서정연하고 이성적인 동시에 해학적이고 풍자적이다. 라모에 따르면 감정이 풍부하고 정열적인 이탈리아 음악은 단조롭고 진부한 프랑스 음악보다 우월하다. 그러고 나서 그는 언어와 음악의 관계를 역설한다. 즉 이탈리아어의 조화와 운율, 도치법과 생략법은 예술적 감각에 적합하며, 노래와 음의 박자를 맞추기에도 적절한 반면, 뻣뻣하고 무겁고 현학적인 단조로운 프랑스어는 음악에 적합지 않다는 것이다. 왜냐하면 음악에서는 열정과 감정이 중요한 것이지, 정신이나 지혜는 중요하지 않기 때문이다. 이처럼 명확한 논리와 이성적인 생각, 약간은 냉소적이면서도 정확한 비유에 대해 철학자는 놀라움을 금치 못한다. 그러나 자신이 너무도 이성적이었음을 깨달은 라모는 얼른 광대로 돌아와 팬터마임을 연기하기 시작한다.

팬터마임과 광기

팬터마임은 『라모의 조카』에서 하나의 전환점을 부여하는 역할을 한다. 대화의 주제를 바꾸고자 할 때, 대화의 어색함을 느낄 때, 라모는 언어로 미처 말하지 못한 것들을 몸짓으로 표현한다. 라모의 무언극은 단순히 그의 담화를 보충하는 데 그치지 않고 그 나름의 독창적인 세계를 형성한다. 즉 팬터마임은 라모로 하여금 자신의 천재성을 발휘할 수 있는

---

3 부퐁 논쟁은 당시 프랑스 음악과 이탈리아 음악 간의 갈등을 표면화시킨 커다란 사건이다. 16세기까지 우위를 보장받던 프랑스 음악은 17세기 이후 정열적이고 감정이 풍부한 이탈리아 음악의 도전을 받는다. 1752년 8월 이탈리아의 부퐁들(광대들)의 음악 공연이 큰 성공을 거두었고, 그 이후 프랑스 음악을 지지하는 자들과 이탈리아 음악의 우위성을 주장하는 자들 간의 끝없는 싸움이 시작된다. 그리고 그것은 비단 음악뿐 아니라 정치·사회적인 문제로까지 확산된다. 왜냐하면 전자가 주로 힘이 있는 자, 권력을 가진 자, 성직자들인 반면, 후자는 주로 재능 있는 젊은 지식인들로 구성되어 있었기 때문이다. 후자에 속하는 사람들로는 루소, 돌바크, 그림 남작, 디드로 등을 들 수 있다.

허구 세계를 제공해주는 것이다. 그는 진지한 모습으로 바이올린과 클라브생을 연주하고, 무반주 푸가를 노래하며, 혼자서 오페라를 연기하기도 한다.

> 때로는 바리톤으로 지옥까지 내려가고, 때로는 목청을 길게 뽑아 어거지로 가성을 내며, 곡조의 고음을 찢었으며, 걸음걸이로, 태도로, 몸짓으로, 분노하는, 유순한, 오만한, 빈정대는, 서로 다른 노래의 주인공들을 차례차례 흉내 냈다. 이 대목에서는, 눈물짓는 처녀인데, 그는 그 애교를 모두 되살려내며, 저 대목에서는 사제가 되고, 왕이 되고, 폭군이 되고, 위협하고, 명령하고, 진노하고, 노예가 되고, 복종한다. 그는 마음을 가라앉히고, 비탄에 잠기고, 한숨 쉬고, 웃는다. (140-141)

카페에 있던 모든 사람들은 그의 무언극에 매료되어 장기판을 제쳐놓고 모여들고, 지나가던 사람들도 카페 유리창을 통해 그의 연기를 구경한다. 주위의 소란에도 불구하고 그는 아무것도 모른 채, 정신 나간 상태로 광기에 가까운 열정에 빠져 자신의 연기를 계속한다. 그는 울었고, 소리 질렀고, 한숨지었다. 그는 세상에 존재하는 모든 인간, 모든 감정, 모든 자연 현상까지도 다 표현했다. 그리하여 보잘것없는 음악가 라모는 무언극이라는 허구적 세계 속에서 관중들의 환호를 받는 위대한 음악가가 된다. 그러나 그의 무언극을 구경하던 관객들은 모두 사라지고, 그는 언어로 구성된 현실 세계의 비참한 상태로 돌아가야 한다.

라모에게서 음악적 재능을 본 철학자는 그가 뛰어난 감각과 정열을 가지고도 "왜 가치 있는 일은 아무것도 하지 않는지"를 묻는다. 라모는 그러한 자신의 무능력을 게으름과 용기 부족의 탓으로 돌린다. 그러나 작가는 라모의 입을 통해 부조리한 당시 사회에 대한 저항 정신을 표현하고 싶었던 것이리라. 라모는 선과 악이 전도된 이 사회에 어떤 방식으로도 통합되기를 철저히 거부하면서 미치광이 광대로 남아 끝까지 저항하는 것이다.

한편으로는 사치와 타락이 만연하고, 다른 한편으로는 수많은 사람들이 굶주림에 허덕이는 사회, 과학과 이성의 진보를 최선으로 여기지만 실제로는 가난한 지식인들이 권력자와 부자에 아첨하면서 양심과 지식을 팔아 생계를 연명하는 모순적인 사회에 대하여 사드가 에로티즘으로 반항했다면(쿠티, 1972: 67에서 재인용), 라모는 광인의 담화와 광대의 몸짓으로 반항하고 있는 것이다. 재능을 가졌음에도 불구하고 사회에 유익한 아무 일도 하지 않음으로써 모순적인 사회에 통합되는 것을 거부하고 영원한 광대로 남는 라모에게서 나는 시대적 반항아의 모습을 본다. 그러나 이 소설은 단순히 사회를 고발하고 풍자하는 데 그치지 않는다. 소설의 마지막 문장, "마지막에 웃는 자가 잘 웃는 자일지니"라는 미래형 서술을 통해 디드로는 "그 시대의 풍조와 자신의 철학을 동시에 해체함으로써, 어디에도 붙잡히지 않는 하나의 시적 재능을 그 자리에 초대"(황현산, 역자 해설: 214)한다. 그리하여 작가는 대립되는 두 개의 세계관 중 어느 편도 들지 않은 채 상상력이 가득한 열린 미래를 전망하고 있는 것이다.

드니 디드로

(Denis Diderot, 1713~1784)

드니 디드로는 1713년 프랑스 샹파뉴 지방 랑드르에서 태어났다. 그의 아버지 디디에 디드로는 칼 만드는 장인이었으며, 어머니 앙젤리크 비뉴롱은 피혁 제조인의 딸이었다. 디드로는 유물론자이자 무신론자로 알려져 있지만, 부르주아 가톨릭 집안에서 태어나 예수교 학교의 교육을 받았을 뿐 아니라 열세 살 때 부모의 뜻에 따라 성직자가 되기 위해 삭발을 했을 정도로 모범적인 신학생이었다.

그는 학업을 계속하기 위해 파리의 명문 고등학교인 루이 르 그랑과 다르쿠르 학교에서 수학한 후 파리대학에서 문학사 학위를 받는다. 그러나 그 무렵 디드로는 신앙을 잃게 됨으로써 신학 공부를 포기하고 가난 속에서 문학인들과 어울리며 방랑자의 삶을 영위한다. 당시의 빈곤한 생활은 『라모의 조카』에 나타난 주인공에 대한 묘사에서 엿볼 수 있다. 1743년 그는 가족들의 반대를 무릅쓰고 앙투아네트 샹피옹과 결혼했으며, 1753년에는 후일 방될 부인이 된 딸 앙젤리크 디드로가 출생한다.

1728년에 영국에서 간행된 이프라임 체임버스의 『백과사전Encyclopaedia』을 세 사람이 공동으로 번역하면서 디드로는 『백과전서』에 대한 착상을 얻게 된다. 한편 이 과정에서 그는 공동 번역자의 부인인 퓌지외 부인의 애인이 되기도 한다. 1745년 출판업자 르브르통은 『백과전서』의 편집을 디드로에게 제안했고, 그 이듬해인 1746년에는 국왕으로부터 출판권을 얻어낸다. 그리고 편집의 책임을 디드로와 달랑베르가 맡게 된다. 1746년 디드로는 『철학 사상Pensée philosophique』을 출간한다. 그러나 그 책은 기독교를 비난하고 자연 종교를 찬미하는 등의 대담한 내용을 담고 있어 파리 고등법원의 출판 금지 판결을 받게 된다. 1749년에는 『맹인에 관한 서한Lettre sur les aveugles』을 발간했지만 그 책에 담긴 유물론적 사상이 미풍양속을 해친다는 이유로 디드로는 뱅센 감옥에 투옥된다.

그의 나이 43세가 되던 1755년, 디드로는 평생의 연인이 된 소피 볼랑을 만난다. 그녀는 철학과 문학에 조예가 깊었으며 상상력이 풍부했던 여성이었다. 디드로가 1759년부터 1774년까지 그녀에게 보낸 편지들에는 그의 꿈, 취향, 계획, 근심, 그리고 『백과전서』 간행의 과정에서 겪었던 투쟁의 일화들과 당시 사회의 모습들이 생생하게 담겨 있다.

『백과전서』가 완성되기까지는 수많은 우여곡절이 있었다. 『백과전서』는 반교권적이며 국가를 모독하는 위험한 서적이라는 비난을 끊임없이 받았으며 고등법원은 1759년 『백과전서』의 출판 허가를 취소하고 금서 처분하기에 이른다. 팔리소는 백과전서 철학자들을 비방하는 「철학자들Les Philosophes」이라는 연극을 공연하기도 한다. 게다가 루소와의 불화와 더불어 볼테르가 『백과전서』에서 손을 떼고 달랑베르마저 『백과전서』를 포기함으로써 『백과전서』의 간행은 위기에 처하게 된다. 그러나 디드로는 어떠한 어려움에도 굴하지 않고 『백과전서』를 완성하기 위해 편찬 작업을 계속하여 드디어 1765년 본문 17권, 도판 11권, 총 28권의 『백과전서』가 완결된다. 그러나 디드로는 심각한 재정난에 허덕이게 되고, 결국 자신의 장서를 러시아의 예카테리나 2세에게 팔기에 이른다.

디드로는 『백과전서』의 편찬 작업과 더불어 다양한 형태의 창작 활동을 계속했다. 그는 『철학 사상』, 『맹인에 관한 서한』, 『자연의 해석에 관하여De l'interprétation de la nature』, 『달랑베르의 꿈Le Rêve d'Alembert』, 『부갱빌 여행기에 대한 보충Supplément au voyage de Bougainville』, 『아버지와 자식들의 대화Entretien d'un père avec ses enfants』 등의 철학 작품들과 더불어 『사생아』, 『가장Le Père de famille』 등의 희곡 작품, 그리고 『경솔한 보석Les Bijoux indiscrets』,『수녀』, 『라모의 조카』, 『운명론자 자크』 등 문학사에 남을 걸작 소설들을 집필했으며, 『문예통신』의 〈살롱〉에 1759년부터 1781년까지 미술 비평을 게재하기도 했다.

1784년 뇌졸중의 발작으로 건강이 급격히 악화된 디드로는 7월 31일 파리에서 사망한다. 철저한 유물론자요 무신론자였던 그는 생로슈 교회 묘지에 묻힌다.

2 박지원의 「마장전」과 광기의 담화

18세기 프랑스 사회에 통렬한 비판을 가했던 작가 디드로가 있었다면 조선에는 연암燕巖 박지원이 있었다. 디드로가 『운명론자 자크』를 통해 민중의 일상을 그리고, 그들의 애환을 고발함으로써 프랑스 사실주의의 선구자가 되었듯이 18세기 조선 사회의 하층민들의 일상생활을 문학으로 형상화한 박지원은 조선의 위대한 사실주의 문학사상가라 할 수 있을 것이다.

박지원의 글이 워낙 다양하고 방대하여 그의 글쓰기를 몇 마디로 정의하는 것은 불가능하다. 그러나 그의 문학적 글쓰기에 담긴 몇 가지 개혁적 특징을 통해 그의 사회 개혁 의지를 엿보고자 한다. 우선 그는 한나라의 문장이나 당, 송의 시를 모방하던 당대 사대부의 풍토를 거부하고 자신의 주체적 문체를 주장한다. 그는 또한 관념적인 탁상공론을 배척하고 세속적이고 일상적인 것에 가치를 부여한다. 고상하고 깨끗한 것만을 추구하는 기존 양반들의 문학과 달리 그의 글에는 생업으로 묵묵히 자신의 삶을 살아가는 무식한 민초들, 천대받는 더러운 사람들이 등장한다. 그리고 연암은 그들의 진정한 가치를 새롭게 조명한다. 대표적인 예로 「예덕선생전穢德先生傳」을 들 수 있다. 똥 푸는 사람을 예덕 선생이라 부르며 그를 찬양하는 이 글에서 연암은 직업에는 귀천이 없음을, 부지런함만이 최고의 미덕임을, 더러운 똥을 치움으로써 다른 사람을 깨끗하게 하고, 논과 밭에 거름을 주어 토질을 비옥하게 하는 그야말로 진실로 존경받아야 할 인물임을 주장한다. 하층민이 지닌 진정한 가치에 대한 또 하나의 글은 「광문자전廣文者傳」이다. 이 글의 주인공 광문은 거지이지만 정직함을 상징하는 인물로 형상화된다. 반면 양반들에 대한 연암의 시선은 곱지 않다. 그는 「양반전兩班傳」, 「허생전許生傳」 등을 통해 돈만 있으면 살 수 있는 양반은 무력한 존재임을 고발하고, 풍자의 방식으로 위정자들의 위선과 허세를 비난한다.

연암의 개혁적 사고는 여성의 욕망에 대해 말할 때에도 명백히 드러난다. 그는 정감론을 내세우면서 인간의 자연스런 감정을 이해할 것을 주장한다. 「열녀함양박씨전烈女咸陽朴氏傳」에서 그는 두 과부의 덧없는 운명을 이야기한다. 남편의 제삿날 자결했던 함양 박씨의 일화와 더불어 동전을 굴리면서까지 정욕을 이겨냈던 한 여인의 이야기를 통해 그는 정욕이란 인간의 보편적이고 자연스런 욕망임을 말하고 있다. 이러한 그의 사상은 18세기 당시 조선을 지배했던 유교적 이념에 비추어볼 때 상상도 할 수 없을 만큼 혁신적인 것이었다.

그의 작품 중 「마장전馬駔傳」과 「염재기念齋記」에는 광인들이 등장한다. 조선의 문학 작품에 광인이 주도적으로 등장하는 일은 전례를 찾기 힘들다. 그렇다면 「마장전」에서 연암은 광인을 어떻게 이해하고 어떻게 표현했을까? 사회 개혁을 주장했던 연암에게 있어서 광기는 어떤 의미를 지니는 것일까?

「마장전」과 광기의 담화

「마장전」은 구전된 이야기들을 모은 『방경각외전放璚閣外傳』에 수록된 첫 번째 이야기로서, 연암이 일생 동안 중요하게 생각했던 우정에 관한 생각이 담긴 글이다. 마장은 말 거간꾼을 지칭하는 말로, 사람들의 도리가 충과 의를 따르는 것 같지만, 사실은 자신의 마음을 드러내지 않고 흥정하는 장사꾼의 속셈과 같다는 의미에서 이 글에 「마장전」이라는 제목을 붙인 것이다. 연암은 이 작품에서 송욱, 장덕홍, 조탑타라는 세 명의 광인을 등장시켜 그들로 하여금 사람들의 사귀는 도리에 대해 논하도록 하고 있다. 그런데 대화체로 된 이 글은 은유와 상징으로 가득하고 속담과 우언이 비유적으로 사용되고 있을 뿐 아니라, 종종 엉뚱한 말이 끼어들기도 해서 이해하기 쉽지 않다. 작가 자신도 이를 의식한 듯, 작품 속 조탑타의 입을 빌려 "송욱의 말이 너무 어려워 도무지 무슨 말인지 모르겠다"며 그 난해함을 인정하고 있다. 따라서 「마장전」에 나타난 광기의 담화를 논하기 위해 나는 박수밀(2005: 237-263)의 세심한 정리에 기대어 단락별 해석을 통해 글의 논리를 따라가보려 한다.

우선 『방경각외전』, 「자서」에서 연암은 신信과 우友의 의미를 언급하면서 「마장전」을 짓게 된 동기를 피력한다.

> 오륜 끝에 벗이 놓인 것은
> 보다 덜 중시해서가 아니라
> 마치 오행 중의 흙이
> 네 철에 다 왕성한 것과 같다네.
> 친親과 의義와 별別과 서序에
> 신信 아니면 어찌하리
> 상도常道가 정상적이지 못하면
> 벗이 이를 시정하나니
> 그러기에 맨 뒤에 있어
> 이들을 후방에서 통제하네
> 세 광인이 서로 벗하며
> 세상 피해 떠돌면서

참소하고 아첨하는 무리들을 논하는데
그들의 얼굴이 비치어 보이는 듯하네
이에 「마장전」을 짓는다. (143-144)[4]

인용문이 말해주듯이 우도友道란 사람다운 도리 중 으뜸가는 것이며, 진정으로 우정을 논할 수 있는 사람들은 다름 아닌 광인들이다. 즉 광인의 담화 속에 참된 우정론이 담겨 있는 것이다. 「마장전」은 크게 세 부분으로 나뉜다. 서론에 해당하는 도입부에서 연암은 다시 한 번 인간들 사이의 믿음의 실체를 밝히고 있다. 길지 않은 글이니 필요에 따라 단락별로 인용하면서 그 내용을 살펴보자.

말 거간꾼이나 집주릅이 손뼉을 치고 손가락으로 가리켜 보이는 것이나, 관중管仲과 소진蘇秦이 닭 · 개 · 말 · 소의 피를 바르고 맹세했던 일은 신뢰를 보이기 위한 것이다. 어렴풋이 헤어지잔 말만 들어도 가락지를 벗어 던지고 수건을 찢어버리고 등잔불을 돌아앉아 벽을 향하여 고개를 숙이고 울먹거리는 것은 믿을 만한 첩임을 보이기 위한 것이요, 가슴속의 생각을 다 내보이면서 손을 잡고 마음을 증명해 보이는 것은 믿을 만한 친구임을 보이기 위한 것이다.

그러나 콧잔등까지 부채로 가리고 좌우로 눈짓을 하는 것은 거간꾼들의 술책이며, 위협적인 말로 상대의 마음을 뒤흔들고 상대가 꺼리는 곳을 건드려 속을 떠보며 강한 상대에겐 협박을 하고 약한 상대는 짓눌러서 동맹한 나라들을 흩어버리거나 분열된 나라들을 통합하게 하는 것은 패자와 유

4 『방경각외전』의 인용을 위해서는 2007년 돌베개에서 출간된 신호열 · 김명호 역, 『연암집』 (하)를 참조했다.

세가들이 이간하고 농락하는 권모술수이다.

옛날에 가슴앓이 하는 이가 있어, 아내를 시켜 약을 달이게 하였는데 그 양이 많았다 적었다 들쑥날쑥했으므로 노하여 첩을 시켰더니, 그 양이 항상 적당하였다. 그 첩이 너무나 마음에 들어 창구멍을 뚫고 엿보았더니, 많으면 땅에 버리고 적으면 물을 더 붓는 것이었다. 이것이 바로 그 첩이 양을 적당하게 맞추는 방법이었다. 그러므로 귀에 대고 소곤거리는 것은 좋은 말이 아니요, 남에게 누설하지 말라고 신신당부하는 것은 깊은 사귐이 아니요, 정이 얼마나 깊은지를 드러내는 것은 훌륭한 벗이 아니다. (149-150)

인용문에서 보듯 연암은 말 거간꾼이나 집 중개인의 행위를 통해 믿음의 실체를 드러내면서 마장지술과 권모술수는 같은 것임을 보여주고 있다. 또한 약을 달이는 첩의 일화를 통해 일상의 신의가 사실상 거짓 믿음에 근거한 것임을 폭로한다. 이처럼 도입부는 믿음의 실체에 대해 언급하면서 앞으로 말하고자 하는 바를 암시한다. 그리고 믿음에 대한 구체적인 내용은 두 번째 단락에서 드러난다. 그 내용을 요약해보면 다음과 같다.

송욱宋旭, 조탑타趙闒拖, 장덕홍張德弘 세 사람이 광통교에서 벗을 사귀는 것에 대해 논했다. 탑타가 포목을 흥정하다 서로 값 부르기를 사양하고 시를 읊고 그림을 감상하는 사람들을 보고 칭찬했으나 송욱은 그것은 사귀는 태도만 보았을 뿐 사귀는 도는 보지 못한 것이라고 말한다.

덕홍이 '꼭두각시에게 휘장을 드리운 것은 줄을 끌어당기기 위함'이라고 하자 송욱은 그것은 '사귀는 겉모습'일 뿐, 사귐의 도에는 통하지 않는다고 말한다. 송욱이 다시 말하길, 사귐에는 세勢, 명名, 리利, 세 가지가 있으며, 그 방법은 다섯 가지라고 말한다. 한편 팔이 안으로 굽는 것이 세력(세)의 속성이고 서로 화답하여 우는 것이 이름(명)의 속성이며 좋은 술잔이 이익(리)이다. 군자들은 자신들의 몫이 적어질까봐 오랫동안 이를 숨겨왔다.

송욱은 군자들이 사귀는 원리인 삼교三交, 오술五術에 대해 이야기한다. 삼교-오술이란 자신의 본심을 숨김으로써 최대한의 효과를 얻을 수 있는 고도의 처세술이다. 탑타가 말이 은어라서 이해가 되지 않는다고 하자 덕홍이 다시 설명하고 자신은 울음이 나오지 않아 한 명의 친구도 얻지 못했다고 한다.

탑타가 '충의'로서 벗을 얻을 수도 있다고 하자, 덕홍은 탑타의 얼굴에 침을 뱉으며 충의란 가난한 자들에겐 일상의 일이지만, 부귀한 자에게는 논할 것도 없는 것이라고 질책한다. 탑타는 얼굴을 붉히며 세상에 친구가 없을지언정 군자의 사귐은 않겠다고 선언한다.

그리하여 셋이서 모두 의관을 찢고 더러운 얼굴과 헝클어진 머리를 한 채 시장 바닥에서 노래 불렀다.

물건을 사려는 사람과 팔려는 사람이 서로 값을 부르라고 양보하면서도 물건에는 관심이 없어 보이는 태도를 바라보면서 이익은 안중에도 없어 보이는 그들을 탑타가 칭찬하자, 송욱은 그 두 사람이 서로 양보하는 것처럼 보이지만 실상 그것은 교태交態, 즉 그럴듯하게 사귀는 태도일 뿐이라고 응수한다. 그 이면에는 자신에게 더 이로운 국면으로 끌고 가기 위해 자신의 내면을 숨기고 상대방을 떠보려는 속셈이 숨겨져 있다는 것이다.

이에 덕홍이 나서 꼭두각시 앞에 휘장을 드리운 것은 줄을 잡아당기기 위한 것이라고 말한다. 탑타와 송욱의 앞선 대화와는 연결이 되지 않는 엉뚱한 이야기이다. 그러나 송욱은 이 말을 이해하고 그 역시 교면交面이라고 말한다. 즉 사귀는 겉모습을 본 것일 뿐, 사람의 도에는 이르지 못한다는 것이다. 꼭두각시에 휘장을 드리우는 것은 잡아당기는 줄이 보이지 않게 하기 위해서이다. 덕홍은 우정이란 꼭두각시의 모습처럼 상황에 따라 달리 변하는 것이라는 주장을 하지만 송욱은 겉으로 드러나 보이는 꼭두각시의 모습은 휘장 뒤에 감추어진 줄, 즉 이익에 따라 변화하는 겉모습에 불과할 뿐임을 간과하지 않는다.

송욱은 세상 사람들이 말하는 사귐의 도리에는 세 가지가 있고, 그것은 바로 '세', '명', '리'라고 말한다. 이러한 사귐의 도리를 따르는 것은 술잔을 잡은 팔이 안으로 굽는 것처럼 당연한 이치이며, 바로 그것이 세력의 속성이다. 또한 서로 화답하여 우는 것은 이름을 위해서이며, 좋은 술잔은 이익을 표상한다. 그러나 사람들은 그런 이치를 대놓고 말하지 않는다. 그러한 사귐의 방식을 많은 사람들이 알게 되면 자신의 몫이 적어질까 두렵기 때문이다.

이어 송욱은 이 세 가지 원칙에 따라 벗을 사귀기 위해서는 다섯 가지 방법을 따를 것을 충고한다. 우선 칭찬하고자 하면 드러내어 책망할 것이며, 좋아함을 보이고자 하면 성을 내야 한다. 친하게 지내고 싶으면 마음에 없는 듯 수줍은 척해야 하며, 남이 나를 믿게 하려면 짐짓 의심하고 기다려야 한다. 그리고 영웅은 슬픔이 많고 미인은 눈물이 많은데, 영웅이 잘 우는 까닭은 남을 움직이기 위해서이다. 군자의 사귐에 필요한 이 세 가지 원칙과 다섯 가지 방식은 군자의 은밀한 계획인 동시에 훌륭한 처세술이라 하지 않을 수 없다. 그러나 연암은 뒤이은 덕홍의 말을 통해 자신의 본심을 숨기는 이 처세술은 그야말로 말 거간꾼의 술수와 다르지 않으며 철저히 위선에 기초한 것임을 폭로한다. 이어 덕홍은 그러한 원칙과 방식을 따르지 못해 자신은 한 명의 참된 친구도 얻지 못했다고 한탄함으로써 당시 군자들의 거짓된 우정을 비판하고 있다. 송욱과 덕홍이라는 두 광인들의 대화를 통해 연암은 철저히 이기적이고 실리적인 당대 양반들의 사귐을 조롱하고 있는 것이다.

그러자 세 명의 광인 중 가장 우둔해 보이는 탑타가 유교의 실행 원리인 '충의'로서 사귐의 도리에 이를 것을 제시한다. 이에 덕홍은 '말 같지도 않은 소리'라고 일축해버린다. 충의란 아낄 것이 없는 비천한 자들의 상투적인 구호일 뿐, 부귀를 누리는 자들에게는 논할 거리도 못 되는 것이기 때문이다. 양반들의 우정의 도리에서 가장 중요한 덕목이라 여겼던 충의의 도리가 그토록 땅에 떨어졌음을 깨달은 탑타는 "한평생 벗을 하나도 사귀지 못할지언정 군자의 사귐은 하지 않겠다"고 선언한다. 그리고 세 사람은 예법을 상징하는 갓과 옷을 찢어버리고, 얼굴에 흙을 바르고, 헝클어진 머리를 한 채 허리에 새끼줄을 매고서 노래하며 저잣거리로 나간다.

마지막 단락에서는 가상적 인물 골계 선생[5]이 등장하여 우정 사이의 틈이 가지는 위력과 아첨에 대한 논리를 개진한다.

> 따라서 아첨을 전하는 데에도 방법이 있다. 몸을 정제整齊하고 얼굴을 다듬고 말을 얌전스레 하고 명예와 이익에 담담하며 상대와 사귀려는 마음이 없는 척함으로써 저절로 아첨을 하는 것이 상급의 아첨이다. 다음으로, 바

5 골계 선생은 작가가 자신의 의견을 피력하기 위해 가상으로 설정한 인물이다. 골계란 풍자나 궤변을 잘한다는 뜻이며, 『사기史記』에 「골계열전」이 있다.

> 른 말을 간곡하게 하여 자신의 애정을 드러내 보인 다음 그 틈을 잘 이용하여 자신의 호의를 전달하는 것이 중급의 아첨이다. 말굽이 닳도록 조석朝夕으로 문안問安하며 돗자리가 떨어지도록 뭉개 앉아, 상대방의 입술을 쳐다보며 얼굴빛을 살펴서, 그 사람이 하는 말마다 다 좋다 하고 그 사람이 행하는 것마다 다 칭송한다면, 처음 들을 때에야 좋아하겠지만 오래 들으면 도리어 싫증이 난다. 싫증이 나면 비루하게 여기게 되어, 마침내는 자기를 가지고 노는 게 아닌가 의심하게 된다. 이는 하급의 아첨이다.
>
> 관중管仲이 제후諸侯를 여러 번 규합했고, 소진蘇秦이 육국六國을 합종合縱시켰으니 천하의 큰 사귐이라 이를 만하다. 그러나 송욱과 탑타는 길에서 걸식을 하고 덕홍은 저자에서 미친 듯이 큰 소리로 노래 부르고 다니면서도 오히려 말 거간꾼의 술수를 부리지 않았거늘, 하물며 군자로서 글 읽는 사람이야 더 말할 나위가 있겠는가. (156-157)

연암에게 있어 틈을 잘 이용한다는 것은 아첨에 능하다는 의미이다. 마지막 문단에서 연암은 아홉 번 제후들을 소집시켰던 관중과 여섯 나라를 통합한 소진의 행위 역시 말 거간꾼들의 술수와 다르지 않은 권모술수에 불과함을 지적한다. 따라서 송욱과 탑타는 길에서 구걸을 하고, 덕홍은 시장 바닥에서 노래 부르며 스스로 광인이 될지언정 말 거간꾼의 술수는 쓰지 않았는데, 하물며 글 읽는 군자들은 어찌해야 하겠는가라고 질문을 던짐으로써 연암은 이 글을 끝맺고 있다. 겉으로 보아 양반들이 벗을 사귀기 위한 세 가지 도리와 다섯 가지 방식은 군자의 진실한 사귐의 도리인 것처럼 보이지만, 실제로 그 위선적인 군자지교는 마장지술과 다르지 않다는 것을 연암은 이 글에서 주장하는 것이다.

「마장전」에서 광인의 입을 빌려 연암이 말하고자 하는 것은 당시 기득

권을 가진 자들의 타락한 가치관에 대한 신랄한 비판인 동시에 유교적 윤리에 대한 조롱이며, 양반 사대부들의 위선에 대한 폭로이다. 군자의 사귐이 세력과 이익과 명예만을 따르는 것에 불과하고, 유교의 근간을 이루는 충위라는 덕목조차 하찮은 이익을 바라는 비굴한 자들의 상투적인 구호가 되어버린 당시 사회의 문제적 현실을 날카롭게 비판하고 있는 것이다. 그러나 그는 광인들이 뱉어내는 미치광이들의 언어를 통해 풍자적으로 사태를 그림으로써 당시 지배 계층의 직접적인 화살을 피하고자 한다. 즉 「마장전」에서 광인을 중심 인물로 설정한 것은 충과 의를 내세우는 유교적 사고의 근간을 뒤흔드는 연암의 전복적인 사상을 전달하기 위한 일종의 '문학적 장치'(홍인숙, 2002: 44)라고 볼 수 있다.

「마장전」에 등장한 송욱은 연암이 나이 들어 집필한 「염재기」에 자신의 정체성을 찾는 광인으로 다시 등장한다. 「염재기」의 송욱에 대해서는 5장에서 다시 살펴볼 것이다.

박지원

(朴趾源, 1737~1805)

연암燕巖 박지원은 1737년(영조 13년) 한양의 반송방 야동(지금의 새문안)에서 2남 2녀 중 막내로 태어났다. 그는 대대로 벼슬이 높던 명문 집안에서 태어났으나, 일찍이 부모를 여의고 맏형 밑에서 자랐다. 5세가 되던 해 할아버지가 경기도 관찰사로 부임해감에 따라 그도 따라가 공부를 했다. 연암은 어릴 때 몸이 약해 이를 가엾이 여긴 조부는 그에게 공부를 강요치 않고 밖에서 놀도록 내버려두었고, 그 덕분에 그는 종의 자식들과 어울리면서 평민들의 삶과 그 애환을 몸소 느낄 수 있었다고 한다. 16세에 결혼한 그는 장인 이보천에게서 맹자를 배우고, 처삼촌 이양천 밑에서 수학하면서 실학을 공부하게 된다.

연암의 나이 24세에 조부의 별세로 인해 그의 곤궁한 삶이 시작된다. 25세인 1761년 북한산에 들어가 공부하면서 『주역』을 배운다. 그해에 홍대용을 만난다. 31세가 되던 해인 1767년 가난했던 그는 삼청동 백련봉 셋집으로 이사했고, 이때 이덕무, 이서구, 유득공, 박제가 등과 교제하면서 실학의 중심 인물이 된다. 36세가 되었을 때 그는 선산의 이장을 위해 산천을 답사하다가 황해도 금천의 연암 골짜기를 발견하고는 그곳이야말로 훗날 여생을 지낼 곳이라 생각한다. 1777년 홍국영의 박해로 연암 골짜기로 피난 간 그는 홍국영이 실각하여 사약을 받은 1780년까지 그곳에 숨어 산다. 아마도 이때부터 연암이란 호를 쓰기 시작한 것 같다.

1780년 5월, 팔촌 형인 박명원이 사신으로 청나라에 가게 되자 그를 따라갔다 돌아와 『열하일기熱河日記』를 집필한다. 그는 과거도 보지 않았고 벼슬도 마다했으나 친구 유언호의 천거로 나이 오십에 처음 선공감 감역으로 임명된다. 이후 평시서 주부, 한성 판관, 안의현감, 명천 군수, 양양 부사 등의 벼슬을 지낸 후 66세에 벼슬을 그만두고 연암골에서 지내다가 1805년 69세의 나이로 별세한다.

박지원이 살았던 18세기 조선은 변화의 시기였다. 임진왜란, 병자호란을 거치면서 후기 조선은 극심한 갈등을 겪었다. 관료들은 부패했고 민중들의 삶은 점점 더 피폐해졌다. 한편 상업 활동이 활발해지면서 상업 자본의 중요성이 인식되기 시작했고, 더불어 신분 이동에 대한 가능성이 대두되기도 했다. 중세의 봉건 질서가 붕괴되고 새로운 이념과 질서가 모색되던 변혁의 시대에 연암은 누구보다도 적극적으로 새로운 사회질서를 모색했던 근대화의 기수였다. 그는 이용후생利用厚生을 내세우며 계급 차별을 없애고 만민이 평등한 사회, 농기구를 제작하여 편리하게 농사를 짓고 기술을 익혀 생활을 문명화하는 사회, 상업과 공업을 진흥시켜 경제적 부흥을 이루는 사회를 꿈꾸었다.

연암의 저서로는 『열하일기』와 더불어 『과농소초課農小抄』와 『한민명전의限民名田義』 등이 있으며, 문학 작품으로는 「마장전」, 「예덕선생전」, 「민옹전閔翁傳」, 「양반전」, 「김신선전金神仙傳」, 「광문전」, 「허생전」 등의 소설이 있다. 그의 소설들은 당시 사회를 해학적으로 풍자함으로써 모순된 사회를 고발하고 비판한다.

박지원의 글은 『연암집』 17권 6책 속에 담겨 있다. 17권 중 네 권은 시이고, 1권에서 7권까지는 모두 산문들이다. 8권은 『방경각외전』이라는 이름의 별집인데 그 속에 말 거간꾼들의 대화인 「마장전」, 똥 푸는 사람을 주인공으로 하여 직업에 귀천이 없음을 주장한 「예덕선생전」, 관료주의 사회의 개혁을 주장한 「민옹전」, 양반을 사고파는 장면을 해학적으로 그린 「양반전」, 신선에 대한 믿음은 허구임을 주장한 「김신선전」, 거지 광문을 주인공으로 하는 「광문전」 등 그의 소설 대부분이 수록되어 있다. 연암은 이 책의 「자서」에서 이 작품들을 쓰게 된 동기와 그 주제들을 밝히고 있다. 한편 「허생전」은 『열하일기』의 「옥갑야화」에 수록되어 있다. 연암의 최고 걸작이라 할 수 있는 『열하일기』는 『연암집』 11권에서 15권까지 24편으로 수록되어 있다. 이 책은 청나라의 문물을 소개하는 동시에 당시 조선의 정치·경제·사회·문화 등 각 분야에 대한 비판과 개혁을 논하고 있다. 16권과 17권은 정조의 명을 받아 쓴 농서 『과농소초』와 그 부록처럼 된 『한민명전의』이다. 『과농소초』에는 농기구 개량, 수리 방식의 개혁, 소의 번식 등 농업 생산성 개선을 위한 구체적인 개혁 방안들이 기술되어 있다.

5장 도피처로서의 광기

1 발자크의 『루이 랑베르』와 「아듀」의 행복한 광기의 세계

19세기는 실증주의가 위세를 떨치던 시기였고 발자크 또한 과학과 진보에 대한 확고한 믿음을 가지고 있었지만, 그의 작품에는 미치광이들이 우글거린다. 물론 발자크의 작품이 셰익스피어나 도스토예프스키의 작품들처럼 정신의학적으로 풍부한 소재를 제공하지는 않는다. 그러나 그의 작품 속에서 독자들은 광기의 흔적을 본다. 질투 때문에 동성의 애인을 죽이는 여인(『황금 눈의 여인』)이 있는가 하면, 아들을 죽이는 아버지(「바닷가의 비극」)도 있다. 탐욕에 사로잡힌 편집광적인 수전노(『곱세크Gobseck』), 최고의 예술을 추구하느라 인생을 망치는 예술가(「미지의 걸작Le Chef d'oeuvre inconnu」, 「강바라Gambara」), 과학적 진리를 탐구하다 파멸해버린 과학자(『절대 탐구La Recherche de l'Absolu』)도 존재한다. 또한 루이 랑베르처럼 정신적으로 고통받고 사회로부터 소외된 광인도 있다.

『루이 랑베르』는 과도한 사고로 인해 미쳐버린, 정신의학적 용어로 말하자면 정신분열자라 할 수 있는 한 철학자의 이야기이다. 그리스어로부터 파생한 정신분열이라는 단어는 정신에 금이 감, 정신의 분열이라는 의미를 지닌다. 이 용어를 처음으로 사용한 블로일러는 정신분열의 본질적 징후를 분열로 규정한다. 라플랑슈와 퐁탈리스의 『정신분석 사전』에 따르면, 정신분열은 사고, 행위, 감정의 부조화, 현실 세계와의 단절, 환각에 내맡기면서 내적인 삶에 우위를 두기, 정신착란적 행위 등의 특성을 지닌다. 이러한 징후들은 루이 랑베르가 보인 광기의 증세와 크게 다르지 않다. 앙리 에반스Henri Evans에 따르면, 일찍이 많은 연구자들이 루이가 정신분열자임에 동의하고 있다고 한다. 에반스가 지적했듯이 광기에 대한 발자크의 해석은 블로일러를 훨씬 앞서는 것이다.[1]

정신분열자 루이 랑베르와 광기의 세계

『루이 랑베르』는 1832년 『새로운 철학 이야기Nouveaux contes philosophiques』에 『루이 랑베르에 대한 약력La Notice biographique sur Louis Lambert』이라는 제목으로 처음 나온 후, 많은 수정을 가하여 1년 뒤인 1833년에 『루이 랑베르의 지적 이야기Histoire intellectuelle de Louis Lambert』로 출판되었다. 그러나 그 책에 만족하지 못한 발자크는 그것을 보완하여 1836년 〈철학 연구〉에 수록한다. 한편 발자크는 〈철학 연구〉의 작품들 중 『루이 랑베르』, 「추방자Les Proscrits」, 「세라피타」를 따로

1 블로일러는 1911년에 정신분열증을 발견한다. 『루이 랑베르』가 1832-1835년에 씌어졌음을 감안할 때 발자크는 블로일러보다 훨씬 앞서 정신분열적 현상을 묘사한 것이 된다 (Evans, 1950: 251).

묶어 1835년 말엽에 『신비 소설Le Livre mystique』을 출판하기도 하는데, 발자크의 동시대인들은 이것을 결정본으로 삼고 있다. 이처럼 『루이 랑베르』는 발자크가 여러 차례 수정을 가하면서 오랜 산고 끝에 내놓은 소설이다.

『루이 랑베르』는 발자크의 작품들 중 가장 자전적인 요소가 많은 작품으로 알려져 있다. 이 소설이 발자크 자신의 철학적 사변을 담고 있다는 점, 과학의 중요성을 역설한다는 점, 또한 루이가 시인인 동시에 논리학자라는 점, 세계를 일원론적으로 이해하고자 했다는 점, 그리고 특히 방돔기숙학교 시절을 이야기한다는 점에서 그것은 타당한 지적이다. 그런데 자전적 소설의 주인공이 광인이라는 것은 매우 흥미로운 사실이 아닐 수 없다.

루이의 광기와 죽음은 과도한 에너지의 흐름으로부터 유래한다. 즉 리비도의 과잉으로 인해 에너지는 항시 긴장 상태에 놓이면서 외부 세계와의 단절을 가져오게 된 것이다. 우선 루이 랑베르의 정신분열적 발전 단계를 그의 연대기와 관련하여 네 단계로 나누어보자.

첫 번째 단계는 그의 유년 시절이다. 피혁 제조인의 외아들로 태어난 루이는 부모의 극진한 사랑을 받은 것으로 묘사된다. 그러나 그 사랑은 피상적으로 서술될 뿐, 아들과 부모의 관계에 대한 구체적인 언급은 거의 없다. 그런 루이에게 스탈 부인은 일종의 대체된 어머니이다. 루이의 탁월한 지적 능력에 감동한 그녀는 그를 방돔기숙학교에서 공부할 수 있도록 주선한다. 다섯 살이라는 어린 나이에 이미 구약과 신약을 접했으며, 열 살이 되던 해 성직자가 되려고 신부인 아저씨 집으로 들어간다. 작가에 의해 강조되는 루이의 지적 조숙은 성적 욕망을 억압한 결과로 볼 수 있다. 도덕적으로 무장한 루이는 출생에 대한 신비와 성욕에 대한 호기심을 지적인 호기심으로 이동시켰던 것이다. 유년기의 독서가 다름 아닌 성경이었다는 사실은 도덕적 사고가 그를 지배하고 있음을 말해준다.

두 번째 단계는 방돔기숙학교 시절이다. 행복했던 유년기는 막을 내리고 학교에서의 불행이 시작된다. 그의 학창 시절은 그의 광기가 잠재된 시기이다. 넓은 들판의 시원한 공기와 자유에 익숙했던 그에게 엄한 규율과 높은 벽은 견디기 힘든 것이었다. 그리하여 그는 몇 시간이고 정원의 나무와 하늘의 구름을 바라보곤 했다. 그러나 그의 명상은 이성을 추구하는 선생님들과의 끊임없는 투쟁을 유발한다. 명상과 고독, 그리고 우울 속에서 그는 교실 벽이 무너지고, 자신이 다른 곳에 있는 것 같은 환각을 경험하면서 들판의 자유를 느낀다. 뿐만 아니라 칼에 찔리는 것을 상상하면서 실제로 고통을 느끼는 환각을 경험하기도 한다.

자신의 특별한 견자적 능력을 일깨워준 로샹보 성에서의 경험[2] 이후 루이는 『의지론』을 집필하기로 마음먹는다. 『의지론』은 수많은 천재들이 시도했으나 성공하지 못했던 것으로서, 정신주의와 물질주의를 하나로 용해시키고자 하는 일원론적 사고의 완성을 목표로 한다. 그리하여 정신주의자였던 루이는 사고의 물질성을 인정하기에 이른다. 그러나 루이는 이 책을 완성하지 못한 채 담임 교사인 신부에게 그 원고를 빼앗기고 만다. 완성하지 못한 원고, 잃어버린 원고는 아무것도 생산하지 못하는 루이의 생식 불능에 대한 상징이요 메타포이다. 그리고 그것은 바로 루이의 거세와 연관된다. 교사에게 원고를 빼앗김은 이성-법-아버지에 의한 거세를 상징한다.

---

2 『루이 랑베르』는 2010년 문학동네에서 출간된 송기정의 번역본을 참고했다. 로샹보 성의 일화는 55-56쪽에 있다. 학생들과 함께 로샹보 성으로 소풍을 갔을 때, 처음 가보는 장소임에도 불구하고 루이는 그곳의 경치를 정확히 기억한다.

세 번째 단계는 루이의 파리 유학 시절이다. 18세가 된 루이는 방돔기숙학교를 나온다. 6개월 전 부모를 여읜 그는 자신의 철학적 사고를 발전시키기 위해 파리로 간다. 그러나 황금만이 모든 것을 지배하는 파리에 대해 환멸을 느낀 루이는 1820년 파리를 떠난다. 그의 정신적 지주였던 스탈 부인을 찾아가지만, 그녀는 그가 방문하던 바로 그날 세상을 떠난다.

성적 욕망을 억압하면서 그것을 지적 호기심으로 전위시켰던 루이가 자신의 지적 노력의 결과인 『의지론』의 원고를 빼앗겼으니, 그에게는 더 이상 억압된 욕망의 대상도 투쟁의 대상도 존재하지 않는다. 이처럼 리비도가 투여할 대상을 상실한 루이에게 억압되었던 성적 욕망이 되살아나면서 공격성을 띠게 된다. 그리하여 루이는 극장에서 아름다운 여인을 보면서 그녀의 애인에 대해 살해 욕구를 느낀다. 그러나 자신에게서 그러한 남성적 공격성을 인식하는 순간 그는 그것을 견디지 못하고 완전히 정신세계로 몰입하기로 작정한다. 그리고 스스로 자기거세를 선택함으로써 성적 욕망을 포기하기로 한다.

파리에서 극도로 지적인 삶을 살면서 폭풍우처럼 휘몰아치는 과도한 사고의 흐름을 경험한 후, 심신이 지치고 가난에 찌든 루이는 파리를 떠나 고향으로 돌아온다. 네 번째 단계는 정신분열적 증세를 보이는 블루아에서의 칩거 시기이다. 이 시기의 루이는 육체를 완전히 거부하는, 다시 말해서 성욕을 완전히 없앤 거세된 남자이다. 한편으로는 무한한 능력과 넘치는 에너지를 느끼고, 다른 한편으로는 거세를 통해 무욕망을 추구하는 두 가지 모순된 사고 속에서 루이는 분열된다.

폴린 드 빌르누아와의 만남은 루이에게 정신분열을 가져오는 결정적인 계기가 된다. 폴린은 정신분석 용어를 빌린다면 '남근을 소유한 여인'이다. 우선, 그녀는 부자, 즉 가진 자이다. 이는 루이의 가난, 즉 결핍과 대조를 이룬다. 그녀는 또한 활기에 넘치고 잘 흥분하는 성격이다. 루이의 광기에도 불구하고 그녀가 행복하게 루이 곁에 머물 수 있었던 것은 그녀가 소유한 남성성으로 설명될 수 있을 것이다. 즉 루이를 완전히 소유함으로써 그녀는 남근을 가진 여인이 되는 것이다. 한편 폴린 앞에서의 루이의 태도는 수동적이다. 편지에 담긴 망설임과 동요는 그의 두려움을 드러낸다. 사랑받지 못할 것에 대한 두려움, 경멸당하지 않을까 하는 두려움은 '사랑받고 싶다'는 그의 수동적 성향을 보여준다.

루이의 수동적 사랑은 거세 공포로부터 연유한다. 남근을 소유한 여인 앞에서 거세 공포를 느끼는 루이는 자신이 '남근을 가지기'를 거부하고 상대방의 '남근이 되고자' 한다. 물론 여기서 말하는 거세의 테마는 생리적 차원이 아닌 심리적 차원에서 이해되어야 한다. 인간의 욕망은 근원적인 것이다. 그러나 욕망은 반드시 결핍을 전제로 한다. 따라서 욕망하기 위해서는 끊임없이 거세가 요구된다. 그리고 이러한 과정을 지낸 후에야 법과 질서, 그리고 언어의 체계인 상징계로의 진입이 가능해진다. 루이의 문제는 아버지의 부재로 인해 거세 콤플렉스의 교훈이 정상적으로 이루어질 수 없다는 데 있다. 거세를 두려워하는 까닭에 그는 육체를 거부한다. 폴린과의 사랑에서 심연을 느끼고, 결혼 직전 광기로 도피하는 것은 바로 이런 연유에서다. 뿐만 아니라 광기 발작 이후 루이는 실제적인 자기 거세 행위를 통해 스스로 육체적 결핍을 시도한다. 루이의 자기거세 시도는 자신이 남성임을 거부하고 성이 분리되기 이전의 상태, 즉 성적 욕망이 부재하는 어린아이의 상태로 되돌아가려는(퇴행) 소망의 표현이다.

루이에게 순수한 사랑이란 두 개의 천사적 본성의 결합이다. 광기의 상태에서 무심코 내뱉은 '천사들은 희다'라는 독백은 의미심장하다. 불어에서 '백색 결혼'이 성적 결합 없는 결혼을 의미하듯이, 천사들의 결합은 육체적 결합이 결여된 정신의 결합이라는 루이의 강박적 사고를 드러내는 말이기 때문이다. 그가 추구하는 것은 성욕이 없는, 성적 행위가 부재하고 사유만이 존재하는 사랑이다. 그는 이 세계를 자신의 사유로 덮고, 반죽하고, 만든다. 그에게 물질은 더 이상 존재하지 않는다. 그러나 그는 종종 나쁜 천사가 자신을 사로잡는 끔찍한 순간을 경험한다. 나쁜 천사란 다름 아닌 육체적 욕망을 가진 존재를 의미한다. 성욕은 그에게 고통과 슬픔을 준다. 악마의 유혹에 빠질까봐 두려운 그는 폴린에게 "자신을 멀리 떠나가라고, 자신을 버려달라고" 애원한다. 아름다운 그녀의 육체 앞에서 저항할 힘이 없을까봐 두렵기 때문이다. 그는 벙어리, 귀머거리가 되고 싶어한다. 침묵을 선택하면서 그는 죽음의 충동을 느낀다. 죽음만이 휴식을 가져다줄 것이기 때문이다.

최소한의 접촉에도 루이는 전율한다. 사랑하는 여인을 소유하기 위해 살해 욕구를 느끼는 광기에 사로잡히는 자신을 의식하면서 루이는 폴린이 내미는 손을 거부한다. 폭력적인 욕망이 자신을 어디로 끌고 갈지 알 수 없기 때문이다. 욕망이 드러나는 것을 두려워하는 루이는 타인들의 시선을 감내할 수 없다. 따라서 그에게 허용된 유일한 길은 모든 것으로부터 떨어져 아무도 없는 둘만의 성전에서 광기로 도피하는 것이다. 심연 속에서의 죽음은 두 영혼의 결합을 가져올 것이며 그들은 세상의 법칙과는 무관한 초인적인 행복을 맛볼 것이다. 여기에서 광기는 죽음의 완화된 형태이다.

"꼼짝 않고, 시선을 고정시킨 채, 먹지도 말하지도 않고 59시간 동안 머물러 있는" 그의 카탈렙시의 징후는 정신분열의 세 가지 형태인 분열적 형태, 긴장증의 형태, 편집증적 형태 중에서 긴장증에 속한다. 이러한 징후는 과도한 정열을 소유한 자들이 흔히 빠질 수 있는 신경증의 상태임을 발자크는 지적한다. 카탈렙시 상태에서의 깊은 명상을 통해 루이의 육체와 정신은 완전히 분리된다. 육체적 삶은 완전히 소멸되고 그의 정신은 내적인 삶으로 인도되는 것이다. 아저씨는 그를 파리로 데려가 당시 유명한 정신과 의사인 에스키롤 박사의 진찰을 받게 한다. 그러나 루이의 병은 치유 불가능한 것으로 진단된다. 그에게 필요한 처방은 깊은 고독, 고요함, 어두움, 시원함 등이다. 즉 아무런 성적 자극이 없는 곳, 욕망을 야기하지 않는 장소, 자신의 무능을 느끼지 않는 곳, 거세 공포가 없는 곳에서의 요양 이외에 그를 치료할 방법이 없는 것이다. 그 속에서 루이는 식물적인 삶을 살면서 폴린의 모성적 보살핌을 받으며 살다가 28세의 나이로 세상을 떠난다. 당시의 루이의 모습은 육체는 완전히 떠나고 정신만이 남아 있는 형상이다. 서술자에 비친 루이의 모습을 보자.

> 루이는 내 눈에 보이는 그대로 낮이고 밤이고, 시선을 한 곳에 둔 채, 눈꺼풀을 깜박이지도 않고 서 있었다. [……] 세상에! 벌써 주름이 가득하고, 머리는 다 세고, 게다가 장님처럼 흐릿해진 눈에서는 아무런 광채도 찾아볼 수 없었다. 마치 머리 위에서 무엇인가가 얼굴을 잡아당기기라도 한 듯, 발작 때문에 그의 얼굴에 있는 모든 윤곽선이 당겨 올려진 것처럼 보였다. [……] 그의 모습은 마치 무덤에서 파내 온 시체와도 같았다. 그것은 죽음에 대한 삶의 승리, 혹은 삶에 대한 죽음의 승리였다. (153)

그러나 화자는 루이 목소리의 조화로움에 놀라지 않을 수 없다. 자신과 루이의 영적인 결합을 확신하는 폴린은 그에게 있어 모든 것이 정돈되어 있음을 주장한다.

> 분명 루이가 미친 것처럼 보일 테죠. [……] 하지만 광인이라는 단어가 단지 알 수 없는 이유로 뇌가 손상되어 자신의 행동을 전혀 의식하지 못하는 사람들을 지칭하는 것이라면, 그는 미치지 않았어요. 내 남편에겐 모든 것이 완벽하게 질서정연하답니다. [……] 다른 사람들에게 그는 정신 나간 사람으로 보이겠지만, 그의 사유 속에 살고 있는 저에게는 그의 모든 생각이 명쾌하기만 하답니다. [……] 그는 사유의 공간을 끊임없이 날아다니고, 제비처럼 날쌔게 돌아다녔어요. (154-155)

광기의 상태에서 루이가 뱉어내는 말들은 전체적인 조합이 결여된 파편들에 불과하다. 그러나 폴린의 주장처럼 그의 독백들은 나름대로 질서정연한 추론에 근거하며 부조리하지도 비논리적이지도 않다. 오히려 그 말들은 의지와 의욕, 작용과 반작용, 본능, 추상, 특수성이라는 사고의 세 영역에 관한 이론 등 루이의 철학을 논리적으로 설명하고 있다. 이렇듯 루이를 광기와 죽음으로 몰고간 것은 그의 지식이요, 그의 사유이다. 과도한 관념과 사유는 인간의 모든 에너지를 빼앗아감으로써 육체를 무너뜨리고 생명력을 파괴하기 때문에 루이는 광기 속으로 도피하는 것이다.

실어증 환자 스테파니와 광기의 세계

「아듀」에서 우리는 “아듀!”라는 말만 반복하는 실어증 환자 스테파니와 만나게 된다. 그녀는 왜 실어증에 걸렸으며, 그 실어증의 의미는 무엇인가? 필립은 왜 그녀로 하여금 이성을 되찾고 현실 세계로 돌아오게 하는 데 그토록 집착하는가? 현실 세계로 돌아온 그녀는 왜 죽을 수밖에 없나? 이러한 질문을 가지고 「아듀」를 다시 읽어보자.

「아듀」에는 두 가지 이야기가 담겨 있다. 하나는 나폴레옹의 러시아 전쟁 당시 프랑스 병사들이 겪었던 비참한 상황이요, 다른 하나는 그 전쟁터에서 애인과 헤어지면서 받은 정신적 충격으로 인해 실어증 환자가 된 스테파니 드 방디에르의 삶이다.

이 작품은 사냥 나갔던 두 남자가 길을 잃고 헤매다 우연히 야릇한 장소에 이르는 것으로부터 시작된다. 한 사람은 대위 출신의 필립 드 쉬시이고, 다른 한 사람은 그의 친구인 법관 달봉이다. 이들은 그곳에서 이상한 두 여인을 만나는데, 그 여인들은 그들의 질문에 침묵으로 일관한다. 한 여인은 벙어리에 귀머거리인 시골 여자요, 또 다른 여인은 "아듀!"라는 말만 되풀이하는 실어증 증세를 가진 여인이다. 그런데 그 여인의 모습을 본 필립은 기절한다. 그녀가 바로 러시아 전쟁터에서 헤어졌던 그의 애인 스테파니이기 때문이다.

소설은 나폴레옹이 러시아 원정에서 패하던 당시로 시제를 돌린다. 그리고 무대는 러시아의 전쟁터이다. 기아와 추위, 그리고 눈과 싸우면서 처절하게 퇴각하는 프랑스 병사들의 비참한 모습이 적나라하게 묘사된다. 퇴각하던 군인 필립은 애인을 살리기 위해 그녀와 그녀의 남편을 먼저 뗏목에 태워 보낸다. 사랑하는 필립과 멀어져가면서 스테파니는 "아듀!"라고 외친다. 필립의 희생과 노력에도 불구하고 스테파니와 그의 남편은 강을 건너는 데 실패한다. 남편은 죽고, 혼자 살아남은 스테파니는 그 후 온갖 수모를 겪으며 동물처럼 이리저리 쫓겨 다니다가 미쳐버린다. 전쟁이 끝난 후 그녀는 의사인 아저씨에 의해 발견되어 그의 보호를 받으며 그의 집에 살게 된다.

기적적으로 되찾은 스테파니에 대한 사랑이 더욱 커짐에 따라 미쳐버린 그녀의 상태를 점점 더 견딜 수 없게 된 필립은 그녀가 정신을 되찾을 수 있도록 온갖 노력을 기울인다. 우선 그녀가 좋아하는 설탕으로 그녀를 길들이면서 그녀와 친해진다. 그러나 그녀는 아무런 생각 없이 설탕만을 찾을 뿐이다. 절망하던 필립은 마침내 그들의 이별의 장면을 재현하는 연극을 준비한다. 운하를 파고, 배를 띄워 전쟁터의 분위기를 만든 후, 그녀에게 당시와 똑같은 옷을 입히고 자신도 군인 복장을 하고서 그 장면을 연출한다. 이러한 필립의 노력으로 이성을 되찾은 스테파니는 필립을 알아보고 그에게 미소 짓는다. 그러나 그녀는 "아듀!"라는 말만 다시 한 번 반복한 후 죽어버린다.

나는 이 글에서 스테파니의 광기에 대해 언급하고자 한다. 쇼사나 펠만(1978: 142-146)은 이 작품의 가장 중요한 주제인 여성의 광기가 남성중심주의의 이데올로기인 사실주의 개념에 가려져 왔음을 지적한다. 그에 따르면 대부분의 비평가들은 전쟁터를 적나라하게 묘사함으로써 사실주의의 극치를 이룬 작품이라며 이 소설에 대해 찬사를 아끼지 않았던 반면, 스테파니의 광기에 대해서는 침묵했다는 것이다.

여성은 소외된 존재, 결핍된 존재, 침묵해야 하는 존재라는 점에서 광기와 근원적으로 친숙한 존재이다. 이 소설은 이성을 대표하는 남성과 광기를 대표하는 여성 간의 갈등의 드라마이다. 펠만(1978: 148)의 지적대로 이 작품에 등장하는 남성들인 법관 달봉, 군인 필립, 의사 팡자는 각각 법, 힘, 건강을 상징하는 남성성을 소유한 존재들이다. 반면 여성들의 특성은 무성성, 동물성, 그리고 본능 등으로 요약된다. 머리를 풀어헤치고 자연 속에서 즐겁게 뛰어 노는 스테파니의 모습은 동물과 흡사하며, 그녀의 동작은 사슴, 고양이, 강아지 등의 동작에 비유된다. 사랑으로 인한 상처 때문에 미쳐버린 스테파니는 사랑의 좌절로 인해 벙어리가 된 또 다른 여인 주느비에브와 서로를 이해하는 친구가 된다.

이성을 대표하는 남성들과 광기에 빠진 여성들 사이에는 의사소통이 불가능하다. 그녀들은 자신들의 삶에 남성들이 개입하는 것을 허락지 않는다. 두 여인이 살고 있는 공간은 남성들의 눈에는 무질서하고 어둡고 버려진 것처럼 보이며, 그곳은 마치 저주받은 장소, 악마의 집과도 같다. 그러나 두 여인에게 그곳은 조화로운 공간이다.

두 여인의 삶은 동물적이고 본능적이다. 그녀들에게는 억압이 없다. 스테파니가 미치기 전, 다시 말해 그녀가 여성성을 잃기 전에는 그렇게도 꺼리던 설탕을 이제 마음껏 탐한다는 사실은 아름다움을 간직하기 위해 단것을 회피했던 예전의 억압을 벗어버리고 본능적인 쾌락을 추구함을 나타낸다. 알몸으로 있어도 수치심을 느끼지 못한다는 것 역시 자신의 여성성을 포기함을 의미한다. 필립이 참을 수 없는 것은 바로 그것이다. 따라서 필립이 스테파니에게 이성을 되찾아주는 것은 그녀의 여성성을 회복시켜주는 것이다. 여성성의 회복이란 다름 아닌 "파리 무도회의 여왕"이 되는 것, 그럼으로써 "연인의 영광"을 되찾는 것이다. 그것은 남성을 인식하는 것, 즉 여성이 또다시 남성의 욕망의 대상이 되는 것이다. 스테파니가 거부하는 것은 바로 그것이다. 그녀는 성이 개입하지 않는 곳, 성적 욕망이 존재하지 않는 곳에서 행복하기 때문이다. 그녀의 아저씨는 그러한 스테파니의 마음을 이해한다. 그의 말을 들어보자.

> 네가 우리의 불행을 함께 나누지 않는다는 이유로 네가 불행하다고 생각하는 우리는 얼마나 바보인가! [……] 그러나 너는 행복하다. 아무것도 너를 귀찮게 하지 않으니까. 너는 새처럼, 사슴처럼 사는구나. (57)[3]

---

3 「아듀」는 국내에서 번역되지 않아서 원서를 번역하여 인용한다. 참조한 텍스트는 세이유 출판사에서 간행한 『발자크 전집』(1965) 제7권에 수록된 것이다.

아저씨인 의사 팡자가 지적하듯 스테파니가 이성을 되찾도록 하는 필립의 필사적인 노력은 또 하나의 광기이다. 그의 광기는 스테파니에 대한 욕망에서 기인한다. 그는 스테파니를 통해 자신의 남성성을 되찾고자 하는 것이다. "당신은 나의 스테파니, 나는 당신의 필립이오"라고 외치는 필립에게 사랑은 소유이다. 즉 그는 스테파니를 소유해야 하며, 따라서 그의 노력은 욕망의 대상을 소유하기 위한 것이다.

의사가 예견했듯이 필립의 집착과 에고이스트적인 사랑은 스테파니를 죽음으로 몰고 간다. 왜냐하면 그가 찾고자 하는 것은 스테파니라는 거울을 통한 자기 자신이기 때문이다. 스테파니가 거부하는 것도 바로 이것이다. 그녀는 타자의 욕망의 대상이 되기를 거부하고 주체로 남아 있고자 한다. 따라서 치료가 성공하고 이성을 되찾은 후, 더 이상 주체가 될 수 없음을 인식한 순간 그녀는 죽는다. 스테파니가 죽은 후 필립은 자살할 수밖에 없다. 나르시시즘에 상처받은 그는 더 이상 잃어버린 자아를 찾을 수 없기 때문이다.

언어의 문제로 돌아가보자. 광기의 치료는 부서진 언어를 복구시켜주는 것, 즉 의미 없는 언어에 의미를 부여하는 것이다. 필립은 스테파니에게 자신과 그녀의 이름을 외쳐가면서 고유명사의 절대적 의미를 강조한다. 그러나 스테파니는 그것을 받아들이지 않고 광기의 침묵 속에 남아 있고자 한다. 실어증은 일반적으로 언어표상과 사물표상이 구별되지 않을 경우에 생긴다. 스테파니의 실어증은 그녀가 무의식의 사물표상 속에 머물러 있음에 대한 증거이다. 그녀는 무의식 속 사물표상의 세계에 머문 채 언어표상의 세계로 진입하는 것을 거부한다. 즉 그녀는 이성의 언어를 거부한 채, 광인의 언어를 가지고 광기의 세계 속에 머물고자 하는 것이다. 이성의 세계에서는 고통이, 남녀의 갈등과 대립이 존재하기 때문이다. 따라서 스테파니에게 광기는 일종의 도피처요, 안식처이다.

서구이성중심주의의 시각으로 볼 때 과도한 사고로 인해 미쳐버린 루이나 애인과의 이별의 상처 때문에 실어증 환자가 된 스테파니는 스스로 파멸을 선택한 불행한 인간들이다. 그러나 이성중심주의적 사고에서 벗어나 새로운 시각에서 그들을 볼 때 그들의 광기의 세계는 비극적이지 않다. 자연과의 합일이 이루어지고 억압이 없는 세계, 분리가 일어나기 전의 원초적인 세계 속에서 그들은 행복하다. 그들에게서 공통적으로 관찰되는 것은 성의 부정, 즉 남성과 여성 간의 차이 없애기이다. 그리고 그것은 루이가 자신의 철학에서 추구했던 물질과 영혼의 결합이라는 일원론적 사고와 만난다. 남녀 간 성별의 차이가 없어진 상태란 법이나 질서가 규정한 분리 이전의 상태, 혼돈과 무질서와 부조화의 상태이다. 그것은 이성이 아닌 광기의 세계이고, 성의 구별이 존재하기 이전의 무성성의 어린아이의 상태, 즉 근원으로 회귀한 상태이다. 그 속에서 루이와 스테파니는 자연과 교감하며 억압 없이 본능적으로 행동할 수 있다. 그들이 이성을 되찾기를 거부하고 광기 속에 머무는 이유는 바로 거기에 있다.

2 스탕달의 『파르마의 수도원』과 조화로운 광기의 세계

앞서 이미 언급한 바 있거니와 스탕달은 진취적인 사상을 가진 작가임에도 불구하고 광기, 비이성, 착란과 같은 주제에 관심이 많았던 작가이다. 2장에서 살펴본 작가의 첫 소설 『아르망스』와 더불어 그의 나이 56세인 1839년에 출간된 소설 『파르마의 수도원』에도 타인들의 눈에는 이상하게 보이는 광적인 인물들이 등장한다. 『파르마의 수도원』은 몽상적이고 비현실적이며 사회성이 결여된 작품이라는 이유로 다른 작품들에 비해 평가절하된 경향이 있다. 그런가 하면 『파르마의 수도원』에 등장하는 인물들의 광적인 행동들은 시대적 절망에서 연유한 세기말적이고 병적인 현상으로 해석되기도 한다. 그러나 나는 『파르마의 수도원』에 존재하는 광기에서 조화롭고 평화로운 원초적 세계, 니체가 말하는 '어린이의 쾌활함'이 존재하는 근원적 세계에 대한 그리움을 본다.

『파르마의 수도원』은 스탕달이 자신의 정열을 마음껏 발휘하여 쓴 작품이다. 번역본으로 800페이지에 가까운 긴 장편 소설을 단 52일 동안 구술하여 완성했다는 것은 놀라운 일이 아닐 수 없다. 게다가 스탕달의 글쓰기는 발자크의 그것과 달리 즉흥적이고, 한 번 쓴 것을 여러 번 읽으면서 고치지 않는다는 특징을 지닌다. 『파르마의 수도원』은 이러한 즉흥성의 극치라고 할 수 있다. 뿐만 아니라 스탕달은 발자크의 우정 어린 충고도 듣지 않고 처음에 쓴 그대로 『파르마의 수도원』을 출판한다. 그 결과 이 소설은 사실성과 논리성이 결여되어 있다는 비난을 받아왔다. 그러나 바로 이러한 즉흥성에 이 작품의 생명력과 활력이 존재한다.

『파르마의 수도원』과 광기

『파르마의 수도원』에 나타나는 광기는 정신의학에서 말하는 질병으로서의 광기가 아니라, 바보, 멍청이, 이성의 동요, 엉뚱함, 과도함, 행동의 어긋남, 감정의 열정적 요소 등의 사전적 의미를 가지는 광기이다. 이러한 광기에 스탕달은 새로운 위상을 부여한다. 쇼사나 펠만(1971: 58)은 그것이 자유이며, 근원으로의 회귀이며, 존재의 진실임을, 그것은 또한 열정인 동시에 삶의 생명력이요 무한한 에너지의 원천임을 지적한다. 그것은 평범하고 비속한 인간에게는 혐오감과 놀라움을 부여하고, 숭고한 인물에게는 행복을 부여한다.

주인공 파브리스는 세속적 행복을 경멸한다. 사교계에서의 출세나 궁정의 화려함이 부여하는 영광과 명예는 저열한 것이어서 그에게 아무런 기쁨도 주지 않는다. 위대한 공화파 시인 페란테 팔라에게 물질적 행복은 거짓 행복에 불과하다. 그는 더러운 옷을 입고 그의 가족들은 굶주리지만 그는 광인 행세를 하면서 세속적인 삶을 거부한다. 고귀한 두 인물의 열정적인 행동과 꿈, 그리고 그들의 무모한 욕망의 분출은 진정한 행복 찾기에 다름 아니다. 숭고한 광기의 반대편에는 저열한 이성이 자리 잡고 있다. 이성은 부르주아의 논리이며, 돈의 논리이다. 파비오 콘티 장군은 딸 클렐리아에게 왕국 최고의 부호인 크레센치 후작과 결혼하기를 강요한다. 그 결혼은 '이성적인' 행동이며, 그 결혼의 거부는 '미친' 짓이다. 그러나 숭고한 인물 클렐리아는 이러한 저속한 거래를 거부하고 자신의 정열적 사랑에 몸을 던진다.

파브리스 델 동고는 종종 미치광이처럼 행동한다. 예를 들어 나폴레옹 전쟁에 참여하는 그의 행위는 광기에 가깝다. 콤 호수의 아름다운 자연

속에서 사랑하는 어머니, 고모, 누이들에 둘러싸여 최고의 행복을 누리던 그가 갑자기 나폴레옹 전쟁에 참여하기로 결심하는 것은 누가 보아도 미친 짓이다. 게다가 그 사건으로부터 그의 모든 불행은 시작된다. 그런데 파브리스의 나폴레옹 전쟁 참여 일화는 오이디푸스 콤플렉스의 구조에 부합하는 상징적 의미를 지닌다. 파브리스의 아버지 델 동고 후작은 그에게 철저하게 무관심하다. 즉 파브리스에게 아버지는 거의 존재하지 않는다. 그런데 작가는 소설의 서두에서 나폴레옹 군대가 이탈리아에 진입하는 일화를 길게 묘사함으로써, 당시 델 동고 후작의 저택에 머물렀던 로베르 중위가 파브리스의 친부일 수도 있음을 간접적으로 암시하고 있다. 따라서 파브리스의 나폴레옹 전쟁 참가는 그의 아버지 찾기 시도에 다름 아니다. 그러나 그의 아버지 찾기 소망은 곧 좌절되고 만다. 백작이 된 로베르 중위는 그를 알아보지 못했을 뿐 아니라, 오히려 그의 말을 훔쳐 달아남으로써 영원히 사라진다. 로베르 앙드레Robert André(1977: 28)는 말이 흔히 남성성을 상징함을 지적하면서, 파브리스의 말을 빼앗은 로베르 중위에게서 말로 상징되는 힘, 즉 남성의 능력을 박탈하는, 정신분석의 용어를 빌리자면 거세하는 아버지를 본다.

파브리스에게 아버지를 대체하는 인물은 모스카 백작이다. 그는 파브리스의 고모 산세베리나 공작부인의 애인으로서 그녀와 함께 파브리스를 이끌어주는 안내자요, 보호자이다. 그런데 그는 군인이 되고자 하는 파브리스에게 성직자가 될 것을 권고한다. 남성을 상징하는 군인이 아닌 성욕이 금지된 성직자의 길로 파브리스를 인도하는 모스카 백작은 아들을 거세하는 아버지에 다름 아니다. 파브리스에게 체포 명령을 내린 에르네스트 4세 역시 또 하나의 거세하는 아버지를 상징한다. 산세베리나 공작부인을 사랑하는 두 남자에게 파브리스는 연적이 아니던가. 그녀의 사랑은 파브리스를 향하고 있으니 말이다. 이처럼 파브리스는 아버지를 상징하는 인물들로부터 끊임없이 거세된다. 그러한 파브리스를 이끌어주는 진정한 아버지, 선한 아버지는 브라네스 신부와 란드리아니 주교이다. 브라네스 신부는 그에게 천문학적 호기심을 통한 자연의 아름다움과 신비로움을 일깨워준 유년기 시절의 아버지요, 란드리아니 주교는 청년기 때의 아버지이다. 그런데 그들은 모두 성직자, 다시 말해서 무성적 존재들이다. 따라서 정상적으로 오이디푸스의 시련을 극복하지 못한 파브리스는 어른이 될 수 없다.

그의 광기는 전쟁 후 제네바에서 이탈리아로 가는 도중 어느 카페에서 일어난 일화에서도 나타난다. 그는 한 청년과 시비를 벌이다가 싸움을 하게 되는데, 이 싸움에서 그는 다짜고짜 칼을 빼들고 찌르려고 달려든다. 이 미친 행위에는 아무런 필연성도 정당성도 없다. 파브리스의 연애담 역시 이성적 시각에서 볼 때 위험하기 짝이 없는 미친 짓에 불과하다. 여배우 마리에타에 대한 사랑의 경우를 보자. 그는 순간의 쾌락을 위해 생명을 위태롭게 할 만큼 위험한 모험에 뛰어든다. 진정한 사랑이 아님에도 불구하고 그것에 목숨을 건다는 것은 정상인으로서는 이해하기 어려운 행동이다. 결국 마리에타의 애인 질레티를 살해함으로써 그는 수배 인물이 되고 정치적 사건에 휘말려 감옥에 갇히는 신세가 되고 만다. 여가수 파우스타와의 사랑 놀음 역시 아무런 필연성을 지니지 못한다. 단지 사랑을 알기 위해서라는 막연한 이유에서 시작한 이 놀이를 통해서 그가 얻은 것은 아무것도 없다.

파브리스의 광기는 거기서 그치지 않는다. 감옥에 갇힌 그를 구출하고자 하는 고모 산세베리나 공작부인의 노력에도 불구하고 그는 그곳에 남기를 소망한다. "나는 도망가고 싶지 않다. 나는 여기에서 죽고 싶다"는 이상한 답 신호를 받은 공작부인은 그가 완전히 미친 것은 아닌가 하고 생각하기에 이른다. 탈옥 이후, 감옥에서의 생활을 그리워하면서 독살의 위험이 기다리는 감옥으로 스스로 걸어 들어가는 행위 역시 타인들의 눈에는 미친 짓으로 보일 뿐이다.

파브리스의 마지막 광기는 모두를 파멸에 이르게 할 만큼 가장 치명적인 것이다. 사랑하는 클렐리아의 모습을 볼 수 없음을 한탄하면서, 아들에게서 사랑하는 여인의 모습을 보고자 그 아들을 유괴하는 행위가 바로 그것이다. 결국 그 사건은 자신의 아들 산드리노와 클렐리아의 목숨을 앗아가는 결과를 초래했고, 파브리스 역시 파르마의 수도원에서 칩거하다가 일 년을 못 넘기고 죽고 만다.

이외에도 파브리스에 대한 수많은 일화는 그가 타인들과는 다른 이상한 인물임을 보여준다. 그는 안정된 삶보다는 위험한 광기를 추구한다. 다시 말해서 그는 생명력 없는 삶을 보존하는 것을 거부하면서, 목숨을 건 강렬한 삶, 광기에 이를 만큼 과도한 열정의 삶을 선택하는 것이다. 그는 왜 스스로를 광기 속에 내던지는가?

스탕달이 그리는 광기는 사회에 대한 거부의 표현이다. 사회는 질서를 추구하고, 모든 사람이 똑같이 행동하기를 강요한다. 그러나 스탕달의 주인공들은 사회에 편입되기를 거부한다. 사회에 대한 거부를 표현하는 데는 두 가지 방법이 있다. 하나는 사회에 대해 반항하는 것이고, 다른 하나는 사회가 형성되기 이전의 상태로 되돌아가고자 하는 것이다. 파브리스의 광기는 후자에 속한다(Felman, 1971: 136). 그는 사회가 형성되기 이전의 상태를 그리워한다. 유적 발굴과 고고학에 대한 그의 취미는 그러한 전-사회적 삶에 대한 동경을 상징한다. 파브리스는 궁정과 사교계로 대표되는 사회적인 삶을 거부하고, 어머니의 자궁을 떠올리게 하는 감옥 속에서의 고독하고 원초적인 삶, 순진무구한 삶을 선택한다. 여기에 근원에 대한 탐구, 원초적인 것에 대한 향수가 있다. 이러한 파브리스의 광기는 페란테 팔라의 반항적이고 범죄적인 광기와 대조를 이룬다. 페란테 팔라는 법에 저항하고 권위에 도전하는 반항아이다. 그는 군주를 증오하며 그를 독살한다.

어머니의 이미지

『파르마의 수도원』에는 어머니를 상징하는 수많은 기호들이 존재한다. 그중에서도 감옥은 특권적인 기호이다. 스탕달에게 행복한 감옥이라는 주제는 낯설지 않다. 작가는 이미 『적과 흑』에서 행복한 감옥을 그린 바 있다. 그러나 『파르마의 수도원』에서 감옥이라는 공간은 매우 중요한 장치이다. 20년의 성채금고형을 받고 체포되어 파르네제 탑의 380계단을 올라 자신의 감방에 이른 파브리스는 우연히 만난 클렐리아와 마주친 시선, 새들의 노랫소리, 그리고 창문으로 보이는 알프스의 아름다운 경치에 감동되어 황홀한 기쁨을 느낀다.

> 파브리스는 자신에게 닥친 불행에 대해서는 별 생각도 없이 눈앞에 펼쳐진 숭고한 경치에 감동해서 넋을 잃었다. "클렐리아 콘티가 살고 있는 곳은 그러니까 이처럼 황홀한 세계였구나." [……] "정말 이곳이 감옥일까? 내가 그토록 두려워해왔던 곳이 바로 이런 데란 말인가?" (II-81)[4]

4 『파르마의 수도원』의 인용을 위해서는 2010년 민음사에서 출간된 원윤수 · 임미경의 번역본을 참조했다.

높은 탑 속 좁은 방 안에서 바라보는 넓은 지평선, 눈 덮인 알프스의 산봉우리, 그리고 그 주변을 감싸는 정적, 태양에게 인사를 보내는 새들의 울음 소리, 이 모든 것들과 함께하는 파브리스는 행복하기만 하다. 감옥에서 행복을 느끼는 그에게는 오히려 궁정이 유배지이다. 파브리스가 행복을 느끼는 곳, 밖으로 나온 후에도 언제나 되돌아가고 싶은 곳, 그 감옥이라는 공간은 어머니에 대한 상징 기호이다.

그런데 파브리스가 갇힌 감옥은 왕비와 왕자의 근친상간적 사랑을 벌하기 위해 세워진 높은 탑에 위치한다. 어머니와도 같은 산세베리나 공작부인에 대한 파브리스의 사랑을 생각할 때, 그가 근친상간 금지를 상징하는 이 탑에 갇혔음은 매우 의미심장하다. 파브리스는 고모를 열정적으로 사랑하지만 어떤 일이 생기더라도 사랑한다는 말을 하지 않을 것을 다짐한다. 자기는 사랑이라는 열정을 모르는 사람이라고 스스로 단정 짓기도 한다. 공작부인 역시 파브리스에 대한 자신의 사랑이 근친상간적임을 잘 안다. 그런데 파브리스에 대한 클렐리아의 사랑을 잘 살펴보면 그것 역시 모성애적 사랑임을 알 수 있다. 그녀는 감옥에 있는 파브리스를 보살핀다. 독살의 위험이 있을 때 그를 보호하고, 물과 초콜릿을 끈에 매달아 그에게 영양을 공급한다. 로베르 앙드레(1977: 69)가 지적했듯이 끈에 의해 음식을 제공받는 파브리스의 상태는 탯줄을 통해 영양을 공급받는 태아 상태에 비유될 수도 있을 것이다. 파브리스가 탈옥 시 감옥에서 내려올 때 그에게 끈을 제공한 사람은 공작부인과 클렐리아, 즉 두 사람의 상징적 어머니가 아니었던가. 이처럼 어머니를 상징하는 두 여인에 의해 파브리스는 자궁을 상징하는 감옥으로부터 나오게 된다. 따라서 감옥으로 되돌아가는 행위는 모태라는 원초적 상태로 다시 돌아가고픈 근원적 회귀 욕망의 표현에 다름 아니다. 이렇게 볼 때 파브리스의 사랑은 공작부인으로부터 클렐리아로 미끄러져 가지만 두 여인 모두 어머니를 상징하며, 그들은 파브리스에게 있어 상호 보완적인 어머니이다.

공작부인과의 사랑을 애써 부정했던 파브리스가 클렐리아를 사랑할 수 있었던 이유는 무엇일까? 나는 파브리스가 클렐리아를 사랑한 것은 그녀의 천사성 때문이라고 생각한다. 상징적 아버지들에 의해 거세된 파브리스는 여인의 성 앞에서 두려움을 느낀다. 과도한 정열의 소유자인 공작부인 앞에서 파브리스는 뒷걸음친다. 마리에타, 그리고 파우스타와의 연애사건은 공작부인으로부터 벗어나기 위한 하나의 구실에 불과할 뿐, 관능적인 그 여인들 곁에서 그는 아무런 욕망도 느끼지 못한다. 그런데 스스로 정열적인 사랑을 할 수 없는 인간임을 자각하던 파브리스는 클렐리아를 보는 순간 사랑에 빠진다. 그리고 그것은 그녀의 천사적 용모와 시선 때문이었음을 강조한다. 천사에게는 성이 존재하지 않는다. 따라서 클렐리아의 천사적 아름다움은 성이 부재하는 무성적인 아름다움이다. 감옥에서의 두 번의 만남은 모두 성욕의 부재를 상징하는 검은 대리석과 교회에서 이루어진다.

이제 행복한 감옥의 진정한 의미가 무엇인지 알 수 있을 것이다. 감옥은 성이 존재하지 않는 곳, 능동적으로 행동할 필요가 없는 편안한 곳, 탄생 이전의 낙원이다. 그러나 탈옥과 함께 이러한 평안은 깨어지고 만다. 탈옥 이후 파브리스는 잃어버린 낙원을 찾아 다시 감옥에 들어가지만, 그것은 헛된 노력에 불과하다. 두 남녀의 성적 결합으로 인해, 즉 금기가 위반됨으로써, 낙원은 이제 더 이상 존재하지 않기 때문이다.

파르네제의 감옥이 어머니를 상징한다면, 작품 속에 빈번히 등장하는 호수 역시 어머니에 대한 상징 기호이다. 파브리스가 어린 시절을 보낸 콤 호수는 그로 하여금 사회와 동떨어진 자연 상태에서의 행복을 마음껏 느끼게 해준 특권적인 장소이다. 그곳에서 유년기를 보낸 파브리스는 위험에 처할 때마다 그곳으로 피신한다. 생명의 위협 속에서 도망을 다니면서도 호숫가에 이르면 언제나 숭고한 경치에 매료되어 자신의 불행한 처지를 잊고 행복에 젖곤 한다. 그리고 호숫가 풍경에 감동할 때마다 그는 언제나 공작부인을 떠올린다. 이처럼 호수와 공작부인은 하나이다.

광기의 언어와 기호

인간은 자신의 욕망을 말하기 위해 언어를 필요로 한다. 그러나 일단 말해지고, 언어가 되고 나면 그것은 억압적이 된다. 문법 규칙은 모든 충동적 표현을 억압하기 때문이다. 장 스타로뱅스키(1961: 228)는 언어에 대한 스탕달의 불신을 언급한다. 스탕달에게 있어서 "말하는 것은 가면을 쓰는 것"이고 "기표와 기의 사이의 관계는 하나의 규약일 뿐"이어서 감정이 생생할수록 고정된 단어로 표현할 수 없다는 것이다. 스탕달 작품에서의 침묵의 우위성은 이렇게 설명될 수 있을 것이다. 그러나 스탕달은 끊임없이 말하고 끊임없이 글을 쓴다. 말하면 말할수록 부족함을 느끼기 때문일까? 로베르 앙드레(1977: 140)는 15년간 누이 폴린에게 보낸 답장 없는 편지를 상기하면서 멈추지 않는 그의 글쓰기를 언급한다. 즉흥적 글쓰기와 문장 수정 거부는 언어라는 규칙이 가하는 억압으로부터 벗어나고자 하는 일종의 반항의 표현이 아니었을까?

『파르마의 수도원』은 어설픈 외국 병사였던 파브리스가 말의 위력을 발휘하는 웅변가로 변해가는 여정을 그린다. 파브리스에게 있어서 어른이 된다는 것은 언어적 훈련을 받는 것이다. 나폴레옹 전쟁터에서 그를 아끼는 친구들은 그에게 가능한 한 입을 열지 말고 침묵할 것을 충고한다. 그의 서툰 불어는 타인들과의 차이를 드러내기 때문이다. 그러나 그는 말하고 싶은 유혹을 견디지 못하고 말하기를 멈추지 않음으로써 결국 스파이로 오인되어 감옥에 가는 신세가 되고 만다. 이렇게 서툰 불어를 말하는 외국 병사였던 파브리스는 전쟁터에서의 시련과 언어적 훈련을 거친 후 언어를 지배하는 훌륭한 웅변가로 변모한다. 그의 웅변 솜씨는 많은 이들에게 감동을 주며 청중들의 눈물을 자아낸다. 그의 설교가 있는 날이면 유명한 가수가 공연하는 극장이 텅 빌 정도이다. 그런데 그의 설교는 사실상 사랑의 서사시이며, 잃어버린 사랑을 되찾고자 하는 염원의 기도이다. 부재하는 대상을 향한 애절한 말을 보낸 지 14개월 8일 만에 파브리스의 기다림은 결실을 맺는다. 드디어 클렐리아가 그의 말을 듣기 위해 모습을 드러낸 것이다. 그녀를 향한 그의 사랑의 목소리는 너무도 감동적이어서 모든 청중을 울린다. 클렐리아는 파브리스가 기도문의 처음 열 줄을 채 읽기도 전에 그동안 그를 만나지 않고 지내온 것이 무서운 죄악처럼 느껴지기까지 한다. 파브리스는 말의 승리를 통해 클렐리아의 사랑을 되찾는다.

그러나 되찾은 사랑은 곧 사라지고 만다. 언어적 규칙이 상징하는 이성의 세계에 편입될 수 없는 파브리스는 다시 광기의 세계로 돌아가기 때문이다. 파브리스의 극단적 광기의 결과인 아들 유괴는 아들뿐 아니라 사랑하는 여인의 목숨까지 앗아간다. 그리고 파브리스는 수도원에 들어가 침묵한다. 말은 잠시 동안 승리한 후 다시 침묵에 이르게 되는 것이다. 이처럼 『파르마의 수도원』은 침묵의 우위성을 강조하는, 언어와 말의 완전한 포기를 지향하는 소설이다.

그러나 말하고자 하는 욕망을 억제할 수 없는 『파르마의 수도원』의 주인공들은 말할 수 없을 때조차도 언어를 대체하는 시선, 기호, 침묵 등의 기호를 통해 말을 한다. 파브리스가 위험에 처했을 때 클렐리아는 피아노 앞에 앉아 노래하는 척하면서 그에게 독살의 위험을 알리고 자신이 빵과 초콜릿을 보내겠다는 말을 전한다. 파브리스는 성무일과에서 여러 장을 찢어 그것으로 알파벳을 만든 후, 한 글자 한 글자를 포도주에 골고루 부순 숯가루를 넣어 써가면서 클렐리아에게 자신의 사랑을 전한다. 공작부인은 파브리스가 투옥되던 날부터 그와 통신하기 위해 온갖 수단을 다 동원한다. 투옥된 지 173일이 되던 날, 파브리스는 강하게 깜박이는 불빛을 보면서 그것이 자신에게 보내는 신호임을 알아차린다. 멀리서 깜박이는 불꽃의 횟수로, 다시 말해서 불꽃의 횟수가 알파벳 수의 순서와 일치하게 하는 방법으로 그녀는 "지나는 파브리스를 생각한다"라는 신호를 보내고 이에 감동한 파브리스는 자신의 램프 불의 횟수로 "파브리스는 당신을 사랑한다"는 말을 전한다. 꽃도 기호로 작용한다. 클렐리아가 살고 있는 크레센티 후작 저택의 커다란 정원에 들어간 파브리스는 클렐리아가 잘 다니는 길에 꽃다발을 늘어놓아 하나의 언어를 만든다. 꽃으로 전하는 파브리스의 언어를 보면서 클렐리아는 동요되어 때로는 후회로, 또 때로는 주체할 수 없는 정열에 몸부림친다.

『파르마의 수도원』의 주인공들에게 모든 것은 언어이다. 클렐리아에게는 옷 색깔도 언어이고, 방문 앞에 놓인 램프도 언어이다.

> "하지만 당신은 일요일 저녁 무렵에 내가 검은 옷을 입고 늘 있던 창가에 서 있는 모습을 본다면 이런 의미라는 것을 알아주세요. 즉 어두워지면 내가 미약한 힘이라도 최선을 다해 당신에게 필요한 모든 준비를 해놓겠다는 뜻으로 말입니다. 11시가 넘어, 아마 자정이나 1시 무렵에 내 창가에 작은 램프가 켜질 겁니다. 그때가 행동을 시작하실 시간입니다." (II-185)

『파르마의 수도원』에 등장한 수많은 기호 중 가장 멋진 것은 공작부인의 홍수 신호이다. 사형 선고를 받은 파브리스를 탈옥시키는 데 성공한 공작부인은 산세베리나 저택의 저수지 바닥에서 돌 하나를 빼내어 파르마에 홍수를 일으키게 함으로써 페란테 팔라에게 대공을 독살하라는 명령을 전한다. 그들만의 신호를 통해 파브리스에게 사형 선고를 내린 자에 대해 복수하는 것이다.

『파르마의 수도원』의 주인공들이 사용하는 기호는 비밀을 유지하고자 하는 노력의 일환이다. 주교는 파브리스에게 복잡한 체포 명령의 상황을 설명하는 편지를 쓰면서 미묘한 부분을 라틴어와 희랍어로 쓰는 기지를 발휘한다. 또한 파브리스와 공작부인은 의심을 피하기 위해 생략 암호를 쓰기도 하고, 자모의 순서를 바꾸어 임의로 순번을 정하기도 하면서 그들만의 신호 체계를 만든다. 예를 들어 공작부인이 파브리스 구출을 계획하면서, 그에게 탈출 준비가 완료되었음을 알리는 신호로 "성에 불이 붙었다"라는 암호를 사용하면 파브리스는 그에 대한 답으로 "내 책은 탔는가?"라고 답하는 것이다. 이 모든 기호들은 타인의 시선을 피하기 위해 사용하는 비밀 기호들이다. 그들은 왜 비밀을 원하는가?

장 스타로뱅스키(1961: 195)는 스탕달이 가지는 시선에 대한 두려움을 지적한다. 그에 따르면 스탕달이 가명을 사용한 것은 가족적 · 사회적 뿌리를 부정하기 위해서일 뿐 아니라, "타인들과의 단절"을 위해서라는 것이다. 『파르마의 수도원』의 주인공들은 사회라는 규범과 틀로부터 벗어나고자 몸부림치는 이상한 사람들, 미친 사람들이다. 타인들에게 이해받지 못하는 그들은 그들만의 대화를 필요로 한다. 『파르마의 수도원』의 주인공들이 자신만의 언어를 만들면서 비밀의 대화를 원하는 이유는 바로 여기에 있다.

그런데 『파르마의 수도원』의 모든 기호들 중에서 가장 특권적인 자리를 차지하는 기호는 시선이다. 모든 인간은 눈으로 말하며, 눈은 절대 속일 수 없다. 모스카 백작의 아름답고 부드러운 눈은 사랑을 말하고, 에르네스트 4세의 날카로운 눈은 타인을 위압한다. 그 번쩍이는 눈에 대하여 조롱하는 듯한 반짝이는 눈으로 응수함으로써 공작부인은 대공을 제압한다. 그러나 그녀의 거만한 시선은 파브리스를 만나면 이상하게 빛이 나고, 이는 모스카 백작에게 질투심을 불러일으킨다. 위대한 시인이자 공화주의자이고 사형수이기도 한 페란테 팔라의 불을 뿜는 눈은 그가 열정의 소유자임을 나타낸다. 그가 산세베리나 공작부인에게 사랑을 고백할 때는 부인이 겁이 날 만큼 열렬한 눈길을 던지기도 한다. 파브리스와 클렐리아의 사랑은 시선의 교환으로부터 시작된다. 우연으로 보이는 첫 만남부터 그들의 시선은 "마주친 채 떨어질 줄 몰랐다." 체포된 후 마차의 창을 내다보는 클렐리아의 눈과 마주친 파브리스는 파르네제 탑으로 향하는 380계단을 오르면서 자신의 불행은 완전히 잊은 채 다음과 같은 상념에 빠진다.

> '그 눈빛! 그 눈은 얼마나 많은 것들을 이야기하고 있었던가! 참으로 깊은 동정심이었어! 그 소녀는 마치 이렇게 말하는 듯이 보였지. 삶이란 이처럼 불행을 날실 삼아 짠 베와 같군요! 당신께 닥쳐온 일에 대해 너무 괴로워하지 말아요! 우리들은 이 세상에서 불행을 짊어진 채 살아가지 않나요? 라고 말이야.' (II-18)

그날 이후 그들은 서로 말을 하지 않아도 시선으로 대화할 수 있다. 클렐리아와의 만남으로 인해 감옥은 파브리스에게 완전히 새로운 공간으로 변모한다. 감옥은 이제 끔찍하고 무서운 공간이 아니라 사랑하는 연인과 함께할 수 있는 행복한 공간이다. 그러나 두 연인이 주고받는 시선의 만남은 더 이상 허락되지 않는다. 법과 질서를 상징하는 파비오 콩티 장군은 연인들의 만남을 금지하고 파브리스를 위협한다. 따라서 파브리스의 탈출 시도는 금지의 법으로 기능하는 파비오 콩티 장군의 목숨을 대가로 치르고서야 가능하다. 마취약에 의한 장군의 기절은 완화된 형태의 죽음을 상징한다. 사랑하는 연인의 생명을 구하기 위해 아버지를 희생한 클렐리아는 죄의식에 사로잡혀 괴로워한다. "다시는 파브리스를 보지 않겠다"는 성모를 향한 클렐리아의 맹세는 죄의식에 따른 자기처벌에 다름 아니다. 보지 않기로 맹세함은 자신의 눈을 없애는 것으로서, 자신의 신체 거세의 상징적 형태이다. 아버지를 죽이고 근친상간을 범한 오이디푸스는 자신의 눈을 찌르지 않았던가. 그러나 금지된 욕망은 더욱 강렬해질 뿐이다. 보지 않기로 맹세했으나, 사랑하지 않을 수 없는 그들은 밤에만 만나 빛이 없는 속에서 사랑을 나눈다. 그러나 스스로 정한 규칙을 지키고자 보고 싶은 욕망을 억누르는 클렐리아와 달리 파브리스는 클렐리아가 쳐놓은 금지의 한계선을 넘고자 한다. 그는 어둠 속에서가 아닌 밝은 빛 아래서 클렐리아를 보고 싶어한다. 그는 빛을 열망한다. 연인을 볼 수 없음을 견디지 못하는 파브리스는 결국 연인 대신 아들을 곁에 두고 그에게서 연인의 모습을 보고자 한다. 그리하여 그는 아들의 죽음을 위장해 유괴하겠다는 무모한 계획을 세운다. 파브리스의 아들 유괴는 법과 한계에 대한 거부를 상징한다. 그러나 이러한 금지 위반은 아이의 죽음이라는 무서운 결과를 초래한다. 클렐리아는 그들이 아이를 핑계로 낮에도 여러 번 만났음을 상기하면서 자신이 성모께 한 맹세를 위반한 벌로 아이가 죽었음을 자책한다. 그리고 불과 몇 달 뒤 그녀는 숨을 거둔다. 아이는 사랑에 의한 성적 결합의 증거물이다. 따라서 아이의 죽음은 성적 행위에 대한 처벌이다. 클렐리아와 아이의 죽음 후 파브리스는 성이 부재하는 공간인 수도원에 들어가 칩거하면서 침묵한다. 파브리스의 침묵은 또 하나의 거세를 상징한다. 그는 금지를 위반한 죄에 대하여 스스로를 처벌하는 것이다. 그의 탄생과 더불어 심었던 "자기의 나무"인 마로니에의 중요한 가지 하나가 꺾여 말라 비틀어져 있음은 파브리스의 거세를 암시한다.

침묵은 말 이전 상태, 즉 사회 이전 상태를 의미한다. 앞서 나는 파브리스의 광기가 전-사회적임을 지적한 바 있다. 어눌한 말솜씨를 가진 한 병사로부터 감동을 주는 웅변가로, 그리고 결국 다시 침묵하는 수도사로 이동해가는 파브리스의 여정에서 나는 『파르마의 수도원』에 나타난 광기의 의미를 이해하게 된다. 소설의 마지막 장에 붙어 있는 헌사를 통해서도 알 수 있듯이 스탕달의 『파르마의 수도원』이 보여주는 광기의 세계는 "소수의 행복한 사람들"이 머물고 싶은 세계, 사회 탄생 이전의 상태, 법과 제도와 억압이 부재하는 세계, 분리 이전의 원초적 아름다움이 존재하는 세계인 것이다.

3 박지원의 「염재기」와 자아 찾기

「염재기」와 잃어버린 자아

박지원의 「염재기」는 잃어버린 자아를 찾아 헤매는 한 광인의 이야기이다. 그런데 자아 상실에 대한 공포와 그 비극적 결말을 그리고 있는 모파상의 「오를라」와 달리 박지원의 「염재기」는 해학적이고 은유적이며 교훈적이다. 이 글에 등장하는 송욱은 이 책의 4장에서 언급한 바 있는 「마장전」에 등장하는 광인 송욱과 동일한 인물로 보인다. 허위와 위선이 가득한 당대 사회를 비판하면서 그 사회에 편입되기를 거부하고 참사나이로 남고자 했던 광인 중 하나인 송욱이 이 글에서는 사라진 자아를 찾는 광인으로 등장한다.

「염재기」는 크게 세 단락으로 구성되어 있다. 길지 않은 글이니 인용해 가면서 그 의미를 찾아가보고자 한다. 첫 단락은 송욱이 술 취해 자다 깨어보니 자신이 사라졌음을 자각하는 내용이다.

> 송욱宋旭이 술에 취해 쓰러져 자다가 해가 떠올라서야 겨우 잠에서 깨었다. 누워서 들으니, 솔개가 울고 까치가 지저귀며, 수레 소리와 말발굽 소리가 시끄러우며, 울 밑에서는 절구 소리가 나고 부엌에서는 그릇 씻는 소리가 나며, 늙은이의 부르는 소리와 어린애의 웃음소리, 남녀 종들의 꾸짖는 소리와 기침하는 소리 등 문밖에서 일어나는 모든 일을 분별하지 못할 것이 없건만 유독 자신의 소리만은 들리지 않았다.
>
> 이에 몽롱한 가운데 중얼거리기를,
>
> "집안 식구는 모두 다 있는데, 나만 어찌하여 없는가?"

하며 눈을 들어 사방을 둘러보았다. 저고리와 바지는 다 횃대에 놓여 있고 갓은 벽에 걸려 있고 띠는 횃대 끝에 걸려 있으며, 책들은 책상 위에 놓여 있고 거문고는 뉘어져 있고 가야금은 세워져 있으며, 거미줄은 들보에 얽혀 있고, 쇠파리는 창문에 붙어 있다. 무릇 방 안의 물건치고 하나도 없는 것이 없는데 유독 자기만이 보이지 않았다. 그래서 급히 일어나서 제가 자던 곳을 살펴보니 베개를 남쪽으로 하여 요가 깔려 있으며 이불은 그 속이 드러나 있었다. 이에 '송욱이가 미쳐서 발가벗은 몸으로 집을 나갔구나!'라고 생각하고는 매우 슬퍼하고 불쌍히 여겼다. 한편으로 나무라기도 하고 한편으론 비웃기도 하다가, 마침내 의관衣冠을 안고서 그에게 찾아가 옷을 입혀주려고 온 길을 다 찾아다녔으나 송욱은 보이지 않았다. (92-93)[5]

송욱이 술에 취해 자다 깨니 자신의 소리가 들리지 않는다. 집 안팎에서 들리는 자연의 소리, 왁자지껄한 일상의 소리는 여전함에도 불구하고 정작 자신의 소리는 없다. 자신의 소리가 부재함을 의식한 그가 주변을 둘러보니, 옷이며 가구며 일상적 도구들은 모두 제자리에 있는데 자신의 형체만은 볼 수가 없다. 주위의 모든 것은 정상적으로 돌아간다. 그러나 '나'는 없다. 사라져버린 자아와 자신이 사라졌음을 의식하고 그를 찾는 자아, 벌거벗고 나간 미친 자아와 그를 찾는 이성적인 자아, 이렇게 하나의 자아는 둘로 분리된다. 그는 왜 자신이 미쳤음을 증명하듯 벌거벗고 집을 나간 것일까? 그의 광기의 의미는 무엇인가?

이성적으로 볼 때 발광하여 집을 나간 송욱은 자기 정체성을 상실한 정신병자이다. 그러나 정신의학의 잣대를 가지고 송욱을 판단할 수는 없다.

---

5 「염재기」의 인용을 위해서는 2007년 돌베개에서 출간된 신호열·김명호 역, 『연암집』(하)를 참조했다.

송욱의 광기는 연암이 살았던 시대적 상황을 고려할 때 비로소 그 진정한 의미를 이해할 수 있다. 연암이 「마장전」에 등장한 세 명의 광인, 송욱, 조탑타, 장덕홍의 대화를 통해 언급했듯이, 당시 사회는 권세와 이익에 눈이 어두워 친구와의 우정조차 세명리를 위한 수단으로 전락해버린 타락한 사회였다. 그렇다면 진실이 부재하고 권세와 이익에만 눈이 먼 이 현실 세계를 거부하는 일탈자, 자기 정체성을 잃어버린 광인이야말로 진정한 자의식을 가진 자라 아니할 수 없다. 타락한 세계에서 정체성의 상실을 통해 역설적으로 진정한 정체성 획득에 이르게 된다는 것이 이 글을 통해 연암의 주장하는 바이다. 자신의 목소리와 형체를 잃어버린 채 벌거벗고 집을 나간 송욱이야말로 진정한 자의식을 가진 참된 자아라 할 수 있다. 벌거벗음은 미쳤음을 증명하는 동시에 진정한 자유의 획득을 상징하기도 한다. 옷이란 관습과 규약을 상징하기 때문이다.

이제 송욱은 잃어버린 자아를 찾기 위해 점쟁이를 찾아간다.

> 그래서 성城 동쪽에 살고 있는 소경에게 가서 점을 쳐 보니, 소경이 점을 치며 말하기를,
>
> "서산대사西山大師가 갓끈이 끊겨 염주가 흩어졌구나. 저 부엉이를 불러다가 헤아려보게 하자꾸나."
>
> 하고는 엽전을 던지자 동그란 것이 잘도 굴러가 문지방에 부딪쳐서야 멈추었다. 소경이 엽전을 주머니에 집어넣고는 축하하기를,
>
> "주인은 여행을 나가고 나그네는 여의(旅衣, 여행 도중 입을 옷)가 없구나. 아홉을 잃고 하나만 남았으니, 이레가 지나면 돌아오리라. 이 점사占辭가 크게 길吉하니 마땅히 과거에 장원급제하리라."
>
> 하였다. 송욱이 크게 기뻐하여 매양 과거가 열려 선비를 시험할 때면 반

드시 유건儒巾을 쓰고 응시했는데, 그때마다 제 시권試券에다 비점批點을 치고 나서 큰 글씨로 높은 등수를 매겨 놓았다. 그래서 한양漢陽의 속담에 반드시 이뤄질 수 없는 일을 두고 '송욱의 과거 보기宋旭應試'라고 말한다.

식자들이 이 말을 듣고서 말하기를,

"미치긴 미쳤으나 역시 선비답구나. 이러한 행동은 과거에 응시하면서도 과거에 뜻을 두지 않은 것이다."

하였다. (93)

이 두 번째 단락은 은유와 상징으로 가득하다. 우선 송욱이 찾아간 점쟁이는 앞을 보지 못하는 소경이요, 서산대사의 갓끈이 끊어져 흩어진 구슬의 의미를 물어보는 대상은 어둠 속에서만 볼 수 있는 부엉이이다. 여기에는 보지 못하는 자만이 진실을 볼 수 있고, 어둠 속에서만 빛이 존재한다는 역설적 진리가 담겨 있다. 그리스의 오이디푸스 신화에 등장하는 예언자 테이레시아스 역시 앞을 보지 못하는 장님이 아니었던가. 한편 서산대사는 마음을 비우고 자기를 버리라는 불교적 깨달음에 대한 암시로 보이며, 갓끈은 양반을 상징할 것이다. 그리고 갓끈이 끊어져 흩어진 구슬은 신분에 의한 억압으로부터 해방되어 자유를 획득한 자아로 해석될 수 있을 것이다(박수밀, 2002: 153).

놀러 나간 주인은 발광하여 집을 나간 송욱이요, 객은 사라진 송욱을 찾는 이성적 자아이다. 한편 '아홉을 잃고 하나만 남았다'는 점쟁이의 말은 연암의 다른 글과 함께 읽을 때 그 의미가 명확히 드러난다. 정민(2000: 209-210)은 연암이 과거에 합격한 이웃에게 보낸 축하 편지에 과거 시험에 대한 연암의 생각이 잘 드러나 있음을 지적한다. 「하북린과賀北隣科」(북쪽 이웃의 과거 급제를 축하함)에 수록된 그의 편지를 인용해보자.

무릇 요행을 말할 때에는 '만에 하나萬一'란 말을 하지요. 어제 과거에 응시한 사람이 줄잡아 수만 명이나 되었지만 창명(唱名, 급제자 발표)은 겨우 스무 명밖에 아니 되니 이야말로 만에 하나라 이를 만하지 않겠소.

시험장 문에 들어갈 때 서로 밟고 밟히고 죽고 다치고 하는 자들이 수도 없으며, 형제끼리 서로 외치고 부르고 뒤지고 찾곤 하다가, 급기야 서로 만나게 되면 손을 잡고 마치 죽었다 살아난 사람이나 만난 듯이 여기니, 죽을 확률이 십 분의 구라 이를 만하지요.

지금 그대는 능히 십 분의 구의 죽을 확률에서 벗어나서 만에 하나의 이름을 얻었소. 나는 그 많은 사람들 속에서 만에 하나의 영광스러운 발탁을 축하하기 전에, 속으로 사망률이 십 분의 구에 달하는 그 위태로운 장소에 다시 들어가지 않아도 되는 것을 축하할 따름이오.

즉시 몸소 축하해야 마땅하겠으나, 나 역시 십 분의 구의 죽음에서 벗어난 뒤라 지금 자리에 쓰러져 신음하고 있으니 병이 조금 잦기를 기다려 주기 바라오. (404)[6]

과거에 합격한 이에게 보내는 축하 편지치고는 어딘가 이상하다. 아무리 보아도 진정으로 축하하기 위한 편지로는 보이지 않는다. 연암은 무릇 과거시험장이라는 것이 수만 명이 몰려들어 서로 밟혀 열에 아홉은 죽어 나오는 난장판과 다를 바 없으니, 그 시험에 급제한 것에 대해서는 조금도 축하하고 싶지 않고, 단지 이제는 그 아수라장에 끼지 않아도 된다는 사실만을 축하한다고 말하고 있다. 이 글을 읽고 나니 '아홉을 잃고 하나만 남았으니 좋은 징조'라고 한 점괘의 의미가 자연스레 이해된다.

---

6 『연암집』(중), 신호열 · 김명호 역, 2007.

점괘가 길하니 송욱은 과거에 응시한다. 그러나 스스로 비점을 매기고 높은 등수를 매기는 바람에 과거에 낙방한다. 연암 자신, 과거 제도를 거부하고 응시하지 않았으나 주위 사람들의 권유에 못 이겨 마지못해 시험장에 들어가서는 백지를 제출하거나 한가하게 고송과 노석을 그리며 앉아 있기도 했다고 하니, 과거 시험에 응시하여 스스로 높은 점수를 매기고 나온 송욱의 일화는 바로 연암 자신의 경험에 근거함을 알 수 있다. 그런데 어떤 군자는 그런 송욱을 보고 진정한 선비라고 평한다. 과거는 국가 업무를 담당할 인재를 선발하는 국가적 행사이며 선비가 과거에 응시하는 것은 의무인 동시에 권리이다. 송욱은 선비로서의 의무와 권리를 행사하기 위해 선비의 상징 기표인 유건을 쓰고 과거에 응시한다. 그러나 스스로 비점을 매기고 높은 등수를 매기는 행위는 합격을 거부한 의도적 행동이다. 즉 과거에 응시함으로써 선비로서의 의무는 다하되 합격은 거부한 것이다. 그런데 그런 송욱을 보고 군자의 입을 빌려 진정한 선비라 하니 그 얼마나 모순인가? 연암에게 과거란 무엇이며 선비란 어떤 의미를 가지기에 이러한 글을 썼던가?

과거 합격은 국가를 위해 봉사함을 의미한다. 그러나 과거란 국가 봉사의 의무를 부여함과 동시에 개인적인 욕망의 실현 수단이 된다. 따라서 선비가 과거에 합격하여 국가 봉사의 정신은 망각한 채 그것을 출세의 수단으로 삼고 개인적 욕망을 위한 도구로 사용한다면 그는 진정한 선비라 할 수 없다. 반면 비록 과거에 합격하기를 포기했을지라도 국가 봉사의 의무라는 의식을 버리지 않는 자가 있다면 그는 진정한 선비라고 평가될 수 있을 것이다. 조선 후기, 과거마저 타락한 관리들에 의해 정당하게 치러지지 못했던 당시의 상황에서 과거 합격을 거부했다는 것은, 국가 봉사의 의무는 자각하되 부패한 권력은 거부함을 의미하며, 그것은 곧 세속적 욕망에 대해서는 초탈했음을 상징하는 것이다. 따라서 과거에 응시하되 과거에 뜻을 두지 않는 송욱은 개인적 욕망을 포기한 진정한 선비로 평가될 수 있는 것이다(이현식, 2002: 266-267).

다음에 인용한 세 번째 단락은 계우와의 대화 내용이다. 연암은 송욱의 일화를 말하다가 갑자기 계우 이야기로 넘어간다. 게다가 두 이야기는 서로 무관해 보인다. 그러나 송욱과 계우의 이야기 사이의 연관성을 잘 파악할 때 비로소 이 글의 진정한 의미를 이해할 수 있다.

> 계우季雨는 성격이 소탈하여 술 마시기를 좋아하고 목청을 높여 노래하면서 스스로 주성酒聖이라고 호를 지었다. 세상에 겉으로는 씩씩한 체하면서도 속으로는 나약하기 이를 데 없는 사람을 보면 마치 자기 몸이 더럽혀지기나 한 듯 구역질을 하였다.
>
> 내가 그에게 장난삼아 말하기를,
>
> "술에 취하고서 자신을 성인이라 일컫는 것은 '미친 것狂'을 숨긴 것이거니와, 그런데 심지어 취하지 않고서도 반성하지 않는다면 '큰 미치광이大狂'에 가깝지 않겠는가."
>
> 하니, 계우가 수심에 잠겨 한동안 있다가,
>
> "그대의 말이 옳소."
>
> 하고는, 드디어 그 당堂의 이름을 '염재念齋'라 짓고 나에게 기記를 써 달라고 부탁하였다. 이에 송욱의 일을 써서 그를 권면하는 바이다. 저 송욱은 미치광이이기는 하지만 그 또한 스스로 노력한 자이다. (94)

계우가 누구인지는 잘 모르나 연암의 다른 글에 『증계우서贈季雨書』가 있음을 감안할 때 계우 역시 실존 인물일 것으로 추정된다(박수밀, 2002:

148; 이현식, 2002: 258). 계우는 호방하고 술을 좋아하는 사람이다. 그는 겉은 번드르르하고 속이 유약한 사람들을 보면 더럽다 하며 토할 듯이 피했다. 이 부분은 『논어』의 「양화」편에 나온 "겉으로는 근엄한 척하지만 속으로는 나약한 사람은, 소인에 비유하면 담을 뚫거나 담을 넘는 도적과 같다"는 대목에서 그 출전을 찾을 수 있다(이현식, 2002: 278에서 재인용). 이는 계우의 곧은 성품을 표현하기 위한 수사이다. 계우는 이처럼 더러운 세상과 타협하지 않고, 거짓과 위선에 찬 인간을 혐오하는 자신을 '주성'이라 지칭한다.

그러나 연암은 술 취해 성인이라 자칭하는 것은 미친 것을 감추려 함에 지나지 않으니 술에 의존하지 않고 생각을 없앰으로써 큰 미치광이가 되라고 충고한다. 술에 취함은 도피를 위한 수단에 지나지 않으며, 취하지 않고 생각을 없애야만 세상으로부터 자유로운 큰 미치광이가 될 수 있다는 것이다. 이처럼 연암은 '생각이 없음'에서 진정한 광의 의미를 본다. 그리하여 계우는 자신의 집에 생각이 없다는 '망념'의 의미를 부여하여 '염재'라 하고 연암에게 글을 부탁한다. 이에 연암은 진정한 선비였던 광인 송욱의 일화를 써서 계우를 권면하고 연암 자신도 권면한다. 이처럼 송욱의 일화는 계우에게 가르침을 주기 위한 것이다. 이 글의 핵심은 '생각이 없음'에 있다. 그런데 생각을 없애라는 말은 과연 무슨 의미인가? 생각을 없앰이 과연 가능한가? 어떻게 생각을 없앨 수 있단 말인가?

박수밀은 연암의 또 다른 작품 「이존당기以存堂記」를 인용하면서 생각이 없음의 의미를 되새기고 있다. 이 글에는 계우와 동일해 보이는 인물 장중거가 등장한다. 장중거는 술을 좋아하고 호기를 부려 취중 실언이 많기에 사람들이 그를 미친 선비라 손가락질했다. 이에 그는 사람들의 비난을 피하기 위해 '이존당'이라는 집을 짓고 칩거한다. 그러나 연암은 장중

거의 잘못을 비난한다. 연암에 의하면 몸을 보존하기 위해서 산골에 숨어 사는 것은 술에 의지하는 것과 마찬가지로 외부의 사물에 의탁하여 몸을 감추는 행위에 불과하다. 반면에 몸을 보존하는 가장 좋은 방법은 '내 몸을 내 몸 속에 숨겨주는 것', 즉 자신의 마음이 흔들리지 않게 하는 것이다. 다시 말해서 자기를 지키기 위한 가장 좋은 수단은 자기 자신의 마음을 다스리는 것이다. 이는 「염재기」에서 말하는 망념, 즉 '생각이 없음'과 다르지 않다. 망념이란 '세상의 시비로부터 벗어나 무념의 마음으로 자연스러움에 맡기는 것이니, 이를 통해서만 진정한 자유를 얻게 되고 세상에 대한 아무런 고민과 두려움도 지니지 않을 수 있게 된다'(박수밀, 2002: 152)는 것이 연암의 가르침이자 교훈인 것이다.

「염재기」의 주제와 광기의 의미

「염재기」는 계우에게 광인 송욱의 선비성을 모범으로 삼으라고 가르치는 교훈적 이야기이다. 그렇다면 송욱의 광기는 어떤 의미를 지니기에 선비의 모범이 되는 것일까? 연암에게 있어서 광기는 부정적이고 병적인 요소가 아니요, 긍정성을 획득한 건강한 광기이다. 그것은 병든 당대 현실 속에서 진정한 선비다움을 추구하는 한 지식인의 고뇌를 표현하기 위한 일종의 문학적 장치이다. 정의가 구현되지 못하고 부조리와 악이 판을 치던 당대 현실 속에서 크게 미친 사람은 오히려 진실한 인간이 아니겠느냐 하는 연암의 생각이 이 글에 담겨 있는 것이다. 그러나 광기에 긍정성을 부여한 것은 연암 고유의 생각이 아니다. 이 책의 서론에서 이미 언급했듯이, 공자는 『논어』에서 '광'의 의미에 긍정적인 의미를 부여하면서 광인을 진취적인 사람 혹은 뜻이 높은 사람으로 평하고 있으며, 맹자도 공자의 말을 인용하여 광인은 '뜻이 높고 커서 행실이 말을 가리지 못하는 사람'(『맹자孟子』「진심장구 하盡心章句 下」; 박수밀, 2002: 144)이라 일컫고 있다. 연암의 다른 글 『열하일기』 중 광기와 관련된 글을 인용해보자.

> 나는 한 누각에 올라 난간에 기댄 채 탄식했다.
>
> "이 세상에 진실로 한 사람의 지기만 만나도 아쉬움이 없으리라."
>
> 아아, 사람들은 늘 스스로를 보고자 하나 제대로 볼 수가 없다. 그런즉 때로 바보나 미치광이처럼 다른 사람이 되어 자신을 돌아볼 때야 비로소 자신이 다른 존재와 다를 바 없음을 알게 된다. 그리고 그런 경지에 이르러야 비로소 얽매임이 없이 자유로워진다. 성인은 이 도를 운용하셨기에 세상을 버리고도 번민이 없었고, 홀로 서 있어도 두려움이 없었다. 공자는 '남이 나를 알아주지 않더라도 성내지 않는다면 또한 군자가 아니겠느냐' 했고, 노자도 역시 '나를 알아주는 이가 드물다면 나는 참으로 고귀한 존재로다' 했다. 이렇듯이 남이 나를 알아주기를 원치 않아서 자신의 옷을 바꾸기도 하고, 자신의 외모를 바꾸거나 이름을 바꾸는 경우도 있었다. 이는 곧 성인과 부처, 현자와 호걸 등이 세상을 하나의 노리개 정도로 간주하여, 천하를 다스리는 것과도 그 즐거움을 바꾸지 않는 까닭이다. [……] 여기에 나는 성인도 되고 부처도 되고 현자도 되고 호걸도 되려니, 이러한 미치광이 짓은 기자箕子나 접여接輿[7]와 같으나 장차 어느 지기와 이 지극한 즐거움을 논할 수 있으리오. (「관내정사關內程史」 8월 4일, 100)[8]

7 기자는 거짓으로 미쳐서 종이 된 사람이고, 접여는 전국시대 초楚의 광사

8 텍스트의 인용을 위해서는 2008년 그린비에서 출간된 고미숙, 길진숙, 김풍기가 엮고 옮긴 『열하일기』(하)를 참조했다.

이는 북경을 여행하던 연암이 자신의 외로운 처지를 생각하며 쓴 글로서, 멀리 이국 땅에서 자신을 알아주는 진정한 친구 하나 없지만 미치광이가 되어 저 아닌 남이 되어 저를 볼 때 비로소 자신을 진정으로 알게 될 것이라는 내용을 담고 있다. 이 글에서 박지원은 권세와 이익에 눈이 먼 이 세상에서 진정한 친구를 사귈 수 없는 현실을 지각하고 진정한 자아를 찾기 위해서는 큰 바보나 미치광이가 되어 자아를 버림으로써 자아를 바라볼 수 있다(비아관아非我觀我)는 결론을 내린다. 그렇게 될 때 세상을 버리고도 편안할 수 있고 외로워도 두려움이 없어진다는 것이다. 공자가 말하듯 남이 알아주지 않아도 노엽지 않고, 노담이 말하듯 남이 나를 알아주지 않음으로써 나는 더욱 고귀한 존재가 된다. 이처럼 성인과 불자와 현인과 호걸은 기자나 접여와 같이 미치광이들이요, 그 광기의 즐거움은 무엇과도 비교될 수 없을 것이다. 이는 벌거벗은 채 길거리를 활보하는 광인 송욱의 모습과 다르지 않으며, 비아관아의 철학 역시 하나의 자아가 둘로 분리되어 자신을 잃어버림으로써 진실한 자신의 모습을 바라볼 수 있게 된 송욱과 같다.

연암이 살았던 18세기 조선 후기는 부패하고 타락하여 희망을 찾기 어려운 혼탁한 사회였다. 과거마저 타락한 관리들에 의해 등락이 좌우될 정도로 부패했던 조선 후기, 진리는 과연 무엇인지, 진실한 인간은 과연 어떤 사람인지에 대해 끊임없이 묻고 답하는 시대의 지식인 연암의 고뇌는 송욱의 광기를 통해 우리에게 생생히 전달되고 있다.

6장 예술과 광기

1 발자크의 절대 탐구와 예술: 「미지의 걸작」과 「강바라」

발자크 작품에는 최고의 음악, 최고의 미술을 창작하기 위해 일생을 바친 천재 예술가들이 존재한다. 프렌호퍼는 완벽한 걸작을 그리고자 하고, 강바라는 절대적인 조화를 이룬 음악을 작곡하고자 한다. 그러나 그들이 심혈을 기울여 완성한 작품을 이해하는 사람은 아무도 없다. 사람들이 볼 때 그들은 광인에 불과하고 그들의 노력은 파멸을 가져올 뿐이다. 그들은 실패한 천재들이다.

발자크는 일찍이 광기를 천재성의 극치로 이해했다. 루이 랑베르는 천재적인 철학자인 동시에 광인이었으며, 금강석을 발견하고자 재산을 탕진하고 가족을 파산시킨 후 자신도 파멸하기에 이르는 『절대 탐구』의 발타자르 클라에스 역시 천재적인 과학자이자 광인이었다. 철학, 과학, 그리고 예술 분야의 천재들을 그리면서 발자크는 그들에게 광기를 부여한다.

「미지의 걸작」과 「강바라」의 예술론

「미지의 걸작」은 1831년에, 그리고 「강바라」는 1939년에 각각 출판되었다. 그런데 「강바라」에서 전개되는 음악 이론은 그보다 8년 앞서 발표한 「미지의 걸작」의 미술 이론보다 훨씬 복잡하고 세부적이다. 이를 통해 독자들은 이 두 작품이 집필되는 사이에 작가의 예술론에 많은 발전이 있었음을 알 수 있다. 그러나 두 작품에서 볼 수 있는 예술론의 뼈대는 동일하다. 절대적 예술을 추구하는 이들 예술가에게 있어서 예술은 관념이며, 시이다. 그리고 그들은 그런 생각을 그림이나 음으로 표현하기에 앞서 언어로 표현한다. 아름다운 음악 자체보다도 음악에 대한 이론을, 아름다운 형상보다도 미술론에 더욱 집착하는 것이다. 그러기에 그들은 루이 랑베르와 마찬가지로 사유의 희생자들이다.

강바라와 프렌호퍼는 새로운 음악과 새로운 미술을 창조하고자 한다. 강바라는 멜로디만을 중시하던 이전의 음악가들과 달리 전체의 조화를 생각한다. 특히 그는 음악에서의 과학의 중요성을 강조한다. 그에게 있어서 음악이 예술이 될 수 있는 것은 그 과학 이론이 영감을 주기 때문이다. 그에 의하면 음악에서 사용하는 음이란 다양한 원소로 구성되어 있는 공기의 변형이며, 빛의 다른 형태이다. 그러므로 음악은 예술인 동시에 과학이다. 음악가가 되기 위해서는 박식해야 하는 이유도 바로 거기에 있다. 이처럼 관념과 사유를 중시하는 음악 이론을 언어로 표현하고자 하는 강바라의 주장은 음악에서 감동과 영감을 찾고자 하는 앙드레아의 주장과 대립된다. 그의 눈에 강바라는 음악가라기보다 시인으로 보인다.

프렌호퍼가 추구하는 미술 역시 강바라가 추구하는 음악과 이론적으로 크게 다르지 않다. 그에 따르면 미술에서 선이나 색채는 중요하지 않다.

프렌호퍼에게 중요한 것은 빛의 분배와 빛의 차이에 따라 자연스레 나타나는 조화로운 '면'이다.

> 엄격히 말하자면 데생은 존재하지 않아! [……] 인간이 대상에 대한 빛의 효과를 이해하는 방법이 바로 선이라네. 하지만 모든 것이 가득 찬 자연에는 선이 없다네. 우리는 형상을 빚음으로써, 말하자면 사물을 그것이 놓인 배경에서 떼어냄으로써 데생을 하는 것이므로 빛의 분배만이 육체에 외관을 부여하지! (100)[1]

화가에게는 실습과 관찰만이 중요하다고 주장하는 포르뷔스와 달리 프렌호퍼는 미술 작품에서 추론과 시를 추구한다. 그에 따르면 미술가는 단순한 모사가가 아니라 시인이어야 한다는 것이다. 프렌호퍼에 대하여 "미술가라기보다는 시인이다"라고 외치는 푸생의 평가는 "당신은 음악가라기보다 시인이구려!"라는 앙드레아의 말과 만난다. 그들은 음에 의한 음악보다, 선과 색채에 의한 미술보다, 언어로 엮어진 음악 이론과 미술 이론에 충실한 시인들이다.

그러나 그들의 언어는 불완전한 언어, 찢긴 언어, 즉 광인의 언어이며, 그들이 음과 색으로 표현하는 예술 역시 이성적인 사람들에게 이해되지 않는 이상한 음악, 이상한 미술이다. 강바라가 만들어내는 소리는 "불협화음", "이상한 부조화", "끔찍한 부조화", "불가능한 음악"이며 귀청이 찢어질 듯한 괴성에 불과하다. 그리고 프렌호퍼가 평생을 바쳐 완성한 그림은 이상한 선들로 계속 덧칠해져 더덕더덕 쌓인 희미한 색채의 카오스

1 「미지의 걸작」의 인용을 위해서는 1997년 문학과지성사에서 출간된 이철 역 『사라진느』에 수록된 텍스트를 참조했다.

에 불과하다. 프렌호퍼는 평생을 바쳐 완성한 그림 앞에 서서 그 완벽함에 도취되지만 사람들은 그림에서 혼돈스런 색채 덩어리와 캔버스 구석에 숨어 있는 벗은 발 한 쪽만을 볼 뿐이다.[2]

> "아아! 아아!" 그가 외쳤다. "자네들은 이토록 완벽한 것은 기대하지 못했을 것이네! 자네들은 여자 앞에 있으면서도 그림을 찾고 있어. [……] 사실 난 칠 년 동안 햇빛과 대상의 결합 효과를 연구했네. [……] 아아! 누가 무릎 꿇고 경배하지 않겠는가? 살결이 파닥거리고 있어. 그녀가 일어나려고 하네. 기다리게."
>
> "뭔가 보이세요?" 푸생이 포르뷔스에게 물었다.
>
> "아니, 자네는?"
>
> "아무것도." [……]
>
> "보이는 것이라고는, 혼란스럽게 쌓인 색깔들이 수많은 기이한 선에 의해 억제되어 그림벽을 형성하고 있는 것뿐입니다." [……]
>
> 가까이 다가선 그들은 캔버스의 구석에서 벗은 발 한 부분을 보았다. [……] 그들은 믿어지지 않는 어떤 것으로부터, 느리고도 점진적인 파괴로부터 빠져나온 그 파편 앞에서 감탄하여 아연실색했다. (120-121)

결국 그 예술가들은 아무것도 생산하지 못한 채 파멸한다. 오케스트라를 대체할 수 있는 최고의 악기를 생산하고, 최고의 오페라를 작곡하고자

2 파편화된 육체의 한 부분에 대한 집착은 도착증의 하나인 절편음란증에 해당된다. 도착증은 어머니의 거세를 부인하는 경우이다. 도착증 환자는 어머니한테 남근이 결여되어 있다는 사실을 지각하지만, 그러한 외상적 지각의 현실을 받아들이지 못하고 거부한다. 여기서 음란절편은 어머니에게 결여된 남근의 대체물이다.

했던 강바라는 아무것도 이루지 못한 채 아내로부터 버림받고 비참한 생활을 한다. 최고의 아름다움을 가진 그림 속 여인에 대한 사랑에 빠져 있던 프렌호퍼는 그 그림이 아무것도 아닌 색채 덩어리에 불과하다는 사실을 깨닫는 순간 자신의 작품들을 모두 불태우고 자신도 죽어버린다. 그들은 왜 천재적인 재능에도 불구하고 성공하지 못하는가? 그들의 광기는 무엇 때문인가? 이러한 질문은 나로 하여금 앞서 살펴본 루이 랑베르에 대한 논의로 되돌아가게 한다. 그들의 문제 역시 루이와 마찬가지로 거세로 설명될 수 있기 때문이다. 그들의 불능은 최고의 철학을 추구했고 『의지론』을 집필하고자 했던, 그러나 아무것도 쓸 수 없었던 루이의 그것과 만난다.

예술가의 광기와 거세의 테마

아무것도 생산할 수 없는 강바라와 프렌호퍼는 루이처럼 거세된 자들이다. 그들의 정열은 지성을 위해 불살라졌다. 아니, 그들의 정열 역시 여인들에 대한 욕망의 좌절로 인해 지성으로 전이되었다고 말하는 편이 더 정확할 것이다. 강바라의 아내 마리안은 루이의 연인 폴린과 크게 다르지 않다. 사랑이라기보다는 모성애로 남편을 보살피면서 자신을 희생하는 헌신적인 여인, 천사적 여인이다. 한편 프렌호퍼는 "완전한 여인", "찾을 수 없는 비너스", "존재하지 않는 여인", 즉 상상 속의 여인에게서 사랑을 찾는다. 완전한 여인이 담겨 있는 그의 작품은 그 자체가 정열이다. 자신의 화실에서 태어난 그녀는 아무에게도 보여줄 수 없는 자기만의 여인이다. 따라서 그녀를 향한 다른 남자의 시선을 그는 견딜 수 없다. 이처럼 양상은 다를지라도 강바라나 프렌호퍼는 루이와 마찬가지로 성이 개입되지 않는 영원한 천사의 사랑, 백색의 사랑을 추구한다. 그리고 이러한 성에 대한 거부는 그들을 지성의 세계로, 예술의 세계로 이끈다. 그러나 그들은 거세되었기에 아무것도, 그 어떤 예술 작품도 생산하지 못한다.

그들의 광기는 일종의 도피이다. 그리고 그것은 그들 자신이 의식적으로 선택한 것이다. 강바라의 광기를 치료하고자 하는 앙드레아의 노력이 실패할 수밖에 없는 이유는 바로 거기에 있다. 마리안의 사랑을 얻을 목적으로 앙드레아는 강바라에게 이성을 돌려주고자 한다. 그리고 그것은 술에 의한 치료를 통해서 행해진다. 강바라는 의식이 있을 때에는 비이성적이지만, 술에 취해 의식을 잃으면 이성을 되찾기 때문이다. 취기가 있는 동안은 모든 것이 잘되는 듯하다. 잠시 감동적인 음악을 연주하기도 한다. 그리고 순간적으로 남성성을 되찾아 마리안으로부터 사랑받기를 원하기도 한다. 그러나 자신이 이성을 되찾았음을 느끼는 순간 그는 다시 광기로 돌아간다. 광기는 그에게 도피처이며, 광기 속에서만이 그는 행복하기 때문이다. 그는 치유되고 싶지 않은 것이다.

프렌호퍼의 경우 광기 속에서 상상의 여인을 사랑하는 동안 그는 행복했다. 그러나 그의 행복은 타자의 시선이 그녀를 보는 순간 깨져버린다. 카오스 덩어리뿐인 캔버스 앞에서 육체의 파편에 불과한 발 한 쪽을 통해 상상의 여인을 보면서 황홀해하던 그는 "하지만 그는 조만간 그의 캔버스에 아무것도 없다는 것을 알게 될 것입니다"라는 푸생의 말을 듣는 순간 이성의 상태로 되돌아온다. 그러나 이성적 세계는 그에게 고통을 줄 뿐이다. "잔혹한 고뇌가 서린" 얼굴로 그림을 응시하던 그는 곧 자신의 이성을 거부하고 광기의 상태로 돌아간다. 그리고 자신이 그린 모든 작품을 불태운 후 스스로 죽음을 택한다. 이성의 세계에서는 그가 설 자리가 없기 때문이다.

2 김동인의 예술론: 「광염 소나타」와 「광화사」

천재인 동시에 광인이었던 예술가들의 이야기는 김동인의 작품에도 등장한다. 김동인의 문학적 특성은 특히 '미'를 최우선으로 하는 그의 심미적인 태도에 있다. 일본 유학 시절 미술학교에서 미학을 공부했던 그에게 회화적 상상력을 통한 미의식은 그가 일생 동안 추구했던 문학의 목표이기도 했다. 김동인은 자신의 탐미주의적인 태도를 이렇게 설명하고 있다.

> 나는 선과 미, 이 상반된 양자의 사이에 합치점을 발견하려 했다. 나는 온갖 것을 '미'의 아래 잡아넣으려 했다. 나의 욕구는 모두 다 미다. 미는 미다. 미의 반대의 것도 미다. 사랑도 미이다. 미움도 또한 미다. 선도 미인 동시에 악도 또한 미다. 가령 이런 광범한 의미의 미의 법칙까지 위반되는 자가 있다 하면, 그것은 무가치적 존재다. (「조선근대소설고」, 이문구, 1995: 10에서 재인용)

오로지 미를, 미만을 최고의 가치로 인정하고자 하는 그의 이 고집스런 주장은 춘원 이광수 문학의 도덕적이고 윤리적인 선의식과 대립된다. 그것은 당대 최고의 작가였던 이광수가 표방하는 '선'의 미학과 계몽주의적인 태도에 대한 반발로 보이기도 한다. 김동인에게 이광수가 일종의 경쟁자로서의 '상징적 아버지' 역할을 했다는 점을 고려할 때 그의 이러한 태도는 자연스럽게 이해되기도 한다. 일생 동안 김동인은 이광수를 의식한 듯, 그와 다른 길을 택함으로써 그에 대해 가지는 열등감을 극복하고자 했던 것이다.

이처럼 '미'를 최고의 선으로 생각하면서 악마저도 미로 인정하는 김동인은 한국 최초의 탐미주의 작가이며 그의 탐미주의적 성향은 광기를 소재로 한 「광염 소나타」와 「광화사」에서 극치를 이룬다. 「광염 소나타」의 백성수는 폭력과 살해를 서슴지 않는 범죄자이며 「광화사」의 솔거 역시 살인자이다. 그러나 그들의 광기 어린 폭력 행위는 예술 창작의 원동력이 된다.

「광염 소나타」와 백성수의 광기

「광염 소나타」는 1929년 1월 1일부터 12일까지 중외일보에 연재되었던 단편 소설이다. 이 소설은 '나', 음악비평가 K씨, 그리고 천재적 음악가 백성수라는 세 명의 서술자로 구성된 삼중의 액자 소설이다. 김동인은 작가 자신의 존재를 드러냄과 동시에 소설의 허구성을 강조하기 위해 흔히 액자 소설의 형식을 즐겨 사용했던 작가이다. 「광염 소나타」 역시 서술자 '나'를 통해 이야기의 시간과 공간, 그리고 주인공 이름의 무작위성을 서술함으로써 이야기의 허구성을 강조할 뿐 아니라, 이야기를 이끌어 가는 자는 전지전능한 작가 자신임을 보여주고 있다. 또한 음악비평가 K씨를 등장시켜 그의 입을 통해 작가의 예술론을 펼쳐 보이기도 한다. 그렇다면 백성수의 광기와 그의 예술 창작, 그리고 범죄 욕망의 원천은 과연 무엇이며 그의 광적인 행위 뒤에 숨은 무의식은 무엇일까?

백성수는 타고난 천재적 음악가이다. 그러나 그의 천재성은 방화, 시체 유린, 시간屍姦, 살해 등의 폭력적이고 광적인 행위를 통해서만 발휘된다. 결국 그는 정신병원에 감금된다. 그런데 음악평론가 K씨는 최고의 예술 작품이 탄생하기 위해서라면 그 어떤 범죄 행위도 용인될 수 있다고 말하면서, 변변찮은 범죄를 구실로 위대한 천재를 없애는 것이 더 큰 죄악이라고 주장한다. 작가는 K씨의 입을 통하여 예술을 위해서는, 악도 미라는 자신의 탐미주의적 세계관을 명백히 드러내고 있는 것이다. 기존의 많은 연구들은 동인의 미적 특성이 무엇인지, 그가 주장하는 탐미주의가 이 소설에서 어떻게 구현되었는지에 대해 많은 관심을 가져왔다. 그러나 나는 여기서 작품 속에 나타난 폭력과 광기의 양상을 살펴보고, 그것의 정신분석적 의미를 생각해보고자 한다.

백성수의 광기를 살펴보기 위해 우선 그가 작곡한 음악의 특성을 살펴보자. 작가는 백성수의 음악을 표현함에 있어 광포, 야수, 야성, 남성적 등의 용어를 여러 차례 강조하여 사용한다. 이문구(1995: 69)는 이러한 백성수 음악의 특징에서 한국 동양화가 가지는 강력한 힘의 미학을 읽어낸다. 그에 따르면 조선 후기부터 우리의 회화를 지배해온 강하고 힘차고 역동적인 묵선의 느낌을 백성수의 음악에서 느낄 수 있다는 것이다. 일본에서 미술과 미학을 공부했던 김동인인 만큼 이문구의 지적은 다분히 타당성이 있어 보인다.

그런데 대부분의 비평가들은 백성수 음악의 야성성과 광포함에 주목할 뿐, 그의 음악이 가지는 무기교, 무규칙, 무법칙의 특성에는 그다지 많은 관심을 기울이지 않는다. 하지만 작가는 여러 차례에 걸쳐 백성수 음악이 작곡의 법칙에 위배되는 것임을 강조한다. 그의 음악은 아름답고 조화로운 음악이 아니라 여러 음들을 "범벅으로 섞어놓은" 불협화음에 가까운 음악이며, "작곡상 온갖 법칙에 어그러진다." 또한 그는 작곡에서 금칙으로 여겨지는 병행오팔도까지 집어넣는가 하면 스케르조는 온전히 뽑아먹는 등 작곡의 규칙을 위반한다. 따라서 그의 음악은 "대담"하고 "무식"하고 "방분"한 느낌을 준다. 그런데 그의 열정과 감흥, 소름 끼치도록 무서운 감정의 발현은 오선지 악보 앞에서 사라져버린다. 악보에 표현된 음악은 "아무 긴장도 없는 싱거운", 힘없는 음계에 불과하다.

야성적인 음악, 규칙을 무시하고 금기마저 깨뜨린 백성수의 음악, 그리고 악보 앞에서의 그의 무력감을 어떻게 설명할 수 있을까? 이러한 규칙 위반, 법에 대한 거부는 정신분석적으로 말하자면 아버지와의 상징적 동일시에 대한 거부이며, '아버지의 이름'에 대한 거부에 다름 아니다. 그것은 또한 상징계로의 진입을 거부하면서 법과 질서를 받아들이지 않는 것이다.

백성수는 아버지를 모르는 유복자이다. 그러나 어머니의 담화를 통해 아버지의 존재는 전제된다. 그런데 그 아버지는 백OO로만 존재하는 이름 없는 존재일 뿐 아니라 광포한 존재, 술만 마셔대는 구강기에 고착된 도착자, 폐인, 즉 어른이 되지 못한 존재, 상징계에 이르지 못한, 고로 금지를 행할 수 없는 존재이다. 따라서 백성수에게 상징으로 존재하는 아버지의 이름은 기능하지 못한다. 백성수의 아버지가 이름 없는 백OO로 등장한다는 사실은 대단히 흥미롭다. 아버지가 부재하는 백성수에게 아버지의 이름으로 기능하는 자는 다름 아닌 어머니이다. '교양 있고 어진', 다시 말해서 법과 질서를 상징하는 백성수의 어머니는 아들의 교육을 위해 헌신하며, 아들을 온량한 사람으로 키운다. 어머니의 교육을 통해 아버지의 기능을 받아들임으로써, 그는 법과 질서에 순응하는 자, 즉 상징적 질서에 편입된 사람으로 자란다. 그리고 아버지로부터 물려받은 광포함과 야성은 억압된다. 그러나 어머니의 죽음으로 인해 그에게는 더 이상 금지의 법이 존재하지 않는다. 아버지 기능의 완전한 부재는 백성수로 하여금 금지의 법을 위반하게 한다.

백성수는 병든 어머니를 구하고자 담뱃가게에서 돈을 훔쳐 달아나다 붙잡혀 경찰서와 감옥 신세를 지게 된다. 육 개월 만에 출옥한 그는 어머니가 아들을 찾아 헤매다가 길에서 죽었음을 알게 된다. 그리하여 그는 복수심에 불타 처음으로 방화라는 범죄를 저지른다. 그리고 불이 타오르는 광경을 바라보면서 "야성적 광포적 쾌미를 한껏 즐긴 다음에" 폭발적으로 〈광염 소나타〉를 연주한다. 그것은 "마치 야밤의 종소리와도 같이 사람의 마음을 무겁고 음침하게 하는 음향인 동시에 맹수의 부르짖음과 같이 사람으로 하여금 소름 돋게 하는 무서운 감정의 발현" 이었다. 음악 평론가 K씨는 "일어서는 불길, 사람의 비명, 온갖 것을 무시하고 퍼져가는 불의 세력…… 이런 것은 사실 야성적 쾌미 가운데 으뜸"이라고 말하고 있는데, 여기에서 우리는 불의 성적 상징성을 지적하지 않을 수 없다. 일찍이 바슐라르는 『불의 정신분석Psychanalyse du feu』에서 불의 성적 기능을 언급한 바 있거니와, 백성수는 방화를 통해 어머니와의 근친상간적 욕망을 표현하고 있다. 한편 바타이유가 지적했듯이 에로티즘은 죽음에까지 이르는 폭력임을 상기할 때, 광포하고 야성적인, 맹수의 부르짖음 같은 그의 음악은 성적 관계가 가지는 폭력성을 표현하고 있는 것이다.

〈광염 소나타〉를 연주하고 난 후 백성수는 또다시 범죄를 저지르고 그 범죄는 새로운 음악을 탄생케 한다. 〈광염 소나타〉 이후 작곡된 음악들은 어떤 특성을 지니는가? 두 번째 방화에 이어 작곡된 〈성난 파도〉를 보자. 첫 번째 방화가 복수심에 의한 것이었다면, 두 번째 방화에는 아무런 이유가 없다. 단지 볏짚 낟가리를 보고서 방화의 충동이 일어났을 뿐이다. 그러나 솟아오르는 불길과 사람들의 부르짖는 소리는 그를 이루 말할 수 없이 흥분시킨다. 그 흥분은 성행위가 부여하는 흥분을 연상시킨다. 〈성난 파도〉의 음악적 특성을 살펴볼 때 그러한 가정은 타당성을 부여받는다. K씨의 말을 들어보자.

> 역시 C샤프 단음계로서, 제1곡은 뽑아먹고 아다지오로 시작되는데, 고요하고 잔잔한 바다, 수평선 위로 넘어가려는 저녁 해, 이러한 온화한 것이 차차 스케르초로 들어가서는 소낙비, 풍랑, 번개질, 무서운 바람소리, 우레질, 전복되는 배, 곤해서 물에 떨어지는 갈매기, 한번 뒤집어지면서 해일에 쓸려가는 동네사람들의 부르짖음…… 홍분에서 홍분, 광포에서 광포, 야성에서 야성, 온갖 공포와 포악한 광경이 눈앞에 어릿거리는데, 이 늙은 내가 그만 홍분에 못 견디어 뜻하지 않게 '그만두어달라'고 고함친 것만으로도 짐작하시겠지요. (1, 340-341)[3]

고요하게 시작하는 음악의 첫 부분은 마치 어머니를 상징하는 바다를 연상케 한다. 이것은 성이 개입되기 이전, 즉 어머니와 완전한 합일을 이루던 시기에 어머니 모태 속에서의 평화로운 삶을 상징한다. 불어에서 어머니와 바다가 '메르'라는 동일한 발음을 가진다는 것을 상기하지 않더라도, 세상에 존재하는 많은 신화에서 바다가 태초의 시작을 상징함을 강조하지 않더라도, 바다와 어머니는 불가분의 관계에 있다. 그러나 잔잔하고 온화한 그의 음악은 차차 스케르초로 바뀌면서 흥분과 광포가 가득한 포악한 광경을 연상케 한다. 극도의 흥분을 야기하는 이 장면 역시 어머니와의 금지된 근친상간적 성행위에 대한 메타포라고 주장한다면 지나친 억측일까? 그러나 연주를 끝낸 후 피아노에 기댄 피곤한 백성수의 모습에서 우리는 성행위 이후의 나른함과 지친 모습을 읽는다.

〈피의 선율〉이라는 곡을 잉태하게 한 시체에 대한 백성수의 폭력과 살해 행위 역시 성행위가 가지는 폭력성을 극대화하고 있다. 바타이유(1989:

---

3 김동인 작품의 인용을 위해서는 2006년 가람기획에서 출간된 『김동인 단편 전집』(전 2권)을 참조했다.

10)는 성욕과 살해욕이 깊은 연관을 가짐을 주장한다. 한편 죽은 여인과의 성적 결합을 재현하는 시간 행위에서 죽은 어머니에 대한 근친상간적 욕망은 극단적으로 표현된다. 선녀와 같은 아름다운 여인의 창백하고 고요한 얼굴의 처연함은 그를 흥분시킨다. 시체와의 성행위를 통해 그는 〈사령死靈〉이라는 음악을 창조한다.

결국 그의 범죄는 법의 심판을 받게 되지만 그는 법의 처벌을 받지 않는다. 당장에 사형감인 그는 정신병자로 인정되어 정신병원에 감금된다. 두 번째 서술자인 K씨는 온갖 범죄를 저지른 백성수를 단죄하지 않는다. 그는 위대한 예술을 위해서라면 그 어떤 희생도 아깝지 않다며 '선도 미인 동시에 악도 또한 미'라는 동인의 예술론을 펼친다.

「광염 소나타」는 아버지의 이름이 기능하지 못하는 정신병의 세계를 그리고 있다. 백성수의 정신병 상태는 백성수에게 창작의 동기를 부여하고, 그는 그 속에서 마음껏 자유를 누린다. 음악비평가 K씨의 말을 빌려 백성수를 옹호함으로써 작가는 그러한 정신병의 세계를 긍정하는 것처럼 보인다. 작가는 초자아로부터 완전히 자유로울 수 없기에 백성수로 하여금 법의 심판을 받게 한다. 그러나 백성수는 감옥이 아닌 정신병원에 감금됨으로써 범죄 행위에 대한 책임을 지지 않는다.

「광화사」와 솔거의 광기

「광화사」는 1935년 12월 월간지 『야담』에 실린 단편 소설이다. 「광화사」 역시 '여'라는 서술자가 등장하는 액자 소설이다. 인왕산을 산책하는 서술자 '여'는 암굴 앞에서 새어나오는 샘물을 보며 이야기를 꾸며내는데, 시대적 배경은 조선 세종 때요, 인물의 이름은 신라 때의 화공 솔거이다. 이렇듯 작가는 역사적으로 비논리적인 배경을 제시함으로써 이야기의 허구성을 강조하고 전지전능한 작가의 존재를 의식적으로 드러내고 있다. 그런데 암굴, 샘물 등의 기표는 상징적 의미를 부여한다. 어머니의 모태를 상징하는 것 같은 암굴, 그 속에서 흐르는 젖줄 같은 샘물, 솔거의 이야기는 이처럼 어머니에 대한 상징 기호로부터 탄생한다.

김동인은 일본 유학 시절 동경학원과 명치학원을 거쳐 가와바타 미술학교에서 수학한 바 있다. 그러나 그는 곧바로 미술을 포기하고 『창조』를 창간하면서 완전히 문학으로 진로를 바꾼다. 그가 미술을 포기하고 문학을 택한 것에 대한 확실한 이유는 알 수 없다. 아마도 자신의 회화적 재능의 한계를 깨달았기 때문일 것이다. 훗날 그는 자신이 미술학교를 선택한 것은 그림을 그리기 위해서라기보다는 미학에 대한 기초 지식과 그림에 대한 개념을 얻기 위해서였다고 술회한다. 그러나 이러한 고백은 자신의 행동을 합리화하기 위한 변명에 지나지 않는다. 자존심이 강하고 남에게 지는 것을 참을 수 없었던 동인에게 빈약한 재능을 스스로 인정한다는 것은 쉬운 일이 아니었을 것이다. 이문구(1995: 81)의 지적대로 문학에서 미를 강조하고, 미를 최고의 선으로 여기는 그의 유미주의적 예술관은 어쩌면 미술에서의 열등감을 보상하려는 심리에서 나온 것인지도 모른다. 또한 미술의 길을 포기한 것이 저항의 힘이 되어 『창조』의 창간을 서둘렀는지도 모른다. 「광화사」는 회화에 대한 작가의 좌절된 꿈과 그림에 대해 동인이 추구했던 미학이 문자 언어로 표현된 작품이라고 볼 수 있다.

「광화사」에서 김동인이 표현하고자 하는 미의식의 핵심은 아련한 기억 속에 남아 있는, 희미하지만 강렬한 어머니의 절대미이다. 작가는 어머니의 미를 강조하기 위해 솔거의 추악한 모습을 과장되게 표현한다. 그의 추한 모습은 그로 하여금 두 번이나 결혼에 실패하게 만든다. 처음에는 신부가 "솔거의 얼굴을 보고 기절을 하고 기절에서 깨어나서는 그냥 도망쳐버리고", 두 번째 신부는 "첫날밤만 정신 모르고 치른 뒤에는 이튿날은 무서워서 죽어도 같이 못 살겠노라고" 떠나버린다. 극단적인 미와 추의 대립을 통해 작가는 어머니의 절대미를 강조하고 있는 것이다.

자신의 추한 모습에 상처 입은 솔거는 "부득이한 금욕생활"을 할 수밖에 없었고, 그는 점점 인간을 기피하면서 자연 속에서 자연만을 화폭에 담는다. 그러나 은둔 생활 30년, "산이나 바다, 나무나 시내, 노인, 다리, 돛단배, 꽃, 달, 목동, 노인이나 피리 부는 소년"을 그리던 그에게 "얼굴에 움직임이 있는 사람", "표정이 있는 얼굴"을 그리고 싶다는 욕망이 움트기 시작한다. 그리하여 그는 10년간 사람들의 표정을 그리면서 무언가 색다른 표정을 그리고자 하는 꿈을 키운다. 이때 화공의 머리에 솟아오르는 "몽롱한 기억"이 있다. 그것은 다름 아닌 어머니의 표정이다.

> 지금은 거의 그의 기억에서 사라졌지만 어린 시절에 자기를 품에 안고 눈물 글썽글썽한 눈으로 굽어보던 어머니의 표정이 가끔 한 순간씩 그의 기억의 표면까지 떠어올랐다. (II, 122)
>
> 커다란 눈에 그득히 담긴 눈물, 그러면서도 동경과 애무로서 빛나던 눈, 입가에 떠오르던 미소. (II, 123)

번개처럼 나타났다가 사라지는 이 환영을 그리고 싶다는 생각은 무의식적인 근친상간 욕망에 대한 우회적 표현이다. 프로이트(1980: 70-87)는 『예술과 정신분석』에서 레오나르도 다빈치를 분석하면서 어머니에 대한 성애적 사랑이 〈모나리자〉와 〈두 성녀와 아기 예수〉 등의 작품으로 승화되었음을 지적하고 있다. 그림 속 여인들의 미소는 화가의 무의식에 잠자고 있던 어머니의 미소에 다름 아닌 것이다.

그런데 "단지 아름다운 표정을 지닌 미녀"를 그리고 싶다는 화공의 소망은 차차 "자기의 아내로서의 미녀상"을 그리고 싶다는 욕망으로 변화되어 간다. 이는 류인균(2007: 53)이나 하지현(1999: 31) 등의 정신분석의들이 지적하듯 어머니에 대한 근친상간적 욕망이 아내에 대한 욕망으로 이동되었음을 의미한다. 그러나 세상은 추한 얼굴을 한 그에게 아내를 주지 않는다. 이제 그는 "이 세상에 존재하는 가장 아름다운 계집보다 더 아름다운 계집"을 그려 세상 사람들에게 복수하고자 하는 욕망을 갖게 된다. 그런데 이 같은 불타는 복수욕에도 불구하고, 또한 타고난 재능을 갖추었음에도 불구하고 솔거에게는 자신의 미를 구현하게 해줄 모델이 존재하지 않는다. 세상의 부녀자들이나 심지어는 궁중의 미녀들 중에서도 그는 어머니의 이상적 절대미를 재현할 여인을 찾을 수 없다.

그러던 어느 날, 솔거는 숲 속 계곡에 앉아 눈과 입에 절묘한 미소를 띠고서 황홀한 눈으로 시내를 굽어보고 있는 소경 소녀에게서 오랜 세월 동안 찾지 못했던 "놀랄 만한 아름다운 표정"을 발견한다. 솔거가 그녀에게 이끌린 것은 단지 그녀가 미인이어서가 아니라 그녀의 놀라운 얼굴 표정 때문이다. 그런데 솔거가 마침내 발견한 미의 대상은 왜 하필이면 소경 소녀여야 했을까? 소경 소녀의 어떤 점이 어머니의 절대미를 구현하고 있는 것일까?

이에 대해 김경희(1997: I-47)는 근친상간적 애정을 배반한 것에 대한 죄의식으로 설명한다. 솔거가 다른 여인을 선택한 것은 어머니에 대한 배반이므로 죄의식을 느껴 무의식 중에 어머니로부터 비난을 받고 있는 반면, 소경 소녀는 앞을 볼 수 없으므로 어머니의 질책으로부터 자유롭다는 것이다. 한편 김춘미는 소경 소녀에게서 모성애적인 숭고한 이미지를 발견하기도 한다(1997: II-100). 또한 이문구(1995: 91-94)는 솔거의 어머니와 소경 소녀에게서 한국인 고유의 한이 담긴 애상미를 발견한다. 애비 없는 자식을 가슴에 안고 눈물짓는 어머니의 표정과 소경이라는 슬픔과 한을 담고 먼 곳을 바라보는 소녀의 비애 서린 표정에서 발견되는 전통적 애상미가 두 여인에 공통적으로 존재하는 절대미라는 것이다. 이러한 이문구의 지적은 김동인의 작품에서 한국 고유의 미의식을 찾을 수 있다는 점에서 의미 있는 지적이라 할 수 있다. 그러나 나는 강박적으로 '눈'에 집착하는 솔거에 대해 정신분석적 해석을 시도하고자 한다. 소경을 선택했다는 것 자체가 눈에 대한 유별난 관심과 집착을 드러내 보인다. 왜 눈일까?

라캉은 프로이트의 다스 딩, 플라톤의 아갈마, 멜라니 클라인의 좋은 대상과 나쁜 대상, 그리고 위니코트의 과도적 대상에 대한 이론을 집대성하여 '대상으로서의 소타자' 이론을 세운다. 아이는 자기보존 본능을 충족시키기 위해 어머니의 젖을 요구한다. 그러나 아이는 어머니의 젖을 먹으면서 어머니의 다정한 시선, 어머니 젖가슴의 폭신한 감촉과 따스함 등, 배를 불리는 것 이상의 기쁨을 느낀다. 그런데 그것은 나중에 상징적 아버지, 즉 아버지의 이름이 그것을 금지시킬 때에 '소급적으로' 성적인 의미를 부여받는다. 금지가 있기 전까지 아이는 그것이 성적이었다는 것에 대해 알지 못한다. 다만 배부름 '이상의 기쁨'이 있었음을 미루어 짐작할 뿐이다. 즉 금지로 말미암아 배부름 '이상의 기쁨'은 소급적으로 성적인 의미를 부여받는다. 이처럼 아버지라는 상징계가 개입되면서 아이와 어머니의 관계는 성적인 것이 되고, 아이는 어머니의 욕망이 되면서 자신을 상상적 남근이라 생각한다. 그리고 그것은 환상, 즉 상상 속에서 그러하다.

젖가슴은 배고픔을 만족시켜주는 구체적 물질로서의 젖가슴과 그 이상의 기쁨을 주는 환상적 젖가슴, 즉 환상의 대상으로서의 젖가슴으로 나뉜다. 어머니와의 관계에서 중요한 것은 이 환상의 핵심에 '대상으로서의 소타자'가 있다는 사실이다. 멜라니 클라인은 이를 좋은 대상과 나쁜 대상으로 나누어 설명한다. 아이의 욕구를 충분히 충족시키는 대상은 좋은 대상이요, 그렇지 않은 대상은 나쁜 대상인 것이다. 한편 위니코트는 육체 대신 육체를 대신하는 사소한 것들, 예를 들어 손수건 자락이나 이부자리 끝 한 오라기 등 어머니와 아이의 중간 공간에 있는 대상, 둘을 분리시키는 동시에 둘을 이어주는 대상을 과도적 대상이라 부른다. 라캉은 이들의 이론을 받아들여 그것을 '대상으로서의 소타자'라 명명한다. 대상으로서의 소타자는 어머니와 아이의 육체가 접합되는 부분을 표상한다고 미루어 짐작할 수 있다.

프로이트는 『성욕에 관한 세 편의 에세이』에서 '리비도가 집중적으로 투여되는 대상이 있는데, 그중 하나가 젖가슴이고 다른 하나는 똥이다'라고 말하고 있다. 라캉은 욕동의 차원에서의 두 가지 대상인 젖가슴과 엉덩이에 시선과 목소리를 덧붙인다. 시선과 목소리는 더 상징화된 요구 차원에서의 부분대상이다. 그런데 그것은 실제 어머니의 육체적 부분이 아니다. 그것은 그것을 표상한다고 생각되는 어떤 것이다. 라캉은 이에 대한 이해를 돕기 위해 플라톤의 '아갈마agalma' 개념을 끌어온다. 아갈마란 원래 신에게 바치기 위해 인공적으로 만든 작품으로서 그림이나 조각 같은 것을 지칭한다. 플라톤은 이 아갈마의 개념을 최고의 선을 표상하는 것, 그것을 지칭하는 어떤 대상의 패러다임으로 파악했으며 사랑은 바로 이 아갈마를 중심으로 맴돈다. 사랑이 맴돌고 있는 대상, 실제 몸이 아니라 잃어버린 대상을 표상하는, 그것에 바쳐진 인공적인 어떤 것, 즉 아갈마가 바로 정신분석 차원에서의 '대상으로서의 소타자'이다. 다시 말해서 어머니의 몸 전체가 아니라, 어머니의 몸에서 떼어내진 어떤 일부분, 리비도가 더 집중적으로 투여되는 대상의 부분이 인공적으로 표상하는 것이 바로 대상으로서의 소타자인 것이다. 그리고 그것은 욕망의 대상이 아니라 욕망을 작동시키는 욕망의 원인으로서의 대상이다. 또한 그것은 환상적 속성을 지닌다.

솔거가 집착하는 눈은 라캉의 '대상으로서의 소타자'에 다름 아니다. 어머니를 기억함에 있어 솔거는 "눈물 글썽글썽한 눈으로 굽어보던 어머니의 표정"만을 기억한다. 그리고 그 표정은 "심안에 나타났다가는 사라지는 환영"이다. 어머니는 이미 상실된 대상이며 어머니의 사랑에 대한 기억은 환영일 뿐이다.

소경 소녀의 아름다운 표정은 꿈을 꿀 때의 표정이다. 바다와 용궁 이야기를 통해 그녀를 환상으로 몰입하게 함으로써 솔거는 그녀에게서 상실된 대상인 어머니와 동일시된 부분대상으로서의 소타자를 발견한다. 그러나 그것은 환상적 속성을 지니는, 욕망의 원인으로서의 대상이다. 따라서 솔거가 그녀에 대한 실제적 욕망에 사로잡혀 그녀와 성적으로 결합한 후 소경 소녀의 절대미는 사라져버리고 만다. 소녀가 간직했던 애무와 동경과 사랑의 눈은 이제 사랑을 갈구하는 여인의 눈으로 변해버렸다.

> 그러나 화공의 심미안에 비친 그 눈은 어제의 눈이 아니었다.
>
> 아름답기는 다시없는 아름다운 눈이었다. 그러나 그 눈은 사내의 사랑을 구하는 '여인의 눈'이었다. 병신이라 수모 받던 전생을 벗어버리고 어젯밤 처음으로 인생의 봄을 맛본 처녀는 인제는 한 개의 그 지어미의 눈이요 한 개의 애욕의 눈이었다. (II, 137)

환상이 현실이 되는 순간 그가 찾고자 했던 성녀로서의 어머니의 이미지는 타락한 여인의 이미지로 변화하고, 솔거는 그러한 타락한 여인을 용서할 수 없다. 앞서 나는 '남자의 무의식 속에서 어머니와 창녀가 동일시되는 것만큼 고전적인 것이 없다'는 잔 벨의 지적에 기대면서 플로베르의 「어느 광인의 회상」에 나타난 꿈 분석을 통해 작가의 내면에 존재했던 어머니-창녀에 대한 강박관념을 지적한 바 있다. 그런데 성욕에 사로잡힌 부정한 여인을 용서하지 못하는 솔거의 이면에는 근친상간을 범한 것에 대한 자기처벌의 무의식적 욕망이 숨어 있다. 즉 자기 자신의 죄를 대상에게로 투사하여 그 대상에게 폭력을 가하는 것이다. 솔거는 소경 소녀의 "어깨를 잡고 흔들고, 따귀를 갈기고, 저주를 퍼부으면서 멱을 잡고 흔들"면서 폭력을 가하고 이에 소녀는 넘어지면서 죽는다. 그리고 소녀가 넘어지는 바람에 전복된 벼루에서 먹물이 튀면서 화공의 그림 위에 눈동자가 찍히게 된다. 그 눈빛은 원망의 눈빛이다. 근친상간을 범한 아들을 책망하는 어머니의 원망스런 눈빛일까? 아니면 화가의 무의식 속에 존재하는 죄의식, 즉 아버지의 이름이 명령한 금지를 위반한 것에 대한 죄의식의 투사일까?

금지를 위반한 대가로 화가 솔거는 미쳐버린다. 그리고 죽음의 순간까지 "괴상한 여인의 화상"을 너무도 소중히 여기면서 그 그림을 가슴에 깊이 품은 채 생을 마감함으로써 어머니를 상징하는 그림 속의 여인과 하나가 된다. 솔거가 여인의 화상을 가슴에 품고 죽는 것은 어머니와의 완전한 합일 상태로의 퇴행을 상징한다.

참고문헌

1. 문학 작품

Balzac, Honoré de, *L'Enfant maudit, La Comédie humaine*, Seuil, T. 7., 1965.

_____, *Les Marana. La Comédie humaine*, Seuil, T. 7., 1965.

_____, *Le Réquisitionnaire, La Comédie humaine*, Seuil, T. 7., 1965.

_____, *El Verdugo, La Comédie humaine*, Seuil, T. 7., 1965.

_____, *Un drame au bord de la mer, La Comédie humaine*, Seuil, T. 7., 1965.

_____, *L'Elixir de longue vie, La Comédie humaine*, Seuil, T. 7., 1965.

_____, *Louis Lambert, La Comédie humaine*, Seuil, T. 7., 1965.

_____, 『루이 랑베르』, 송기정 옮김, 문학동네, 2010.

_____, *Séraphîta, La Comédie humaine*, Seuil, T. 7., 1965.

_____, *Adieu, La Comédie humaine*, Seuil, T. 7., 1965.

_____, *Le Chef d'oeuvre inconnu, La Comédie humaine*, Seuil, T. 6., 1966.

_____, 「미지의 걸작」, 『사라진느』, 이철 옮김, 문학과지성사, 1997.

_____, *Gambara, La Comédie humaine*, Seuil, T. 6., 1966.

_____, *La Peau de chagrin, La Comédie humaine*, Seuil, T. 6., 1966.

_____, 『나귀 가죽』, 이철의 옮김, 문학동네, 2009.

Diderot, Denis, *Le Neuveu de Rameau, Oeuvres*, Gallimard, «Bibliothèque de la Pléiade», 1978.

_____, 『라모의 조카』, 황현산 옮김, 고려대학교출판부, 2007.

Flaubert, Gustave, *Mémoires d'un fou*, GF-Flammarion, 1991.

_____, *Novembre*, GF-Flammarion, 1991.

_____, *La Tentation de Saint Antoine* (version définitive), GF-Flammarion , 1967.

_____,『성 앙투안느의 유혹』, 김용은 옮김, 열린책들, 2010.

Maupassant, Guy de, *Le Horla et autres contes d'angoisse*, GF-Flammarion, 1984.

_____, *Apparition et autres contes d'angoisse*, GF-Flammarion, 1987.

_____,『모빠상 괴기소설 광인?』, 한용택 옮김, 장원, 1996.

_____,『오를라』, 최정수 옮김, 생각의 나무, 2007.

Nerval, Gérard de, *Aurélia, Oeuvres complètes*, Gallimard, «Bibliothèque de la Pléiade I», 1956.

_____,『실비, 오렐리아』, 최애리 옮김, 문학과지성사, 1997.

Rousseau, Jean-Jacques, *Les Confessions, Oeuvres complètes*, Gallimard, «Bibliothèque de la Pléiade I», 1959.

_____,『참회록』, 홍승오 옮김, 동서문화사, 2010.

_____, *Rousseau juge de Jean-Jacques, Oeuvres complètes*, Gallimard, «Bibliothèque de la Pléiade I», 1959.

_____, *Les Rêveries du promeneur solitaire, Oeuvres complètes*, Gallimard, «Bibliothèque de la Pléiade I», 1959.

_____,『고독한 산책자의 몽상』, 김중현 옮김, 한길사, 2007.

_____, *Essai sur l'origine des langues*, GF-Flammarion, 1997.

Stendhal, *La Chartreuse de Parme, Romans et Nouvelles II*, Gallimard, «Bibliothèque de la Pléiade», 1952.

_____,『파르마의 수도원』, 원윤수 · 임미경 옮김, 민음사, 2010.

_____, *Armance, Romans et Nouvelles I*, Gallimard, «Bibliothèque de la Pléiade», 1952.

김동인,『김동인 단편 전집』(전 2권), 가람기획, 2006.

박지원,『연암집』(하), 신호열 · 김명호 역, 돌베개, 2007.

염상섭,『염상섭: 대표작품 · 작품해설 · 작가평전 · 연구자료』, 김치수 편저, 지학사, 1985.

2. 작가론

발자크에 관한 저서 및 논문

Baron, Anne-Marie, *Le fils prodige: L'Inconscient de la Comédie humaine*, Nathan, 1993.

_____, *Balzac ou l'auguste mensonge*, Nathan, 1998.

Castex, Pierre-Georges, "Balzac et ses visions", *Le Conte fantastique en France, de Nodier à Maupassant*, José Corti, 1987.

Danger, Pierre, *L'Eros balzacien, structure du désir dans la Comédie humaine*, José Corti, 1989.

_____, "La castration dans *La Peau de chagrin*", *L'Année balzacienne*, Nouvelle série No. 3, 1982.

Evans, Henri, "La Pathologie de Louis Lammbert: Balzac aliéniste", *Revue des sciences humaines*, tome XLVII, No. 174, juillet-septembre 1979.

Laforgue, Pierre, *L'Eros romantique: Représentation de l'amour en 1830*, Presses Universitaires de France, 1998.

Le Yaouanc, Moïse, "Autour de Louis Lambert", *Revue d'histoire littéraire de la France*, octobre-décembre, 1956.

Mauprat, André, *Honoré de Balzac, un cas*, La Manufacture, 1990.

Mozet, Nicole, *Balzac au pluriel*, Presses Universitaires de France, 1990.

Raviart, Georges, "Le Génie de Balzac du point de vue psychanalytique, Génie et Folie", *Extrait des Annales médico-psychologiques*, No. 4, novembre 1954.

김중현, 『발작: 생애와 작품세계』, 건국대학교출판부, 1995.

박영근, 『발자크의 연구』, 중앙대학교출판부, 1993.

츠바이크, 슈테판, 『츠바이크의 발자크 평전』, 안인희 옮김, 푸른숲, 1999.

디드로에 관한 저서 및 논문

Chouillet, Jacques, *La formation des idées esthétiques de Diderot*, Armand Colin, 1973.

Couty, Daniel, *Le Neveu de Rameau*, coll. «Profil d'une œuvre», Hatier, 1972.

Hermand, Pierre, *Les idées morales de Diderot*, Presses Universitaires de France, 1972.

Kempf, Roger, *Diderot et le roman*, Seuil, 1964.

Potulicki, Ellizabeth B., *La Modernité de la pensée de Diderot dans les oeuvres philosophiques*, Nizet, 1980.

김용기, 「광기의 주제를 통해 본 『라모의 조카』」, 『한국프랑스학 논집』, 2003.

이동렬, 『문학과 사회묘사』, 민음사, 1988.

이은주, 『디드로: 사상과 문학』, 건국대학교출판부, 1997.

조한경, 『디드로 소설 연구: 서술기법과 현실인식』, 서울대학교 박사학위 논문, 1991.

_____, 「『라모의 조카』와 사실주의」, 『프랑스 근대소설의 이해』, 민음사, 1984.

플로베르에 관한 저서 및 논문

Bem, Jeanne, *Désir et savoir dans l'oeuvre de Flaubert, Etude de la Tentation de Saint Antoine*, A la Baconnière, 1979.

Danger, Pierre, "Sainteté et castration dans *La Tentation de Saint Antoine*", *Essais sur Flaubert*, Nizet, 1968.

Douchin, Jacques-Louis, *Le Sentiment de l'absurde chez Gustave Flaubert*, Archives des lettres modernes, 1970.

Foucault, Michel, "La bibliothèque fantastique", *Travail de Flaubert*, Seuil, 1983.

Genette, Gérard, "Silences de Flaubert", *Figures I*, Seuil, 1966.

Levaillant, Jean, "Flaubert et la matière", *Europe*, 1969, No. 485-486-487.

Praz, Mario, *La chair, la mort et le diable dans la littérature du 19e siècle*, Denoël, 1977.

Richard, Jean-Pierre, *Littérature et sensation, Stendhal Flaubert*, Seuil, «Points» No. 8, 1954.

Séginger, Gisèle, *Le Mysticisme dans la Tentation de Saint Antoine, la relation objet-sujet*, Archives des lettres modernes, 1984.

Sonnenfeld, Albert, "La Tentation de Flaubert", *C.A.I.E.F*, No. 23, mai 1971.

Sutterman, Marie-Thérèse, *Dostoïevski et Flaubert, Ecriture de l'épilesie*, Presses Universitaires de France, 1993.

Testa, Carlo, "Representing the Unrepresentable: The Desexualization of Desire in Flaubert's 'Etre la matière' ", *N.C.F.S.*, Vol. 20, Fall-winter 1991-1992.

김연권, 『플로베르의 작품에 나타난 에로스와 타나토스』, 서울대학교 박사학위 논문, 1991.

박정자, 『비현실 미학으로의 회귀: *L'Idiot de la famille*를 중심으로』, 서울대학교 박사학위 논문, 1988.

방미경 엮음, 『플로베르』, 문학과지성사, 1996.

모파상에 관한 저서 및 논문

Bancquart, Marie-Claire, *Maupassant conteur fantastique*, Archives des lettres modernes, 1976.

Bayard, Pierre, *Maupassant, juste avant Freud*, Minuit, 1994.

Danger, Pierre, *Pulsion et désir dans les romans et nouvelles de Guy de Maupassant*, Nizet, 1993.

Fonyi, Antonia, *Maupassant 1993*, Editions Kimé, 1993.

Pasquet, Martin, *Maupassant, biographie, étude de l'oeuvre*, Albin Michel, 1993.

Schasch, Naffissa A.-F., *Guy de Maupassant et le fantastique ténébreux*, Nizet, 1983.

"Maupassant", Revue d'Histoire littéraire de la France, septembre-octobre 1994, 94ᵉ année, No. 5, Albin Michel.

"Maupassant et l'écriture", Actes du colloque du Fécamp 21-22-23 mai 1993, sous la directin de Louis Forestier, Nathan, 1993.

네르발에 관한 저서 및 논문

Castex, Pierre-Georges, *Aurélia de Gérard Nerval*, texte présenté et commenté, SEDES, 1997.

Collot, Michel, *Gérard de Nerval ou la dévotion à l'imaginaire*, Presses Universitaires de France, 1992.

Dayan, Peter, *Nerval et ses pères: portrait en trois volets avec deux gonds et un cadenas*, Droz, 1992.

Didier, Béatrice, *Commentaire d'Aurélia*, Le livre de poche, 1972.

Jeanneret, Michel, *La lettre perdue: Ecriture et folie dans l'oeuvre de Nerval*, Flammarion, 1978.

Kristeva, Julia, *Soleil noir: Dépression et mélancolie*, Gallimard, 1987.

_____,『검은 태양: 우울증과 멜랑콜리』, 김인환 옮김, 동문선, 2004.

Fonyi, Antonia, "Histoire d'un amour erratique: Matériau psychotique et errances narratives dans le récit nervalien", Société des études romantiques, *Romantisme,* Actes du Colloque d'Agrégation des 28 et 29 novembre 1997, SEDES.

박혜영, 「「오렐리아」에 나타난 아버지의 은유와 욕망의 환유」, 『불어불문학연구』 제46집, 2001.

이준섭, 『제라르 드 네르발의 삶과 죽음의 강박관념』, 고려대학교출판부, 1994.

루소에 관한 저서 및 논문

Barguillet, François, *Rousseau ou l'illusion passionnée, Les Rêveries du promeneur solitaire*, Presses Universitaires de France, 1991.

Borel, Jacques, *Génie et folie de J.-J. Rousseau*, José Corti, 1996.

Clément, Pierre-Paul, *J.-J. Rousseau, de l'éros coupable à l'éros glorieux*, Baconnière, 1976.

Foucault, Michel, 〈Introduction〉 aux *Dialogues*, Armand Colin, 1962.

Eigeldinger, M., *J.-J. Rousseau et la réalité de l'imaginaire*, Baconnière, 1978.

Elmquist, Claire, *Rousseau, père et fils*, Odense University Press, 1996.

Launay, Michel, *J.-J. Rousseau et son temps*, Nizet, 1969.

Lejeune, Philippe, *Le Pacte autobiographique*, Seuil, 1975.

_____, 『자서전의 규약』, 윤진 옮김, 문학과지성사, 1998.

Starobinski, Jean, *J.-J. Rousseau, la transparence et l'obstacle*, suivi de sept essais sur Rousseau, Gallimard, 1971.

이용철, 『루소의 글쓰기에 나타나는 상상적 자아』, 서울대학교 박사학위 논문, 1994.

스탕달에 관한 저서 및 논문

André, Robert, *Ecriture et pulsions dans le roman Stendhalien*, Klincksieck, 1977.

Barbéris, Pierre, "Armance: quelle impuissance?", Stendhal, Colloque de Cerisy la Salle, 30 juin-10 juillet 1982, Texts recueillis par Philippe Berthier, Paris, Aux Amateurs de livres, 1984.

Bayard, Pierre, *Symptôme de Stendhal, Armance et l'aveu*, Lettres Modernes, 1979.

Bellemin-Noël, Jean, *L'auteur encombrant Stendhal: Armance*, Presses Universitaires de Lille, 1985.

Durand, Gilbert, *Décor mythique de la Chartreuse de Parme: Les structure figuratives du roman stendhalien*, José Corti, 1983.

Felman, Shoshana, *La Folie dans l'oeuvre romanesque de Stendhal*, José Corti, 1971.

Gruen, Ruth, "L'impuissance *à* parler. Aspects du discours et du comportement non verbal dans Armance", *S.C.*, No. 96, juillet 1982.

Levowitz-Treu, Micheline, "Considération sun Stendhal: Une possibilité d'approche psychanalytique", Stendhal, Colloque de Cerisy la Salle, 30 juin-10 juillet 1982, Textes recueillis par Philippe Berthier, Paris, Aux Amateurs le livres, 1984.

Martineau, Henri, *L'Oeuvre de Stendhal*, Albin Michel, 1951.

Milner, Max, "*Stendhal*", *On est prié de fermer les yeux*, Gallimard, 1991.

Rey, Pierre-Louis, *La Chartreuse de Parme chez Stendhal*, Hatier, «Profil d'une oeuvre», No. 44, 1954.

이동렬, 『스탕달 소설연구』, 문학과지성사, 1984.

_____, 『문학과 사회묘사』, 민음사, 1988.

박지원에 관한 저서 및 논문

김지용, 『조선 초 근대학의 기수 박지원의 문학과 사상』, 한양대학교출판부, 1994.

박수밀, 『박지원의 미의식과 문예이론』, 태학사, 2005.

_____, 「연암 박지원의 「염재기」 考 : 18세기 한 광사의 자아찾기」, 『온지논총』, 온지학회, 2002.

이현식, 『박지원 산문의 논리와 미학』, 이회문화사, 2002.

조동일, 「박지원의 문학사상과 소설론」, 『한국소설문학의 탐구』, 한국고전문학회, 1978.

홍인숙, 「조선 후기 문예 전통에서의 광기」, 『이화어문논집』, 2002.

염상섭에 관한 저서 및 논문

강현국, 「기분과 서사: 「표본실의 청개구리」론」, 『현대소설연구』, 한국현대소설학회, 2006.

권영민, 『한국현대문학대계 3』, 민음사, 1994.

김도경, 「염상섭 초기 단편소설 연구: 「표본실의 청개구리」, 「제야」를 중심으로」, 『한국문예비평학회』, 한국현대문예비평학회, 2009.

김동인, 『김동인 평론전집』, 김치홍 편, 삼영사, 1984.

김윤식, 『염상섭 연구』, 서울대학교출판부, 1987.

유종호, 『염상섭』, 서강대학교출판부, 1998.

류인균, 『한국 근대소설에 나타난 오이디푸스 콤플렉스의 이해: 이광수, 김동인, 염상섭, 이상을 중심으로』, 서울대학교출판부, 2007.

이보영, 『염상섭 문학론: 문제점을 중심으로』, 금문서적, 2003.

이재선, 『한국소설사』(근 · 현대편), 민음사, 2004.

김동인에 관한 저서 및 논문

강인숙, 『김동인: 작가의 생애와 문학』, 건국대학교출판부, 1994.

김윤식, 『김동인 연구』, 민음사, 1987.

김경희, 「「광화사」의 심리적 연구」, 『김동인연구』, 새문사, 1982.

김춘미, 「김동인의 탐미의식의 비교학적 조명」,『김동인 연구』, 새문사, 1982.

류인균, 『한국 근대소설에 나타난 오이디푸스 콤플렉스의 이해: 이광수, 김동인, 염상섭, 이상을 중심으로』, 서울대학교출판부, 2007.
이문구, 『김동인 소설의 미의식 연구』, 도서출판 경인, 1995.
이재선 편, 『김동인』, 서강대학교출판부, 1987.
정은경, 「김동인 소설에 나타난 악의 의미와 미적 수용에 관한 연구: 「감자」와 「광염소나타」를 중심으로」, 『어문논집』, 50집, 2004.
하지현, 『김동인의 두 단편소설에 대한 정신역동적 고찰: 「광염소나타」, 「광화사」』, 서울대학교 의학과 박사학위 논문, 1999.

3. 한문 고전

『노자老子, 장자莊子』, 장기근 · 이석호 역, 삼성출판사, 1982.
『논어論語 · 중용中庸』, 주희 · 한상갑 역, 삼성출판사, 1982.
왕양명王陽明, 『전습록傳習錄 2』, 정인재 · 한정길 역주, 청계, 2001.

4. 문학과 광기에 관한 일반 저서

Castex, Pierre-Georges, *Le Conte fantastique en France, de Nodier à Maupassant*, José Corti, 1968.
Erasme, *Eloge de la folie*, traduction par Pierre de Nolhac, GF-Flammarion, 1964.
Felman, Shoshana, *La Folie et la choses littéraire*, Seuil, 1978.
Foucault, Michel, *L'Histoire de la folie à l'âge classique*, Gallimard, 1972.
_____, 『고전주의 시대의 광기의 역사』, 이규현 옮김, 나남, 2003.
Georget, Etienne, *De la folie: textes choisis et présentés par J. Postel*, Privat, 1972.
Plaza, Monique, *Ecriture et folie*, Presses Universitaires de France, 1986.
Ponnau, Gwenhaël, *La Folie dans la littérature fantastique*, CNRS, 1987.

Robert, Marthe, *Roman des origines et origines du roman*, Bernard-Grasset, 1972.
_____, 『기원의 소설, 소설의 기원』, 김치수 · 이윤옥 옮김, 문학과지성사, 1999.
Starobinski, Jean, *L'Oeil vivant*, Gallimard, 1961.
Todorov, Tzvetan, *Introduction à la littérature fantastique*, Seuil, 1970.
Thuillier, Jean, *La Folie, Histoire et dictionnaire*, Robert Lafont, 1966.
고명섭, 『광기와 천재: 루소에서 히틀러까지 문제적 열정의 내면 풍경』, 인물과 사상사, 2007.
루드비히, 아놀드, 『천재인가 광인인가』, 김정휘 옮김, 이화여자대학교출판부, 2007.
바타유, 조르주, 『에로티즘』, 조한경 옮김, 민음사, 1989.
브르노, 필립, 『천재와 광기』, 김웅권 옮김, 동문선, 1997.
오다 스스무, 『동양의 광기를 찾아서』, 김은주 옮김, 르네상스, 2004.
우미영, 『한국 근대 소설에 나타난 광기 연구』, 한양대학교 대학원 박사학위논문, 2002.
작세름, 피에르, 『광기 없는 사회가 존재하는가?』, 박치완 옮김, 동화문화사, 1992.
정재서, 『사라진 신들과의 교신을 위하여: 동아시아 이미지의 계보학』, 문학동네, 2007.
츠바이크, 스테판, 『천재와 광기』, 원당희 · 이기식 · 장영은 옮김, 예하, 1994.
코플러, 제프리 A., 『신이 내린 광기』, 황선영 옮김, 시그마북스, 2008
헤이든, 데버러, 『매독, 천재성과 광기: 매독에 얽힌 미스터리』. 이종길 옮김, 길산, 2004.

5. 정신분석에 관한 저서

Freud, Sigmund, "Le roman familial des névrosés", *Névrose, psychose et perversion*, Presses Universitaires de France, 1972.
프로이트, 지그문트, 『창조적인 작가와 몽상』, 정장진 옮김, 열린책들, 1996.
_____, 『종교의 기원』, 이윤기 옮김, 열린책들, 1997.
_____, 『꼬마 한스와 도라』, 김재혁 · 권세훈 옮김, 열린책들, 2003.

_____, 『예술, 문학, 정신분석』, 정장진 옮김, 열린책들, 2003.

_____, 『성욕에 관한 세 편의 에세이』, 김정일 옮김, 열린책들, 2003.

_____, 『늑대인간』, 김명희 옮김, 열린책들, 2007.

_____, 「쾌락원칙을 넘어서」,「슬픔과 우울증」, 『정신분석학의 근본 개념』, 박찬부 · 윤희기 옮김, 열린책들, 2007.

Green, André, *La Folie privée, psychanalyse des cas-limités*, Gallimard, 1990.

Millner, Max, *Freud et l'interprétation de la littérature*, SEDES, 1980.

_____, 『프로이트와 문학의 이해』, 이규현 옮김, 문학과지성사, 1987.

Lacan, Jacques, *Ecrits*, Seuil, 1966.

_____, "Le Cas «Aimée» ou la paranoïa d' autopunition", *De la psychose paranoïaque dans ses rapports avec la personnalité*, Seuil, 1975.

나지오, 『자크 라캉의 이론에 대한 다섯 편의 강의』, 임진수 옮김, 교문사, 2000.

디아트킨, 질베르, 『자크 라캉』, 임진수 옮김, 교문사, 2000.

임진수, 『환상의 정신분석 -프로이트 · 라캉에서의 욕망과 환상론』, 현대문학, 2005.

_____, 『남근의 의미작용』, 파워북, 2011.

_____, 『부분 대상에서 대상 a로』, 파워북, 2011.

6. 사전

Bloch, Oscar · Wartburg, Walter Von, *Dictionnaire étymologique de la langue française*, Presses Universitaires de France, 1989.

라플랑슈, 장 · 퐁탈리스, 베르트랑, 『정신분석 사전』, 임진수 옮김, 열린책들, 2005.

에반스, 달런, 『라깡 정신분석 사전』, 김종주 외 옮김, 인간사랑, 1998.

http:/www.mediadico.com/dictionnaire/definition/folie/1

광기, 본성인가 마성인가

펴낸날 1판 1쇄 2011년 6월 29일
지은이 송기정
펴낸이 최민숙
펴낸곳 이화여자대학교출판부
주소 서울특별시 서대문구 이화여대길 52(우 120-750)
등록 1954년 7월 6일 제9-61호
전화 02) 3277-2965(편집)
02) 362-6076(마케팅)
팩스 02) 312-4312
전자우편 press@ewha.ac.kr
인터넷서점 www.ewhapress.com
책임편집 이혜지
디자인 정혜진
찍은곳 한영문화사

ISBN 978-89-7300-915-2 93860

값 18,000원

찾아보기

찾아보기

[ㅈ]

광기, 본성인가 마성인가

펴낸날 1판 1쇄 2011년 6월 29일
지은이 송기정
펴낸이 최민숙
펴낸곳 이화여자대학교출판부
주소 서울특별시 서대문구 이화여대길 52(우 120-750)
등록 1954년 7월 6일 제9-61호
전화 02) 3277-2965(편집)
02) 362-6076(마케팅)
팩스 02) 312-4312
전자우편 press@ewha.ac.kr
인터넷서점 www.ewhapress.com
책임편집 이혜지
디자인 정혜진
찍은곳 한영문화사

ISBN 978-89-7300-915-2 93860

값 18,000원

* 잘못된 책은 바꾸어 드립니다.